D1732408

Lukas Lehmann

Die Höhe des finanziellen Ausgleichs nach § 15 Abs. 1 und 2 AGG unter besonderer Berücksichtigung der Rechtsprechung des EuGH

Hartung-Gorre Verlag Konstanz
2010

Konstanzer Schriften zur Rechtswissenschaft Band 247

Bibliografische Information Der Deutschen Bibliothek
Die Deutsche Nationalbibliothek verzeichnet diese Publikation in der Deutschen
Nationalbibliografie; detaillierte bibliografische Daten sind im Internet
über http://dnb.d-nb.de abrufbar.

Erste Auflage 2010

HARTUNG-GORRE VERLAG
KONSTANZ

ISSN   0934-7658
ISBN-10: 3-86628-346-6
ISBN-13: 978-3-86628-346-6

Meinen Eltern

Vorwort

Diese Arbeit lag im Sommersemester 2010 der Universität Augsburg als Dissertation vor.

Mein besonderer Dank gilt meiner Doktormutter Professor Dr. iur. *Kerstin Tillmanns* für die Begleitung meiner Arbeit über Städte- und Universitätsgrenzen hinweg, denn diese Arbeit wurde in Konstanz begonnen und in Augsburg beendet. Darüber hinaus danke ich ihr für die zügige Erstellung des Erstgutachtens. Professor Dr. iur. *Martina Benecke* gilt mein Dank für die rasche Erstellung des Zweitgutachtens.

Daneben möchte ich mich an dieser Stelle bei meinen Eltern, *Iris Lehmann* und Dr. rer. nat. *Helge Lehmann*, sowie meinen Geschwistern *Sonja Lehmann* und *Felix Lehmann* für ihre immerwährende Unterstützung bedanken.

Für die gewissenhafte Durchsicht der Arbeit und konstruktive Kritik an ihr danke ich RiLG *Ronny Stengel*, mag. iur. *Anja Tschierschke* und meinem Vater.

Zu Dank verpflichtet bin ich auch e-fellows.net für die Förderung seit meinem ersten Semester.

Rechtsprechung und Literatur wurden bis Juni 2010 berücksichtigt.

Konstanz und Augsburg, im Sommer 2010 *Lukas Lehmann*

Inhaltsverzeichnis

E. **§ 15 Abs. 2 AGG: Immaterieller Schadensersatz** **85**

X

Abkürzungsverzeichnis

Gesetze verstehen sich, sofern nichts anderes angegeben ist, in der heutigen Fassung.

a.A.	andere Ansicht
ABl.	Amtsblatt der Europäischen Union
AcP	Archiv für die civilistische Praxis
a.E.	am Ende
AEG	Allgemeines Eisenbahngesetz vom 27. Dezember 1993 (BGBl. I, Seite 2378, 2396; 1994 I, Seite 2439)
AEUV	Vertrag über die Arbeitsweise der Europäischen Union (ABl. EG Nr. C 115/47 vom 09.05.2008)
a.F.	alte Fassung
AfP	Zeitschrift für Medien- und Kommunikationsrecht
AGG	Allgemeines Gleichbehandlungsgesetz vom 14. August 2006 (BGBl. I, Seite 1897)
AiB	Arbeitsrecht im Betrieb
AMG	Arzneimittelgesetz in der Fassung der Bekanntmachung vom 12. Dezember 2005 (BGBl. I, Seite 3394)
Anh.	Anhang
Anl.	Anlage
AnpfEigentG	Anpflanzungseigentumsgesetz vom 21. September 1994 (BGBl. I, Seite 2538, 2549)
AP	Arbeitsrechtliche Praxis
ArbG	Arbeitsgericht
ArbGG	Arbeitsgerichtsgesetz in der Fassung der Bekanntmachung vom 2. Juli 1979 (BGBl. I, Seite 853, 1036)
ArbPlSchG	Arbeitsplatzschutzgesetz in der Fassung der Bekanntmachung vom 16. Juli 2009 (BGBl. I, Seite 2055)
ArbRB	Der Arbeits-Rechts-Berater
ArbuR	Arbeit und Recht
AtG	Atomgesetz in der Fassung der Bekanntmachung vom 15. Juli 1985 (BGBl. I, Seite 1565)

Aufl.	Auflage
AuR	Arbeit und Recht
Az.	Aktenzeichen
BAG	Bundesarbeitsgericht
BAGE	Amtliche Sammlung der Entscheidungen des BAG
BAPostSa	Satzung der Bundesanstalt für Post und Telekommunikation Deutsche Bundespost (Anlage des Gesetzes über die Errichtung einer Bundesanstalt für Post und Telekommunikation Deutsche Bundespost) vom 14. September 1994 (BGBl. I, Seite 2325, 2331)
BauGB	Baugesetzbuch in der Fassung der Bekanntmachung vom 23. September 2004 (BGBl. I, Seite 2414)
BB	Betriebs-Berater
BBergG	Bundesberggesetz vom 13. August 1980 (BGBl. I, Seite 1310)
BBiG	Berufsbildungsgesetz vom 23. März 2005 (BGBl. I, Seite 931)
Bd.	Band
ber.	bereinigt
BergMSldG	Gesetz über Bergmannssiedlungen in der im Bundesgesetzblatt Teil III, Gliederungsnummer 2330-5, veröffentlichten bereinigten Fassung
BGB	Bürgerliches Gesetzbuch in der Fassung der Bekanntmachung vom 2. Januar 2002 (BGBl. I, Seite 42, 2909; 2003 I, Seite 738)
BGBl.	Bundesgesetzblatt
BGH	Bundesgerichtshof
BGHZ	Amtliche Sammlung der Entscheidungen des BGH
BImSchG	Bundes-Immissionsschutzgesetz in der Fassung der Bekanntmachung vom 26. September 2002 (BGBl. I, Seite 3830)
BKleingG	Bundeskleingartengesetz vom 28. Februar 1983 (BGBl. I, Seite 210)

BLG	Bundesleistungsgesetz in der im Bundesgesetzblatt Teil III, Gliederungsnummer 54-1, veröffentlichten bereinigten Fassung
BPolG	Bundespolizeigesetz vom 19. Oktober 1994 (BGBl. I, Seite 2978, 2979)
BRAO	Bundesrechtsanwaltsordnung in der im Bundesgesetzblatt Teil III, Gliederungsnummer 303-8, veröffentlichten bereinigten Fassung
BR-Drucks.	Bundesratsdrucksache
bspw.	beispielsweise
BT-Drucks.	Bundestagsdrucksache
BtMG	Betäubungsmittelgesetz in der Fassung der Bekanntmachung vom 1. März 1994 (BGBl. I, Seite 358)
BVerfG	Bundesverfassungsgericht
DB	Der Betrieb
dbr	Der Betriebsrat
DDR	Deutsche Demokratische Republik
diff.	differenzierend
DStR	Deutsches Steuerrecht
DüngG	Düngegesetz vom 9. Januar 2009 (BGBl. I, Seite 54, 136)
DZWir	Deutsche Zeitschrift für Wirtschafts- und Insolvenzrecht
EBKrG	Eisenbahnkreuzungsgesetz in der Fassung der Bekanntmachung vom 21. März 1971 (BGBl. I, Seite 337)
EEWärmeG	Erneuerbare-Energien-Wärmegesetz vom 7. August 2008 (BGBl. I, Seite 1658)
EG	Europäische Gemeinschaft
EGBGB	Einführungsgesetz zum Bürgerlichen Gesetzbuche in der Fassung der Bekanntmachung vom 21. September 1994 (BGBl. I, Seite 2494; 1997 I, Seite 1061)
EGMR	Europäischer Gerichtshof für Menschenrechte

EGV	Vertrag zur Gründung der Europäischen Gemeinschaft (ABl. EG Nr. C 325 vom 24. Dezember 2002)
EichG	Eichgesetz in der Fassung der Bekanntmachung vom 23. März 1992 (BGBl. I, Seite 711)
EinigVtr	Einigungsvertrag vom 31. August 1990 (BGBl. 1990 II, Seite 889)
EMRK	Konvention zum Schutze der Menschenrechte und Grundfreiheiten vom 4. November 1950 (ratifiziert am 05.12.1952, BGBl. 1952 II, Seite 686)
EnWG	Energiewirtschaftsgesetz vom 7. Juli 2005 (BGBl. I, Seite 1970, 3621)
Erl.	Erläuterung
ErstrG	Erstreckungsgesetz vom 23. April 1992 (BGBl. I, Seite 938)
etc.	et cetera
EU	Vertrag über die Europäische Union (ABl. EG Nr. C 115 vom 09.05.2008)
EÜG	Eignungsübungsgesetz in der im Bundesgesetzblatt Teil III, Gliederungsnummer 53-5, veröffentlichten bereinigten Fassung
EuGH	Europäischer Gerichtshof
EuGRC	Charta der Grundrechte der Europäischen Union (ABl. EG Nr. C 303 vom 14.12.2007)
EuR	Europarecht
EuZA	Europäische Zeitschrift für Arbeitsrecht
f.	folgender
FA	Fachanwalt Arbeitsrecht
ff.	folgende
FluLärmG	Gesetz zum Schutz gegen Fluglärm in der Fassung der Bekanntmachung vom 31. Oktober 2007 (BGBl. I, Seite 2550)
FlurbG	Flurbereinigungsgesetz in der Fassung der Bekanntmachung vom 16. März 1976 (BGBl. I, Seite 546)
Fn.	Fußnote

FStrG	Bundesfernstraßengesetz in der Fassung der Bekanntmachung vom 28. Juni 2007 (BGBl. I, Seite 1206)
G Artikel 29 Abs. 7	Gesetz über das Verfahren bei sonstigen Änderungen des Gebietsbestandes der Länder nach Artikel 29 Abs. 7 des Grundgesetzes vom 30. Juli 1979 (BGBl. I, Seite 1325)
GBl.	Gesetzblatt
GG	Grundgesetz für die Bundesrepublik Deutschland in der im Bundesgesetzblatt Teil III, Gliederungsnummer 100-1, veröffentlichten bereinigten Fassung
ggf.	gegebenenfalls
GS	Großer Senat
HAG	Heimarbeitsgesetz in der im Bundesgesetzblatt Teil III, Gliederungsnummer 804-1, veröffentlichten bereinigten Fassung
HalblSchG	Halbleiterschutzgesetz vom 22. Oktober 1987 (BGBl. I, Seite 2294)
HGB	Handelsgesetzbuch in der im Bundesgesetzblatt Teil III, Gliederungsnummer 4100-1, veröffentlichten bereinigten Fassung
HS	Halbsatz
HufBeschlV	Hufbeschlagverordnung vom 15. Dezember 2006 (BGBl. I, Seite 3205)
HwO	Handwerksordnung in der Fassung der Bekanntmachung vom 24. September 1998 (BGBl. I, Seite 3074; 2006 I, Seite 2095)
HWS	Halswirbelsäule
i.E.	im Ergebnis
i.e.S.	im engeren Sinne
i.H.v.	in Höhe von
informaciones	informaciones. Zeitschrift für den deutsch-spanischen Rechtsverkehr/Revista jurídica hispano-alemana
inkl.	inklusive

IntPatÜbkG	Gesetz über internationale Patentübereinkommen vom 21. Juni 1976 (BGBl. 1976 II, Seite 649)
IPRax	Praxis des Internationalen Privat- und Verfahrensrechts
i.w.S.	im weiteren Sinne
JArbSchG	Jugendarbeitsschutzgesetz vom 12. April 1976 (BGBl. I, Seite 965)
JR	Juristische Rundschau
JuS	Juristische Schulung
JVA	Justizvollzugsanstalt
JZ	Juristenzeitung
Kap.	Kapitel
KrWaffKontrG	Gesetz über die Kontrolle von Kriegswaffen in der Fassung der Bekanntmachung vom 22. November 1990 (BGBl. I, Seite 2506)
KultgSchKonvAG	Gesetz zur Ausführung der Konvention vom 14. Mai 1954 zum Schutz von Kulturgut bei bewaffneten Konflikten vom 18. Mai 2007 (BGBl. I, Seite 757, 762)
KulturGüRückG	Kulturgüterrückgabegesetz vom 18. Mai 2007 (BGBl. I, Seite 757, 2547)
LAG	Landesarbeitsgericht
LAGE	Entscheidungen der Landesarbeitsgerichte
LuftVG	Luftverkehrsgesetz in der Fassung der Bekanntmachung vom 10. Mai 2007 (BGBl. I, Seite 698)
LG	Landgericht
LwAnpG	Landwirtschaftsanpassungsgesetz vom 29. Juni 1990 (GBl. DDR 1990 I, Seite 642), neugefasst durch Bekanntmachung vom 3. Juli 1991, BGBl. I, Seite 1418
MDR	Monatsschrift für deutsches Recht
m.E.	meines Erachtens
MBPlG	Magnetschwebebahnplanungsgesetz vom 23. November 1994 (BGBl. I, Seite 3486)

MiArbG	Mindestarbeitsbedingungengesetz in der im Bundesgesetzblatt Teil III, Gliederungsnummer 802-2, veröffentlichten bereinigten Fassung
MittelweserG	Gesetz über den Grunderwerb für die Kanalisierung der Mittelweser in der im Bundesgesetzblatt Teil III, Gliederungsnummer 942-4, veröffentlichten bereinigten Fassung
MPG	Medizinproduktegesetz in der Fassung der Bekanntmachung vom 7. August 2002 (BGBl. I, Seite 3146)
NJOZ	Neue Juristische Online-Zeitschrift
NJW	Neue juristische Wochenschrift
NZA	Neue Zeitschrift für Arbeitsrecht
OLG	Oberlandesgericht
PatG	Patentgesetz in der Fassung der Bekanntmachung vom 16. Dezember 1980 (BGBl. 1981 I, Seite 1)
Personalrat	Der Personalrat
PflR	Pflegerecht
PflSchG	Pflanzenschutzgesetz in der Fassung der Bekanntmachung vom 14. Mai 1998 (BGBl. I, Seite 971, 1527, 3512)
PTStiftG	Gesetz zur Errichtung einer Museumsstiftung Post und Telekommunikation vom 14. September 1994 (BGBl. I, Seite 2325, 2382)
RdA	Recht der Arbeit
RegE	Regierungsentwurf
RG	Reichsgericht
RGZ	Amtliche Sammlung der Entscheidungen des RG
RL	Richtlinie
Rn.	Randnummer
Rs.	Rechtssache
RSiedlErgG 1935	Gesetz zur Ergänzung des Reichssiedlungsgesetzes in der im Bundesgesetzblatt Teil III, Gliederungsnummer 2331-2, veröffentlichten bereinigten Fassung

RSiedlG	Reichssiedlungsgesetz in der im Bundesgesetzblatt Teil III, Gliederungsnummer 2331-1, veröffentlichten bereinigten Fassung
Rz.	Randziffer
SaatG	Saatgutverkehrsgesetz in der Fassung der Bekanntmachung vom 16. Juli 2004 (BGBl. I, Seite 1673)
SAE	Sammlung arbeitsrechtlicher Entscheidungen
SchBerG	Schutzbereichgesetz in der im Bundesgesetzblatt Teil III, Gliederungsnummer 54-2, veröffentlichten bereinigten Fassung
SED	Sozialistische Einheitspartei Deutschlands
SGB II	Zweites Buch Sozialgesetzbuch – Grundsicherung für Arbeitsuchende – (Artikel 1 des Gesetzes vom 24. Dezember 2003, BGBl. I, Seite 2954)
SGB IX	Neuntes Buch Sozialgesetzbuch – Rehabilitation und Teilhabe behinderter Menschen – (Artikel 1 des Gesetzes vom 19. Juni 2001, BGBl. I, Seite 1046)
SMAusbV	Schiffsmechaniker-Ausbildungsverordnung vom 12. April 1994 (BGBl. I, Seite 797)
sog.	sogenannte
SoldGG	Soldatinnen- und Soldaten-Gleichbehandlungsgesetz vom 14. August 2006 (BGBl. I, Seite 1897, 1904)
SPD	Sozialdemokratische Partei Deutschlands
SpurVerkErprG	Gesetz über den Bau und den Betrieb von Versuchsanlagen zur Erprobung von Techniken für den spurgeführten Verkehr vom 29. Januar 1976 (BGBl. I, Seite 241)
StVG	Straßenverkehrsgesetz in der Fassung der Bekanntmachung vom 5. März 2003 (BGBl. I, Seite 310, 919)
TierSG	Tierseuchengesetz in der Fassung der Bekanntmachung vom 22. Juni 2004 (BGBl. I, Seite 1260, 3588)
UStG	Umsatzsteuergesetz in der Fassung der Bekanntmachung vom 21. Februar 2005 (BGBl. I, Seite 386)
usw.	und so weiter
VersR	Versicherungsrecht

vgl.	vergleiche
VwVfG	Verwaltungsverfahrensgesetz in der Fassung der Bekanntmachung vom 23. Januar 2003 (BGBl. I, Seite 102)
WaStrG	Bundeswasserstraßengesetz in der Fassung der Bekanntmachung vom 23. Mai 2007 (BGBl. I, Seite 962; 2008 I, Seite 1980)
WaStrÜbgVtr	Staatsvertrag betreffend den Übergang der Wasserstraßen von den Ländern auf das Reich (Anhang zum Gesetz über die vermögensrechtlichen Verhältnisse der Bundeswasserstraßen) in der im Bundesgesetzblatt Teil III, Gliederungsnummer 940-4, veröffentlichten bereinigten Fassung
WoEigG	Wohnungseigentumsgesetz in der im Bundesgesetzblatt Teil III, Gliederungsnummer 403-1, veröffentlichten bereinigten Fassung
WpÜG	Wertpapiererwerbs- und Übernahmegesetz vom 20. Dezember 2001 (BGBl. I, Seite 3822)
WVG	Wasserverbandsgesetz vom 12. Februar 1991 (BGBl. I, Seite 405)
z.B.	zum Beispiel
ZEuP	Zeitschrift für europäisches Privatrecht
ZfS	Zeitschrift für Schadensrecht
ZIP	Zeitschrift für Wirtschaftsrecht
zit.	zitiert
ZPO	Zivilprozessordnung in der Fassung der Bekanntmachung vom 5. Dezember 2005 (BGBl. I Seite 3202; 2006 I, Seite 431; 2007 I, Seite 1781)
ZRP	Zeitschrift für Rechtspolitik

Literaturverzeichnis

Monographien

Zitierweise:

(Mitherausgeber/(Mit-)Bearbeiter/Auflage/Jahr wird nur wenn nötig angegeben; wird ein Werk in verschiedenen Auflagen benutzt, so wird die aktuelle Auflage ohne Angabe der Auflage bzw. des Jahres in den Fußnoten verwendet.)

Herausgeber/Mitherausgeber-Bearbeiter/Mitbearbeiter, Auflage [oder] Jahr, Fundstelle

Ackermann, Thomas	**Der Schutz des negativen Interesses**	1. Aufl.	2007
Adomeit, Klaus	**»Der Nichtabschluss eines schuldrechtlichen Vertrages und seine Rechtswidrigkeit als Diskriminierung nach dem AGG«**, in Aderhold, Lutz: Festschrift für Harm Peter Westermann zum 70. Geburtstag	1. Aufl.	2008
Adomeit, Klaus / Mohr, Jochen	**AGG**	1. Aufl.	2007
Alenfelder, Michael	**Diskriminierungsschutz im Arbeitsrecht: Das neue Allgemeine Gleichbehandlungsgesetz**	1. Aufl.	2006
Anschütz, Gerhard	**Die Verfassung des Deutschen Reichs**	2. Aufl.	1921
Arndt, Dominik E.	**Zur Europarechtswidrigkeit der Normen zum Schadensersatz im Allgemeinen Gleichbehandlungsgesetz**	1. Aufl.	2009
Ascheid, Reiner / Preis, Ulrich / Schmidt, Ingrid	**Kündigungsrecht**	3. Aufl.	2007

Battis, Ulrich / Krautzberger, Michael / Löhr, Rolf-Peter	**Baugesetzbuch**	11. Aufl.	2009
Bauer, Jobst-Hubertus / Göpfert, Burkard / Krieger, Steffen	**AGG**	2. Aufl.	2008
Becker, Friedrich / Hillebrecht, Wilfried (zit.: KR)	**Gemeinschaftskommentar zum Kündigungsschutzgesetz und zu sonstigen kündigungsschutzrechtlichen Vorschriften**	9. Aufl.	2009
Beil, Christine	**Duden – Das Synonymwörterbuch**	4. Aufl.	2007
Benecke, Martina	**Mobbing**	1. Aufl.	2005
Bezani, Thomas / Richter, Marcus	**Das Allgemeine Gleichbehandlungsgesetz im Arbeitsrecht**	1. Aufl.	2006
Boemke, Burkhard / Danko, Franz-Ludwig	**AGG im Arbeitsrecht**	1. Aufl.	2007
Brox, Hans / Rüthers, Bernd / Henssler, Martin	**Arbeitsrecht**	17. Aufl.	2007
Burmann, Michael / Heß, Rainer / Jahnke, Jürgen / Janker, Helmut	**Straßenverkehrsrecht**	21. Aufl.	2010
Cureau, Maurice	**Christian Morgenstern: Werke und Briefe III**	1. Aufl.	1990
Danner, Wolfgang / Theobald, Christian	**Energierecht**	63. Lfg.	III/ 2009
Däubler, Wolfgang / Bertzbach, Martin	**AGG**	1. Aufl.	2007
Däubler, Wolfgang / Bertzbach, Martin	**AGG**	2. Aufl.	2008

Däubler, Wolfgang / Hjort, Jens Peter / Hummer, Dieter / Wolmerath, Martin (zit.: HK-ArbR)	**Arbeitsrecht**	1. Aufl.	2008
Deutscher Gewerkschaftsbund Bundesvorstand / Sehrbrock, Ingrid	**Allgemeines Gleichbehandlungsgesetz**	1. Aufl.	2006
Ebert, Ina	**Pönale Elemente im deutschen Privatrecht**	1. Aufl.	2004
Erfurter Kommentar zum Arbeitsrecht (zit.: ErfK)	**Erfurter Kommentar zum Arbeitsrecht**	6. Aufl.	2006
Erfurter Kommentar zum Arbeitsrecht (zit.: ErfK)	**Erfurter Kommentar zum Arbeitsrecht**	7. Aufl.	2007
Erfurter Kommentar zum Arbeitsrecht (zit.: ErfK)	**Erfurter Kommentar zum Arbeitsrecht**	10. Aufl.	2010
Erman, Walter	**BGB**	12. Aufl.	2008
Ernst, Werner / Zinkahn, Willy / Bielenberg, Walter / Krautzberger, Michael	**Baugesetzbuch**	93. Erg.-Lfg.	X/2009
Filthaut, Werner	**Haftpflichtgesetz**	8. Aufl.	2009
Fischer, Gerhard / Hitz, Fredi / Walter, Bernd	**Bundesgrenzschutzgesetz**	2. Aufl.	1996
Gamillscheg, Frank / de Givry, Jean / Hepple, Bob / Verdier, Jean-Maurice	**»Der gleiche Zugang zur Beschäftigung in der Privatwirtschaft nach deutschem Recht«**, in: Gamillscheg, Franz / de Givry, Jean / Hepple, Bob / Verdier, Jean-Maurice: In memoriam Sir Otto Kahn-Freund	1. Aufl.	1980

Kandler, Johanna	**Sanktionsregelungen für Verstöße gegen die EG-Gleichbehandlungsrichtlinie (76/207/EWG) im deutschen Recht**	1. Aufl.	2003
Kloesel, Arno / Cyran, Walter	**Arzneimittelrecht Kommentar**	110. Erg.-Lfg.	2008
Kittner, Michael / Däubler, Wolfgang / Zwanziger, Bertram	**Kündigungsschutzrecht**	7. Aufl.	2008
Kraif, Ursula	**Duden, Das große Fremdwörterbuch**	4. Aufl.	2007
Lange, Hermann / Schiemann, Gottfried	**Schadensersatz**	3. Aufl.	2003
Lobinger, Thomas	**»Vertragsfreiheit und Diskriminierungsverbote«**, in: Repgen, Tilman / Lobinger, Thomas / Hense, Ansgar: Vertragsfreiheit und Diskriminierung	1. Aufl.	2007
Lütkes, Hermann / Kramer, Christine / Ferner, Wolfgang	**Straßenverkehr**	174. Lfg.	VII/ 2007
Maunz, Theodor / Dürig, Günther	**Grundgesetz**	56. Erg.-Lfg.	X/ 2009
von Medem, Andreas	**Kündigungsschutz und Allgemeines Gleichbehandlungsgesetz**	1. Aufl.	2008
Medicus, Dieter / Lorenz, Stephan	**Schuldrecht I, Allgemeiner Teil**	18. Aufl.	2008
Medicus, Dieter / Petersen, Jens	**Bürgerliches Recht**	22. Aufl.	2009

Meinel, Gernod / Heyn, Judith / Herms, Sascha	**AGG**	1. Aufl.	2007
Mohr, Jochen	**Schutz vor Diskriminierungen im Europäischen Arbeitsrecht**	1. Aufl.	2004
Monen, Kathrin	**Das Verbot der Diskriminierung**	1. Aufl.	2008
(zit.: Motive II)	**Motive zu dem Entwurfe eines Bürgerlichen Gesetzbuches für das Deutsche Reich, Band II**	1. Aufl.	1888
Mugdan, Benno	**Die gesamten Materialien zum Bürgerlichen Gesetzbuch für das Deutsche Reich, II. Band**	1. Aufl.	1898
Müller, Walter	**Schadensersatz auf Grund verdorbenen Urlaubs**	1. Aufl.	1986
Münchener Handbuch für Arbeitsrecht (zit.: MünchArbR)	**Münchener Handbuch für Arbeitsrecht**	2. Aufl.	2000
Münchener Kommentar zum BGB (zit.: MükoBGB)	**Münchener Kommentar zum BGB**	4. Aufl.	2005
Münchener Kommentar zum BGB (zit.: MükoBGB)	**Münchener Kommentar zum BGB**	5. Aufl.	2009
Münchener Kommentar zur ZPO (zit.: MükoZPO)	**Münchener Kommentar zur ZPO**	3. Aufl.	2008
Nipperdey, Hans Carl	**Die Grundrechte und Grundpflichten der Reichsverfassung, Erster Band**	1. Aufl.	1929

Nollert-Borasio, Christiane / Perreng, Martina	**Allgemeines Gleichbehandlungsgesetz**	2. Aufl.	2008
Palandt, Otto	**BGB**	54. Aufl.	1995
Palandt, Otto	**BGB**	66. Aufl.	2006
Palandt, Otto	**BGB**	68. Aufl.	2009
Palandt, Otto	**BGB**	69. Aufl.	2010
Pausch, Alfons / Pausch, Jutta	**Goethe-Zitate für Juristen**	2. Aufl.	1995
Posser, Herbert / Schmans, Malte / Müller-Dehn, Christian	**Atomgesetz**	1. Aufl.	2003
Prütting, Hanns / Wegen, Gerhard / Weinreich, Gerd	**BGB**	4. Aufl.	2009
Raschka, Antje	**Darlegungs- und Beweiserleichterungen für Mobbingbetroffene**	1. Aufl.	2007
Rauscher, Thomas / Mansel, Heinz-Peter	**»§ 241a BGB und das Bereicherungsrecht – zum Begriff der ›Bestellung‹ im Schuldrecht –«**, in: Festschrift für Werner Lorenz zum 80. Geburtstag	1. Aufl.	2001
von Roetteken, Thorsten	**AGG**	12. Erg.-Lfg.	I/ 2010
Rösch, Andrea	**Gleichbehandlung zum Nachteil des Leiharbeitnehmers?**	1. Aufl.	2009
Rühl, Wolfgang / Viethen, Peter / Schmid, Matthias	**Allgemeines Gleichbehandlungsgesetz**	1. Aufl.	2007
Rust, Ursula / Falke, Josef	**AGG**	1. Aufl.	2007

Rüthers, Bernd	**Rechtstheorie**	4. Aufl.	2008
Rüthers, Bernd / Stadler, Astrid	**Allgemeiner Teil des BGB**	16. Aufl.	2009
Sahmer, Heinz / Busemann, Andreas	**Arbeitsplatzschutzgesetz**	3. Aufl.	2007
Schiek, Dagmar	**AGG**	1. Aufl.	2007
Schleusener, Aino / Suckow, Jens / Voigt, Burkhard	**AGG**	2. Aufl.	2008
Schrader, Peter / Schubert, Jens	**Das AGG in der Beratungspraxis**	2. Aufl.	2009
Schulze, Reiner / Dörner, Heinrich / Ebert, Ina	**BGB**	6. Aufl.	2009
Soergel, Hans Theodor	**BGB**	12. Aufl.	div.
Soergel, Hans Theodor	**BGB**	13. Aufl.	div.
Spindler, Gerald / Schuster, Fabian	**Recht der elektronischen Medien**	1. Aufl.	2008
Sprenger, Markus	**Das arbeitsrechtliche Verbot der Altersdiskriminierung nach der Richtlinie 2000/78/EG**	1. Aufl.	2006
von Staudinger, Julius	**BGB**	12. Aufl.	1998
von Staudinger, Julius	**BGB**	Neubearb.	div.
Stork, Florian	**Das Anti-Diskriminierungsrecht der Europäischen Union und seine Umsetzung in das deutsche Zivilrecht**	1. Aufl.	2006
Thiele, Burkhard / Krajewski, Joachim / Röske, Holger	**Schuldrechtsänderungsgesetz**	2. Erg.-Lfg.	1999

Thüsing, Gregor	**Arbeitsrechtlicher Diskriminierungsschutz**	1. Aufl.	2007
Wendeling-Schröder, Ulrike / Stein, Axel	**AGG**	1. Aufl.	2008
Wenzel, Eva-Maria	**Religionsbedingte Konflikte im Arbeitsleben**	1. Aufl.	2008
Wermke, Matthias	**Duden, Etymologie**	4. Aufl.	2007
Wisskirchen, Gerlind	**Mittelbare Diskriminierung von Frauen im Erwerbsleben**	1. Aufl.	1994
Xanke, Peter	**Praxiskommentar Straßenverkehrsrecht**	1. Aufl.	2009
Zeckei, Matthias	**Das Diskriminierungsverbot im Zivilrecht**	1. Aufl.	2008

Zeitschriften

A. EINLEITUNG

Wer sich den Gesetzen nicht fügen lernt, muss die Gegend verlassen, wo sie gelten.[1]
(Johann Wolfgang von Goethe)

Das Allgemeine Gleichbehandlungsgesetz (AGG) ist 2006 in Kraft getreten. Obgleich schon einige Kommentare, einige Gerichtsurteile und noch mehr Aufsätze zur neuen Rechtslage veröffentlicht wurden, ist es immer noch weitgehend unklar, welche genauen Rechtsfolgen dem Arbeitgeber drohen, der durch einen Verstoß ersatzpflichtig wird.

Selbst bei den zentralen Anspruchsgrundlagen des Benachteiligten in § 15 Abs. 1 und 2 AGG besteht erhebliche Unsicherheit darüber, wie die Normen, im Besonderen ihre Rechtsfolgen,[2] zu verstehen sind. Diese Fragen greift die vorliegende Arbeit auf.

Einige Autoren neigen dazu in § 15 AGG den Nachfolger von § 611a BGB und § 81 SGB IX zu sehen, und sie legen daher § 15 AGG mehr oder weniger als »§ 611a BGB neu« bzw. »§ 81 SGB IX neu« aus. Ihnen geht es darum, zu den alten Normen entwickelte Grundsätze auf § 15 AGG zu übertragen.

Die andere Gruppe sieht in § 15 AGG zutreffenderweise eine neue Vorschrift, weil § 15 AGG sowohl im Tatbestand als auch in der Rechtsfolge stark von den Vorgängernormen abweicht. Daher müssten auch neue Ansätze gefunden werden, um diese Vorschrift richtig auszulegen. Soweit ersichtlich gibt es aber auf diesem Gebiet noch keine umfassende wissenschaftliche Bearbeitung. In Aufsätzen und Kommentaren werden Probleme erkannt und angesprochen. Der Tiefgang der Argumentation kann jedoch nicht in allen Bereichen völlig überzeugen.

Nicht selten besteht Pragmatismus frei nach Christian Morgenstern: »*Weil nicht sein kann, was nicht sein darf.*«[3] Die Diskriminierungsproblematik wird als ein aus Europa[4] oder gar den Vereinigten Staaten[5]

---

[1] Goethe, Wilhelm Meisters Wanderjahre, aus *Pausch/Pausch*, Seite 34.
[2] *Krebber*, EuZA 2009, 200.
[3] Morgenstern, Die unmögliche Tatsache, aus *Cureau*, Seite 119, 120.
[4] Aufgrund der dem AGG zugrunde liegenden EU-Richtlinien.
[5] Aufgrund des möglichen Strafcharakters von § 15 Abs. 2 AGG.

kommender Fremdkörper im deutschen Recht gesehen, was bisweilen dazu verleitet, nicht mehr anerkannte Auslegungsmethoden, sondern das Rechtsgefühl zur Auslegung heranzuziehen, beispielsweise bei dem Streit, ob § 15 Abs. 1 AGG eine Haftungsobergrenze immanent ist. Bei der Berechnung der Entschädigung nach § 15 Abs. 2 AGG fällt es von vornherein nicht leicht, die immaterielle Einbuße zu beziffern, die der Benachteiligte erlitten hat. Umso schwerer ist es, dogmatisch sauber die Bemessungsgrundlagen zu ermitteln.

Diese Arbeit wertet die bisher zum AGG erschienene Literatur und Rechtsprechung in einem ersten Schritt aus. Im Anschluss daran sollen die gewonnen Erkenntnisse in eine systemkonforme, stringente Interpretation der Normen fließen. Selbstverständlich darf ein Blick auf die Historie des § 15 AGG nicht fehlen, der § 611a BGB a.F. und § 81 SGB IX a.F. umfasst. Mindestens ebenso wichtig ist jedoch auch die Implikation der unionsrechtlichen Vorgaben. Schließlich gilt hier ebenfalls der Grundsatz, dass der deutsche Gesetzgeber im Zweifel ein unionsrechtskonformes Gesetz auf den Weg bringen wollte, auch wenn dies an dem einen oder anderen Punkt nicht ganz überzeugend geglückt ist.

Auf die Tatbestandsvoraussetzungen von § 15 Abs. 1 und 2 AGG wird nur eingegangen, soweit dies zur Auslegung der Rechtsfolgen nötig ist. Andere Regelungen des § 15 AGG, wie § 15 Abs. 4 AGG, werden hier nicht weiter berücksichtigt, da sie für die Rechtsfolgenregelung im Sinne der maßgeblichen Faktoren für die Bemessung der Höhe des Ersatzes nichts beitragen können.

Der Kern der Arbeit besteht dann in der Darstellung der Schadensersatz- und Entschädigungsverpflichtungen aus § 15 AGG. Mithilfe grundsätzlicher und konkreter Überlegungen werden die Verpflichtungen mit dem Ziel ausgelegt, die Vorschrift nach Lektüre dieser Arbeit klar und verständlich, vor allem aber auch handhabbar zu machen. Dabei soll die Problemlösung nicht nur isoliert stimmig sein, sondern sich auch in die Gesamtrechtsordnung einfügen.

Für die Beurteilung der Rechtsfolge von § 15 Abs. 1 AGG sind zwei umstrittene Fragen im Rahmen des Tatbestandes in besonderem Maße relevant:

Welche Verknüpfung besteht zwischen der handelnden Person und dem ersatzpflichtigen Arbeitgeber? Kann nur der Arbeitgeber der Handelnde sein, auch seine Mitarbeiter oder möglicherweise jeder Dritte? Je weiter der Kreis der möglichen Personen gezogen wird, umso weniger Einflussmöglichkeiten hat schließlich der Arbeitgeber, das verbotene Verhalten zu unterbinden und so der Ersatzpflicht zu entgehen.

Muss ein (gegebenenfalls zugerechnetes) Vertretenmüssen[6] vorliegen? Damit würde das Haftungsrisiko für den Arbeitgeber ebenfalls kalkulierbarer werden.

Bei der Rechtsfolge des § 15 Abs. 1 AGG steht die Frage im Mittelpunkt, wie hoch der materielle Schaden ist, den der Benachteiligte erlitten hat. Dafür ist es notwendig, verschiedene Benachteiligungssituationen von unterschiedlich betroffenen Personen zu betrachten. Hier ist zu zeigen, dass nicht pauschal »alles« über § 15 Abs. 1 AGG ersetzbar ist.

Ob der Schadensersatz nun lediglich die Portokosten oder gar den vollen Lohnausgleich bis ins Rentenalter umfasst, wird seit Einführung von § 15 Abs. 1 AGG kontrovers diskutiert. Es gilt, die unionsrechtlichen Vorgaben und das deutsche Recht in Einklang zu bringen und eine nachvollziehbare Lösung zu finden, die für den Arbeitgeber und den Benachteiligten gleichermaßen tragbar ist.

Der Streit um die Aussage von § 2 Abs. 4 AGG, d.h. die sogenannte Bereichsausnahme für das Kündigungsrecht, kann nicht in aller Tiefe, sondern nur in den Grundzügen dargestellt werden, da sich die Arbeit im Wesentlichen mit den konkreten Rechtsfolgen des § 15 Abs. 1 und 2 AGG befasst. Jedoch ist es unumgänglich, auch hierzu Stellung zu nehmen. Wäre die Kündigungssituation nicht vom AGG erfasst, so könnte § 15 AGG auch keinen Ersatz für diskriminierende Kündigungen bereit halten. Aber wie hoch fällt dieser aus, wenn sie erfasst ist?

Bei § 15 Abs. 2 AGG steht ebenfalls die Rechtsfolge im Mittelpunkt des Interesses. Wann diese Rechtsfolge eintritt muss dennoch geklärt werden, denn in Absatz 2 lässt sich hierzu nichts finden.

Bei der Lektüre des § 15 Abs. 2 Satz 1 AGG fällt sofort auf, dass der Wortlaut mit »angemessen« nicht dem »billig« für immaterielle Entschädigung in § 253 Abs. 2 BGB entspricht. Es gilt herauszufinden, woher diese Abweichung kommt und welche Bewandtnis es damit hat. Dies wird mit dieser Arbeit erstmalig untersucht, weshalb hier ein besonderer Schwerpunkt gesetzt wird. Wann im deutschen Recht »angemessen« und wann »billig« verwendet wird, bedarf daher vertiefter Betrachtung. Welche Folge hat es für § 15 Abs. 2 AGG, dass nicht die Wendung aus § 253 Abs. 2 BGB verwendet wurde?

---

[6] Allgemein werden die Begriffe Verschulden und Vertretenmüssen häufig synonym verwendet. Bekanntlich ist aber das Verschulden nur eine Unterart des Vertretenmüssens. Dies zeigt etwa ein Blick auf § 287 Satz 2 BGB, der auch den »Zufall« unter gewissen Voraussetzungen ausreichen lässt, um ein Vertretenmüssen zu begründen. Daher wird in dieser Arbeit zwischen den Begriffen Vertretenmüssen und Verschulden (= Vorsatz und Fahrlässigkeit) unterschieden.

Überhaupt ist eine Entschädigung, jedenfalls in Bezug auf die Ungleichbehandlung wegen des Geschlechts oder einer Behinderung, nicht neu, da es sie bereits in § 611a BGB a.F. gab. Ebenfalls gab und gibt es eine Entschädigung bei Verletzung des allgemeinen Persönlichkeitsrechts. Der Einfluss dieser beiden Faktoren auf die Entschädigungshöhe im AGG ist gleichfalls zu erörtern.

Die Rechtsprechung und die Literatur haben bereits Kriterien gefunden, die es bei der Entschädigung nach § 15 Abs. 2 AGG zu beachten gilt. Dies beschränkt sich jedoch im Wesentlichen auf eine Aufzählung einzelner, konkreter Merkmale. Mit dieser Arbeit sollen diese Merkmale systematisiert werden, was die Handhabbarkeit deutlich erleichtern kann.

§ 15 Abs. 2 Satz 2 AGG enthält eine Regelung, die sowohl als Rahmen als auch als Kappungsgrenze aufgefasst werden kann. Da diese Regelung äußerst praxisrelevant ist, kann die Frage nicht übergangen werden, ob die Norm eine solche Kappungsgrenze enthält.

Bei der Übersicht der bislang zu § 15 Abs. 2 AGG ergangenen Urteile fällt eine zurückhaltende Tendenz in der Rechtsprechung auf. Mit einer Abhandlung zu überkompensatorischem Ersatz (»Strafschadensersatz«?) soll untersucht werden, ob eine derart restriktive Rechtsprechung angemessen ist.

B. GESETZGEBUNGSGESCHICHTE

Es soll an erster Stelle der Weg zum heutigen § 15 AGG aufgezeigt werden. Die Gesetzgebungsgeschichte ist geprägt durch die mühevolle Einführung der Gleichbehandlung von Mann und Frau in den ersten drei Vierteln des 20. Jahrhunderts. Im weiteren Verlauf nimmt der Gedanke dieser Gleichbehandlung, der Gleichbehandlung von Schwerbehinderten und schließlich der Gleichbehandlung auch in weiteren Aspekten erst durch deutlichen Druck aus Europa an Fahrt auf, wobei der EuGH immer wieder die deutsche Gesetzgebung als nicht ausreichend anprangert. Für die Auslegung des § 15 AGG ist diese Rechtsprechung daher von besonderer Bedeutung, will man versuchen, den Vorgaben des EuGH und dessen Vorstellung von Gleichbehandlung zu genügen.

I. 1895 – 1980

§ 15 AGG gilt als die zentrale Haftungsnorm im AGG.[7] Es handelt sich heute um die zentrale Rechtsfolge bei Verletzungen des Benachteiligungsverbotes.[8] Zumindest bei der »klassischen« Geschlechterdiskriminierung ist es nicht neu, dass ein Verstoß gegen das Gleichbehandlungsgebot schadensersatzpflichtig macht. Im ersten Urteil des BAG zu diesem Thema ging es hingegen noch lange nicht um Schadensersatz, sondern erst einmal um die Feststellung, ob Männer und Frauen gleich zu behandeln sind:

Im Jahre 1955 hat das BAG in einem Grundsatzurteil entschieden, dass sich die Gleichberechtigung von Mann und Frau direkt aus Art. 3 Abs. 2 und 3 GG ergibt. Es darf keine Benachteiligung aufgrund des Geschlechts stattfinden,[9] wobei dies zunächst hinsichtlich der Lohngleichheit entschieden wurde.

Aber auch schon lange vorher trat das Problem, welches zunächst unter der Fragestellung »Gleichberechtigung der Frau« diskutiert wurde, in Erscheinung. 1895 wurde der erste Antrag auf Gleichberechtigung der

---

[7] *Benecke*, AuR 2007, 229, 231; Erman-*Belling*, § 15 AGG Rn. 1; *Bauer/Göpfert/Krieger*, § 1 Rn. 1; vgl. auch *Meinel/Heyn/Herms*, § 15 Rn. 1; *Adomeit/Mohr*, § 15 Rn. 1.
[8] BT-Drucks. 16/1780, Seite 38.
[9] BAGE 1, 258.

Frau im Reichstag des Kaiserreichs eingebracht.[10] In der Weimarer Reichsverfassung (WRV) lautete Art. 109 Abs. 2 wie folgt: »Männer und Frauen haben grundsätzlich dieselben staatsbürgerlichen Rechte und Pflichten.« Freilich reichte dies noch nicht sehr weit. Augenfällig ist bereits die Einschränkung »grundsätzlich«, welche lediglich einen einfachen Gesetzesvorbehalt umschrieb.[11] Jedes Reichs- oder Landesgesetz konnte somit Ausnahmen zu diesem Grundsatz vorschreiben oder zulassen. Ferner betraf dieser Artikel ausschließlich die staatsbürgerlichen Rechte und Pflichten. Damit sind diejenigen gemeint, welche organschaftliches Handeln oder persönliche Dienstleistungen für den Staat zum Gegenstand hatten.[12] Immerhin postulierte dieser Programmsatz[13] eine Vermutung für die Gleichheit von Mann und Frau.[14]

Art. 119 Abs. 1 WRV lautete: »[1]Die Ehe steht als Grundlage des Familienlebens und der Erhaltung und Vermehrung der Nation unter dem besonderen Schutz der Verfassung. [2]Sie beruht auf der Gleichberechtigung der beiden Geschlechter.« Er ließ hoffen, dass der Gesetzgeber zumindest irgendwann in unbestimmter Zukunft innerhalb der Ehe die Vorrechte des Mannes gegenüber der Frau abschaffen würde, wenngleich diese Hoffnung nur sehr vage war.[15] Schließlich stellte Art. 119 Abs. 1 WRV lediglich einen weiteren Programmsatz dar, welchem der Gesetzgeber letztlich auch nicht nachkam.[16]

Die Frauen erlangten mit der Zeit das Wahlrecht; Ausnahmebestimmungen gegen weibliche Beamte wurden beseitigt. Zur allgemeinen Gleichstellung, insbesondere auch auf dem Gebiet des Arbeits- und Privatrechts, kam es hingegen nicht.

Die nächste große Entwicklungsstufe wurde mit der Einführung des Grundgesetzes (GG) im Jahre 1949 erreicht. Der Zeitraum zwischen 1919 und 1933 war zu kurz für weitere Entwicklungen[17] und zwischen 1933 und 1945 gab es erst recht keine Anstrengung von Seiten des Staates, die Stellung der Frau an die des Mannes anzugleichen. Einzelne Landesverfassungen führten bereits zwischen 1945 und 1949 den Grundsatz gleicher Lohn für gleiche Arbeit ein.[18] Für das gesamte Gebiet der Bundesre-

---

[10] *Nipperdey*, RdA 1950, 121.
[11] Vgl. *Anschütz*, Art. 109 Erl. 2; Nipperdey-*Stier-Somlo*, Seite 203.
[12] Anschütz, Art. 109 Erl. 2; Nipperdey-*Stier-Somlo*, Seite 201.
[13] *Nipperdey*, RdA 1950, 121, 123.
[14] Nipperdey-*Stier-Somlo*, Seite 204.
[15] Vgl. *Anschütz*, Art. 109 Erl. 2.
[16] *Nipperdey*, RdA 1950, 121.
[17] Vgl. *Nipperdey*, RdA 1950, 121.
[18] *Nipperdey*, RdA 1950, 121.

publik Deutschland sah dann erstmals Art. 3 GG Verbesserungen vor. Er wurde zunächst von Stimmen im Schrifttum[19], dann auch vom BAG[20] als unmittelbar geltende Rechtsnorm aufgefasst und nicht mehr als bloße Programmsätze wie noch die entsprechenden Artikel in der WRV. Festgestellt wurde dies zunächst in Bezug auf die Lohngleichheit zwischen Mann und Frau bei gleicher Arbeit. Seitdem genießen Frauen die verfassungsmäßige Gleichstellung.[21] Eine universelle Gleichstellung von Mann und Frau oder gar Schadensersatzansprüche bei Ungleichbehandlungen waren indes noch lange nicht in Sicht und die *de-facto*-Gleichstellung wurde wohl bis heute nicht erreicht.

II. Das »EG-Anpassungsgesetz« (1980)

Für weitere Entwicklungen bedurfte es Impulsen aus Europa. Die Richtlinie 75/117/EWG[22] schrieb den Mitgliedsstaaten den Erlass von Rechtsvorschriften vor, die den Grundsatz des gleichen Entgelts für gleiche Arbeit von Mann und Frau in das nationale Recht übernehmen. Ein Jahr später forderte die Richtlinie 76/207/EWG[23] den Erlass von Gesetzen, die den Grundsatz der Gleichbehandlung hinsichtlich des Zugangs zur Beschäftigung, des Berufsaufstiegs, des Zugangs zur Berufsbildung, der Arbeitsbedingungen und der sozialen Sicherheit sicherstellen sollten. Die Umsetzung fand in Deutschland mit dem arbeitsrechtlichen EG-Anpassungsgesetz im Jahre 1980 statt.[24] Die Schwerfälligkeit der Umsetzung findet schon im Titel des Gesetzes »EG-Anpassungsgesetz« Ausdruck. In Deutschland herrschte das Verständnis, dass bereits ausreichend Regelungen zur Gleichstellung vorhanden waren, so dass die Umsetzung nur widerwillig und unvollständig durch das vom EuGH mehrfach beanstandete[25] Gesetz erfolgte.[26] Immerhin wurde erstmals auch ein Schadenser-

---

[19] *Nipperdey*, RdA 1950, 121, 122.

[20] BAGE 1, 258.

[21] *Nipperdey*, RdA, 1950, 121, 122.

[22] Richtlinie vom 10.02.1975, ABl. EG Nr. L 45/19, zur Angleichung der Rechtsvorschriften der Mitgliedstaaten über die Anwendung des Grundsatzes des gleichen Entgelts für Männer und Frauen.

[23] Richtlinie vom 09.02.1976, ABl. EG Nr. L 39/40, zur Verwirklichung des Grundsatzes der Gleichbehandlung von Männern und Frauen hinsichtlich des Zugangs zur Beschäftigung, zur Berufsbildung und zum beruflichen Aufstieg sowie in bezug auf die Arbeitsbedingungen.

[24] BGBl. 1980 I, Seite 1308, »Gesetz über die Gleichbehandlung von Männern und Frauen am Arbeitsplatz und über die Erhaltung von Ansprüchen bei Betriebsübergang (Arbeitsrechtliches EG-Anpassungsgesetz)«.

[25] Dazu sogleich.

[26] Staudinger-*Annuß*, 2005, § 611a Rn. 1 f.

satzanspruch für Verletzungen des Gleichbehandlungsgebotes in § 611a Abs. 2 BGB aufgenommen. Während die Tatbestandsvoraussetzungen mit § 611a Abs. 1 BGB jedenfalls in Hinblick auf die Gleichbehandlung von Mann und Frau umfassend und insoweit auch EU-Richtlinienkonform waren, war die Rechtsfolge etwas mager ausgestaltet: Nach ihr war lediglich der Ersatz des Schadens geschuldet, welcher im Vertrauen darauf erlitten wurde, dass der Arbeitgeber nicht diskriminierend handeln würde (Vertrauensschaden).[27]

Das erste Urteil (Colson/Kamann-Entscheidung), welches vom EuGH hinsichtlich der mangelhaften Umsetzung von Gleichbehandlungsrichtlinien in das deutsche Recht erging, wurde am 10.04.1984 gefällt.[28] Es wurde im Rahmen eines Vorabentscheids auf Vorlage des ArbG Hamm[29] getroffen. Die Klägerinnen hatten sich um einen Platz als Sozialarbeiterinnen in der JVA Werl in Nordrhein-Westfalen beworben. Sie waren, obwohl sie beruflich besser qualifiziert waren als ihre männlichen Mitbewerber, nicht eingestellt worden, da die Besetzung der Arbeitsplätze mit weiblichen Arbeiterinnen »problematisch und risikoreich« gewesen wäre.[30] Die Klägerinnen wollten diese offensichtlich diskriminierende Nichteinstellung nicht auf sich beruhen belassen. Sie klagten auf Einstellung, hilfsweise auf Schadensersatz in Höhe von sechs Monatsgehältern. Eine Klägerin klagte, wiederum hilfsweise, noch auf Erstattung der Bewerbungskosten in Höhe von 7,20 DM.[31]

Nach Auffassung des ArbG Hamm war lediglich die Klage auf Erstattung der Bewerbungskosten begründet.[32] Dies machte das Gericht insbesondere an den Gesetzesmaterialien fest.[33] Nach § 611a Abs. 2 BGB a.F. sollte der Schadensersatz gerade auf den Ersatz des Vertrauensschadens begrenzt werden.[34] Jedoch hegte das ArbG Hamm Zweifel an der Vereinbarkeit der Norm mit der Richtlinie 76/207/EWG.

---

[27] Vgl. auch BT-Drucks. 8/3317, Seite 9.

[28] EuGH (Urteil vom 10.04.1984 – Rs. C-14/83), Slg. 1984, 1891 – Colson und Kamann.

[29] ArbG Hamm DB 1983, 1102.

[30] *Schulte*, JA 1985, 660.

[31] EuGH (Urteil vom 10.04.1984 – Rs. C-14/83), Slg. 1984, 1891, Rz. 5 – Colson und Kamann.

[32] Daher wurde § 611a BGB a.F. auch scherzhaft »Porto-Paragraph« (*Kocher*, ArbuR 1998, 221 m.w.N.; *Wagner/Potsch*, JZ 2006, 1085, 1086) genannt.

[33] *Eckertz-Höfer*, JuS 1987, 611.

[34] BT-Drucks. 8/3317, Seite 9.

Der EuGH hatte daher nun im Rahmen dieses Vorabentscheidungsverfahrens darüber zu befinden, ob die Regelung des § 611a Abs. 2 BGB (1980)[35] unionsrechtskonform war:

»(2) [1]Ist ein Arbeitsverhältnis wegen eines von dem Arbeitgeber zu vertretenden Verstoßes gegen das Benachteiligungsverbot des Absatzes 1 nicht begründet worden, so ist er zum Ersatz des Schadens verpflichtet, den der Arbeitnehmer dadurch erleidet, daß er darauf vertraut, die Begründung des Arbeitsverhältnisses werde nicht wegen eines solchen Verstoßes unterbleiben. [2]Satz 1 gilt beim beruflichen Aufstieg entsprechend, wenn auf den Aufstieg kein Anspruch besteht.«

Im Rahmen dieses Verfahrens wurde die deutsche Regierung aufgefordert, eine schriftliche Erklärung dazu abzugeben, inwieweit § 611a BGB die Anwendung der allgemeinen Schadensersatzansprüche des BGB ausschließe und ob die Höhe des Schadensersatzanspruches auf den Vertrauensschaden beschränkt werde.[36] Laut Urteil des EuGH antwortete die Regierung (auf dieses Verständnis der Antwort stütze sich der Gerichtshof dann auch), dass durch § 611a BGB der Schadensersatzanspruch nicht gemindert oder begrenzt werde, sondern im Gegenteil konkrete Schadensersatzansprüche erst geschaffen worden seien. Diese Auffassung der Bundesregierung verwundert jedoch vor dem Hintergrund, dass etwa deliktische Ansprüche neben den vertraglichen bzw. quasivertraglichen zwar nicht ausgeschlossen sind, jedoch sehr wohl eingeschränkt werden können, wenn die vertraglichen Ansprüche entsprechende Einschränkungen vorsehen.[37] Der damalige Bundesminister für Arbeit und Soziales widersprach dieser Darstellung der vermeintlichen Auffassung der Bundesregierung durch den EuGH und veröffentlichte den Wortlaut der Erklärung, in der ausdrücklich nur vom Ersatz des Vertrauensschadens gesprochen wurde.[38]

Der EuGH kritisierte zwar in seiner Entscheidung den § 611a BGB a.F., folgte aber seiner – wohl unkorrekten[39] – Interpretation der Stellungnahme der Bundesregierung, dass das deutsche Recht noch weiter reichende Rechtsfolgen vorsehe: »Entscheidet sich ein Mitgliedstaat jedoch dafür, als Sanktion für einen Verstoß gegen dieses Verbot eine Entschädigung zu gewähren, so muß diese jedenfalls, damit *ihre Wirksamkeit* und *ihre abschreckende Wirkung* gewährleistet sind, *in einem an-*

---

[35] BGBl. 1980 I, Seite 1308.
[36] EuGH (Urteil vom 10.04.1984 – Rs. C-14/83), Slg. 1984, 1891, Urteil III – Colson und Kamann.
[37] *Bertelsmann/Pfarr*, DB 1984, 1297.
[38] *Reuber*, DB 1984, 1476.
[39] Vgl. auch etwa *Eckertz-Höfer*, JuS 1987, 611, 613.

gemessenen Verhältnis zu dem erlittenen Schaden stehen und somit *über einen rein symbolischen Schadensersatz* wie etwa die bloße Erstattung der Bewerbungskosten hinausgehen.«[40]

In den Entscheidungsgründen geht der EuGH sogar noch weiter. Die Entschädigung müsse für den Bewerber *eine angemessene Wiedergutmachung* darstellen und für den Arbeitgeber gleichzeitig *ein ernst zu nehmendes Druckmittel* sein.[41] Für den Bewerber müsse sie *einen tatsächlichen und wirksamen Rechtsschutz* gewährleisten und für den Arbeitgeber *eine wirklich abschreckende Wirkung* haben.[42]

Um die Richtlinie 76/207/EWG umzusetzen, sei der Mitgliedsstaat zwar frei in der Wahl seiner Mittel. So sei es nicht zwingend notwendig, einen Anspruch auf Abschluss des Arbeitsvertrages zu schaffen. Allerdings müsse das nationale Gericht das zur Durchführung der Richtline erlassene Gesetz unionsrechtskonform und unter voller Ausschöpfung des eingeräumten Beurteilungsspielraums auslegen.

Nach diesem Urteil des EuGH erkannte das ArbG Hamm für Recht, dass ein Einstellungsanspruch nicht gegeben sei, jedoch Schadensersatz in Höhe von bis zu sechs Monatsgehältern die Anforderungen des EuGH erfülle.[43] Die beiden Klägerinnen bekamen je 12.000 DM zugesprochen, was in der Größenordnung von sechs Monatsgehältern liegen dürfte.[44] Den Anspruch stützte das Gericht auf § 823 Abs. 2 i.V.m. § 611a Abs. 2 BGB. Durch das Urteil des EuGH gezwungen, sprach es § 611a Abs. 2 BGB keine einschränkende Wirkung auf das negative Interesse zu, sondern sah § 611a BGB entgegen der systematischen und historischen[45] Auslegungsmethode zugunsten der unionsrechtskonformen Auslegung als neues Schutzgesetz i.S.d. § 823 Abs. 2 BGB an, so dass es das positive Interesse als Schadensersatzfolge (Schmerzensgeld wegen der Verletzung des Persönlichkeitsrechts) gewähren konnte.

Ein parallel gelagerter Fall wurde vom EuGH am gleichen Tage mit den gleichen Leitsätzen verkündet.[46]

---

[40] EuGH (Urteil vom 10.04.1984 – Rs. C-14/83), Slg. 1984, 1891, Rz. 28 – Colson und Kaman (Hervorhebungen vom Verfasser).

[41] EuGH (Urteil vom 10.04.1984 – Rs. C-14/83), Slg. 1984, 1891, Rz. 14 – Colson und Kaman (Hervorhebungen vom Verfasser).

[42] EuGH (Urteil vom 10.04.1984 – Rs. C-14/83), Slg. 1984, 1891, Rz. 23 – Colson und Kaman (Hervorhebungen vom Verfasser); *Mohr*, Seite 109; *Sprenger*, Seite 157; *Lobinger*, in: Repgen/Lobinger/Hense, Seite 99, 129.

[43] ArbG Hamm DB 1984, 2700.

[44] *Nicolaysen*, EuR 1984, 380.

[45] BT-Drucks. 8/3317, Seite 9.

[46] EuGH (Urteil vom 10.04.1984 – Rs. C-79/83), Slg. 1984, 1921 – Harz.

Die nächste wichtige Entwicklung stand 1989 an, als das BAG in zwei Urteilen[47] entschied, dass der Verstoß gegen das Gleichbehandlungsgebot in § 611a BGB grundsätzlich eine schwerwiegende Persönlichkeitsverletzung darstelle. Als Rechtsgrundlage für diese Entschädigungszahlung sah das BAG § 823 Abs. 1 BGB i.V.m. § 847 BGB an. Dies sei bereits vor der Zeit des § 611a BGB als Rechtsgrundlage bei Diskriminierungen anerkannt gewesen. § 611a Abs. 2 BGB begrenze nur den materiellen Schaden auf das negative Interesse, infolge der unionsrechtsfreundlichen Auslegung jedoch nicht den immateriellen Schaden. Das BAG stellte weiter fest, dass bei einem »Normalfall«, der keine Besonderheiten aufweise, der Betrag eines Monatsgehaltes ausreichend sei, um die Persönlichkeitsrechtsverletzung auszugleichen.[48] Bei wenig schweren Verstößen könne sogar vollständig auf die Ersatzzahlung verzichtet werden.[49]

Ein weiteres, die deutsche Gesetzgebung prägendes Urteil (Dekker),[50] fällte der EuGH im Jahre 1990.[51] Hierbei stellte er in einer Vorabentscheidung auf Ersuchen des obersten niederländischen Gerichts fest, dass bei einer zivilrechtlichen Umsetzung der Richtlinie 76/207/EWG die Haftungsregelungen so ausgestaltet sein müssten, dass jeder Verstoß dagegen ausreichen müsse, um die volle Haftung seines Urhebers auszulösen. Insbesondere dürfe keine Exkulpationsmöglichkeit eröffnet sein. Dieses Urteil stellte freilich nicht nur die Rechtslage in den Niederlanden, sondern auch die in Deutschland in ein schlechtes Licht. Schließlich stand die arbeitsgerichtliche Rechtsprechung spätestens seit dem Urteil[52] des BAG auf dem Standpunkt, dass das Vertretenmüssen des Urhebers Einfluss auf die Schadensersatzhöhe habe.

III. Das Zweite Gleichberechtigungsgesetz (1994)

Der Gesetzgeber versuchte nun 1994 mit dem Zweiten Gleichbehandlungsgesetz[53] das deutsche Recht den Vorgaben des EuGH anzupassen. Er folgte der Rechtsprechungspraxis, dass § 611a BGB keine Sperrwirkung in Hinblick auf den immateriellen Schadensersatz auslöse und

---

[47] BAGE 61, 209 und BAGE 61, 219.

[48] BAGE 61, 209, 210, 218.

[49] BAGE 61, 219, 224 ff.

[50] Vgl. BT-Drucks. 12/5468, Seite 18.

[51] EuGH (Urteil vom 08.11.1990 – Rs. C-177/88), Slg. 1990, I-3941 – Dekker.

[52] BAGE 61, 209, 215.

[53] BGBl. 1994 I, Seite 1406, »Gesetz zur Durchsetzung der Gleichberechtigung von Frauen und Männern (Zweites Gleichberechtigungsgesetz – 2. GleiBG)«.

nahm in § 611a Abs. 2 BGB einen Entschädigungsanspruch auf, dessen Höchstgrenze auf drei Monatsgehälter festgelegt wurde. Ferner wurde in § 61b Abs. 2 ArbGG eine komplizierte Haftungsobergrenze auf sechs bzw. zwölf Monatsverdienste für solche Fälle festgelegt, in denen der Arbeitgeber mehrfach in Anspruch genommen wird.[54]

Diese Neuregelung erntete schon im Vorfeld reichlich Kritik.[55] Insbesondere gab es bereits einen Fall aus Großbritannien, in dem der EuGH entschieden hatte, dass eine gesetzlich fixierte Obergrenze für den Schadensersatz unzulässig sei.[56]

Dies änderte jedoch nichts daran, dass auch das deutsche Recht vor dem EuGH zu überprüfen war. In der Draempaehl-Entscheidung[57] hatte der EuGH auf Vorlage des ArbG Hamburg einmal mehr über die Umsetzung der Richtlinie 76/207/EWG in das deutsche Recht zu entscheiden. Ein Mann hatte geklagt, der sich auf eine für Frauen ausgeschriebene Stelle als »Assistentin der Geschäftsleitung« beworben hatte und nicht eingestellt worden war.

§ 611a Abs. 2 BGB (1994)[58] lautete:

»(2) [1]Hat der Arbeitgeber bei der Begründung eines Arbeitsverhältnisses einen Verstoß gegen das Benachteiligungsverbot des Absatzes 1 zu vertreten, so kann der hierdurch benachteiligte Bewerber eine angemessene Entschädigung in Geld in Höhe von höchstens drei Monatsverdiensten verlangen. [2]Als Monatsverdienst gilt, was dem Bewerber bei regelmäßiger Arbeitszeit in dem Monat, in dem das Arbeitsverhältnis hätte begründet werden sollen, an Geld- und Sachbezügen zugestanden hätte.«

Dabei wiederholte der Gerichtshof zunächst die schon in der Colson/Kamann-Entscheidung aufgestellten Grundsätze[59] über die Eigenschaften des Schadensersatzanspruches. Bei der Zulässigkeit einer gesetzlich fixierten Schadensersatzobergrenze differenzierte der EuGH hingegen zwischen zwei Fallgruppen. Er kritisierte zwar immer noch die Deckelung als grundsätzlich nicht vereinbar mit der Richtlinie. Überhaupt sei eine Haftungsobergrenze dem deutschen zivil- und arbeitsrechtlichen Schadensersatzrecht fremd.[60] Schließlich müsse ein Verstoß

---

[54] Vgl. *Worzalla*, DB 1994, 2446, 2447.

[55] Etwa *Steinmeister*, ZRP 1993, 127.

[56] EuGH (Urteil vom 02.03.1993 – Rs. C-271/91), Slg. 1993, I-4367, Tenor 1 – Marshall.

[57] EuGH (Urteil vom 22.04.1997 – Rs. C-180/95), Slg. 1997, I-2195 – Draempaehl.

[58] BGBl. 1994 I, Seite 1406.

[59] EuGH (Urteil vom 10.04.1984 – Rs. C-14/83), Slg. 1984, 1891 – Colson und Kamann.

[60] Kritisch hierzu: *Ehmann/Emmert*, SAE 1997, 253, 260 f.

gegen EG-Recht nach ähnlichen sachlichen und verfahrensrechtlichen Grundsätzen geahndet werden wie Verstöße gegen nationales Recht.[61]

Sofern jedoch der Arbeitgeber beweisen könne, dass der Bewerber auch bei diskriminierungsfreier Auswahl nicht berücksichtigt worden wäre, etwa, weil er nicht der bestqualifizierte Bewerber war, sei eine Höchstgrenze des Schadensersatzes von drei Monatsgehältern zulässig.

Der EuGH überprüfte weiter die kumulative Höchstgrenze von sechs (bzw. zwölf) Monatsgehältern für alle Bewerber, die diskriminiert wurden. Dies sah § 61b Abs. 2 ArbGG (1994)[62] vor:

»(2) ¹Machen mehrere Bewerber wegen Benachteiligung bei der Begründung eines Arbeitsverhältnisses eine Entschädigung nach § 611a Abs. 2 des Bürgerlichen Gesetzbuches gerichtlich geltend, so ist auf Antrag des Arbeitgebers die Summe dieser Entschädigungen auf sechs Monatsverdienste oder, wenn vom Arbeitgeber ein einheitliches Auswahlverfahren mit dem Ziel der Begründung mehrerer Arbeitsverhältnisse durchgeführt worden ist, auf zwölf Monatsverdienste zu begrenzen. ²Soweit der Arbeitgeber Ansprüche auf Entschädigungen bereits erfüllt hat, ist der Höchstbetrag, der sich aus Satz 1 ergibt, entsprechend zu verringern. ³Dabei sind die bereits erfüllten Ansprüche jedoch jeweils nur bis zur Höhe des Betrags, der im Falle gerichtlicher Geltendmachung auf sie entfallen würde, zu berücksichtigen. ⁴Übersteigen die Entschädigungen, die den Klägern nach § 611a Abs. 2 des Bürgerlichen Gesetzbuches zu leisten wären, insgesamt den sich aus den Sätzen 1 bis 3 ergebenen Höchstbetrag, so verringern sich die einzelnen Entschädigungen in dem Verhältnis, in welchem ihre Summe zu dem Höchstbetrag steht.«

Auch hier verneinte der EuGH die Unionsrechtskonformität.

An den Haftungsobergrenzen bemängelte der EuGH, dass eine wirklich abschreckende Wirkung für den Arbeitgeber und ein angemessenes Verhältnis zum erlittenen Schaden des Bewerbers so nicht erreicht werden könne.

Ferner gebe es eine solche kumulative Deckelung eines Schadensersatzanspruchs in anderen deutschen zivil- und arbeitsrechtlichen Regelungen nicht.[63]

Ein weiterer wichtiger Punkt der Entscheidung betrifft die Frage, ob das Vertretenmüssen des Arbeitgebers Auswirkungen auf den Schadensersatz haben darf. Dies verneinte der EuGH erwartungsgemäß in Fortfüh-

---

61 Vgl. hierzu auch *Abele*, NZA 1997, 641, 642.
62 BGBl. 1994 I, Seite 1406.
63 Kritisch hierzu *Ehmann/Emmert*, SAE 1997, 253, 265.

rung der Rechtsprechung des Urteils Dekker.[64] Das Bestehen eines Schadensersatzanspruches müsse unabhängig von eventuellen Entlastungsgründen sein. Der Verstoß gegen das Verbot der Ungleichbehandlung müsse schon »für sich genommen ausreichen, um die volle Haftung seines Urhebers auszulösen«[65].

Trotz der Reform von 1994 verstießen also weite Teile der Rechtsfolgenbestimmungen gegen die unionsrechtlichen Vorgaben. Der Gesetzgeber war abermals gehalten, mit einer »baldigen gesetzlichen Neuregelung«[66] das deutsche Recht richtlinienkonform zu gestalten.[67]

IV. Gesetz zur Änderung des Bürgerlichen Gesetzbuchs und des Arbeitsgerichtsgesetzes (1998)

Mit Gesetz vom 29.06.1998[68] änderte der Gesetzgeber § 611a BGB ein weiteres Mal. Dabei übernahm er sowohl die Regelung, dass der bestqualifizierte Bewerber ohne summenmäßige Begrenzung eine angemessene Entschädigung in Geld verlangen kann. Weiter wurde die bislang geltende Haftungsobergrenze von drei Monatsgehältern auf die nichtbestqualifizierten Bewerber beschränkt und die Haftungssummenbegrenzung in § 61b ArbGG aufgehoben. Dieses Änderungsgesetz hatte von Seiten des Gesetzgebers in erster Linie die Aufgabe, das deutsche Recht unionsrechtskonform auszugestalten.[69] Die Vorgaben der bereits dargelegten Draempaehl-Entscheidung wurden relativ genau eingehalten, wobei aber wiederum nur das »Nötigste«[70] der unionsrechtlichen Vorgaben in das deutsche Recht umgesetzt wurde. Der SPD-Gegenentwurf zu diesem Gesetz sah etwa je nach Sachlage auch die Möglichkeit vor, auf Einstellung zu klagen.[71] Von der Literatur wurde zudem die unklare Neufassung des § 611a Abs. 2 BGB kritisiert, in welchem nur noch von einer angemessenen Entschädigung, nicht aber explizit (auch) vom Ersatz materieller Schäden die Rede war.[72]

---

[64] So auch *Abele*, NZA 1997, 641 f.

[65] EuGH (Urteil vom 22.04.1997 – Rs. C-180/95), Slg. 1997, I-2195 Rz. 18 – Draempaehl.

[66] *Dieball*, ArbuR 1997, 255, 256.

[67] *Abele*, NZA 1997, 641, 642.

[68] BGBl. 1998 I, Seite 1694, »Gesetz zur Änderung des Bürgerlichen Gesetzbuchs und des Arbeitsgerichtsgesetzes«.

[69] BT-Drucks. 13/10242, Seite 1.

[70] *Treber*, DZWir 1998, 177, 179.

[71] BT-Drucks. 13/7896, Seite 4.

[72] Zur Kritik vgl. etwa *Treber*, DZWir 1998, 177, 178, 180.

Danach traten weitere, inhaltlich aber unbedeutende Änderungen des § 611a BGB in Kraft,[73] bis die Norm schließlich mit dem »Gesetz zur Umsetzung europäischer Richtlinien zur Verwirklichung des Grundsatzes der Gleichbehandlung«[74] mit Wirkung vom 18.08.2006 aufgehoben wurde, da sie im AGG aufging (§ 611a Abs. 2 und 5 BGB wurde zu § 15 AGG).[75]

V. § 81 SGB IX (2001 – 2006)

Ebenfalls in § 15 AGG ging § 81 Abs. 2 SGB IX inhaltlich auf.[76] Dieser lautet seitdem lediglich:

»(2) ¹Arbeitgeber dürfen schwerbehinderte Beschäftigte nicht wegen ihrer Behinderung benachteiligen. ²Im Einzelnen gelten hierzu die Regelungen des Allgemeinen Gleichbehandlungsgesetzes.«

Seit 2001[77] bestand für schwerbehinderte Beschäftigte eine dem § 611a Abs. 2 BGB entsprechende[78] Regelung. Danach war ihnen bei einer Benachteiligung wegen ihrer Behinderung eine Entschädigung zu zahlen, § 81 Abs. 2 Satz 2 Nr. 2 SGB IX a.F. Auch hier galten die seit dem »Gesetz zur Änderung des Bürgerlichen Gesetzbuchs und des Arbeitsgerichtsgesetzes« (1998) geltenden Rechtsfolgen: dem Benachteiligten war eine angemessene Entschädigung zu zahlen, bei fehlender Kausalität der Benachteiligung auf die negative Einstellungsentscheidung war die Entschädigung auf drei Monatsverdienste begrenzt. Diese Regelung galt für die Einstellung, für den beruflichen Aufstieg, die Kündigung, sowie für einzelne Vereinbarungen, Maßnahmen und Weisungen.

Zwar gab es auch schon vorher Schutzvorschriften zugunsten Schwerbehinderter, so etwa in § 14 SchwerbehindertenG, welches in § 81 SGB IX aufging. Es existierte aber kein Entschädigungsanspruch. Dieser wurde erst zur Umsetzung der Richtlinie 2000/78/EG geschaffen.

---

73 BGBl. 2001 I, Seite 3138, »Gesetz zur Modernisierung des Schuldrechts«; BGBl. 2002 I, Seite 42, ber. 2909, »Bekanntmachung der Neufassung des Bürgerlichen Gesetzbuches«.

74 BGBl. 2006 I, Seite 1897, »Gesetz zur Umsetzung europäischer Richtlinien zur Verwirklichung des Grundsatzes der Gleichbehandlung«.

75 BT-Drucks. 16/1780, Seite 57.

76 Hauck/Noftz-*Schröder*, § 81 SGB IX Rn. 3.

77 BGBl. 2001 I, Seite 1046, »Sozialgesetzbuch – Neuntes Buch – (SGB IX), Rehabilitation und Teilhabe behinderter Menschen«.

78 BT-Drucks. 14/5074, Seite 113.

VI. Gesetz zur Umsetzung europäischer Richtlinien zur Verwirklichung des Grundsatzes der Gleichbehandlung

Schließlich verabschiedete der Gesetzgeber das lang umstrittene Vorhaben eines Antidiskriminierungsgesetzes, welches letztlich »Allgemeines Gleichbehandlungsgesetz« genannt wurde.[79] Die Ersatzzahlung bei Benachteiligungen verschiedenster Art[80] ist seit dem 14.08.2006[81] in § 15 Abs. 1 AGG für den materiellen und in § 15 Abs. 2 AGG für den immateriellen Schadensersatz geregelt.

Im Folgenden geht es um die Frage, wie diese aktuellen Regelungen zu verstehen sind.

---

[79] BT-Drucks. 16/1780.

[80] Aus Gründen der Rasse oder wegen der ethnischen Herkunft, des Geschlechts, der Religion oder Weltanschauung, einer Behinderung, des Alters oder der sexuellen Identität.

[81] BGBl. 2006 I, Seite 1897.

C. Einordnung des § 15 AGG

Zusammen mit § 15 AGG wurden mit den §§ 1 – 33 AGG noch 32 weitere Paragrafen geschaffen. Um ihn richtig interpretieren zu können, muss seine Stellung innerhalb dieser Vorschriften berücksichtigt werden.

I. § 15 AGG als Nachfolgeregelung zu § 611a BGB und § 81 SGB IX und seine Stellung im AGG – Problemaufriss

§ 15 AGG stellt die Nachfolgeregelung zu den § 611a BGB und § 81 SGB IX dar.[82] Die Norm ist eingekleidet in ein neu geschaffenes Allgemeines Gleichbehandlungsgesetz. Dieses wurde geschaffen, um alle Diskriminierungsmerkmale, welche durch vier umzusetzende EU-Richtlinien[83] vorgegeben waren, einheitlich behandeln zu können.

Dazu zählt die Diskriminierung aufgrund des Geschlechts, welche schon nach § 611a BGB verboten war. Ebenso die Benachteiligung aufgrund einer Behinderung, welche § 81 SGB IX untersagte.[84] Neu hinzugekommen sind die Verbote wegen der Rasse, der ethnischen Herkunft, der Religion, der Weltanschauung, des Alters und der sexuellen Identität zu diskrimi-

---

[82] Rust/Falke-*Bücker*, § 15 Rn. 3; HK-ArbR-*Berg*, § 15 AGG Rn. 2; Schiek-*Kocher*, § 15 Rn. 6: »Vorbild«.

[83] Richtlinie *2000/43/EG* vom 29.06.2000, ABl. EG Nr. L 180/22, zur Anwendung des Gleichbehandlungsgrundsatzes ohne Unterschied der Rasse oder der ethnischen Herkunft;
Richtlinie *2000/78/EG* vom 27.11.2000, ABl. EG Nr. L 303/16, zur Festlegung eines allgemeinen Rahmens für die Verwirklichung der Gleichbehandlung in Beschäftigung und Beruf;
Richtlinie *2002/73/EG* vom 23.09.2002, ABl. EG Nr. L 269/15, zur Änderung der Richtlinie 76/207/EWG des Rates zur Verwirklichung des Grundsatzes der Gleichbehandlung von Männern und Frauen hinsichtlich des Zugangs zur Beschäftigung, zur Berufsbildung und zum beruflichen Aufstieg sowie in Bezug auf die Arbeitsbedingungen;
Richtlinie *2004/113/EG* vom 13.12.2004, ABl. EG Nr. L 373/37, zur Verwirklichung des Grundsatzes der Gleichbehandlung von Männern und Frauen beim Zugang zu und bei der Versorgung mit Gütern und Dienstleistungen.

[84] Beide insofern »klassisch« (*Lobinger*, in Repgen/Lobinger/Hense, 99, 121 f.; siehe auch zu Geschichte oben unter B.).

nieren (§ 1 AGG). Das in § 1 AGG gefasste Ziel des Gesetzes ist es, solche Diskriminierungen im Arbeitsleben, bezüglich des Sozialschutzes, sozialer Vergünstigungen, der Bildung und auch in bestimmten zivilrechtlichen Fällen zu verhindern oder zu beseitigen.[85]

Für den hier interessierenden arbeitsrechtlichen Bereich ist insbesondere von Bedeutung, dass der Schutz schon vor Beginn der Tätigkeit, nämlich bereits bei den Bedingungen, einschließlich der Auswahlkriterien und Einstellungsbedingungen für den Zugang zur Erwerbstätigkeit, beginnt (§ 2 Abs. 1 Nr. 1 AGG). Er zieht sich mit den Beschäftigungs- und Arbeitsbedingungen und dem Arbeitsentgelt über das ganze Erwerbsleben hin (§ 2 Abs. 1 Nr. 2 AGG) bis zum Ruhestand. Er gilt aber auch für die Entlassungsbedingungen (§ 2 Abs. 1 Nr. 2 AGG), wobei für die Kündigung der Wortlaut des § 2 Abs. 4 AGG eine Ausnahme nahe legt. Wie diese Regelung zu interpretieren ist, ist höchst umstritten.[86] Die herrschende Meinung geht davon aus, dass die Herausnahme des gesamten Kündigungsrechts aus dem Anwendungsbereich des AGG unionsrechtswidrig wäre, da die umzusetzenden Richtlinien die Kündigung mitumfassen.[87] Diese Frage ist zu klären, bevor darauf eingegangen werden kann, ob bei einer diskriminierenden Kündigung Schadensersatz nach § 15 AGG gefordert werden kann und wie dieser sich zusammensetzt. Deswegen ist auf dieses Problem weiter unten näher einzugehen.[88]

§ 3 AGG definiert den Begriff der Benachteiligung. Eine Benachteiligung ist nach § 7 AGG verboten, sofern auch der persönliche Anwendungsbereich des Gesetzes nach § 6 AGG eröffnet ist. Ausnahmen, in denen eine ungleiche Behandlung trotz Abstellens auf ein in § 1 AGG genanntes Merkmal nicht unzulässig ist, werden in §§ 4, 5, 8, 9, 10 AGG genannt. Diese sind im Rahmen dieser Arbeit weniger interessant, da ein erlaubtes Verhalten selbstverständlich keinen Schadensersatzanspruch nach § 15 AGG auslöst.

Die §§ 11 und 12 AGG beschreiben Organisationspflichten des Arbeitgebers, die insoweit für den Schadensersatz relevant werden, als dass Verstöße dagegen Auswirkungen auf § 15 AGG haben können, namentlich beim Vertretenmüssen[89] und bei der Höhe des immateriellen Schadens-

[85] BT-Drucks. 16/1780.

[86] Instruktiv ErfK-*Schlachter*, § 2 AGG Rn. 16 f.

[87] Vgl. nur Jauernig-*Jauernig*, § 2 AGG Rn. 15; MükoBGB-*Thüsing*, § 2 AGG Rn. 176; Rust/Falke-*Bertelsmann*, § 2 Rn. 253; *Bauer/Göpfert/Krieger*, § 2 Rn. 61; Schleusener/Suckow/Voigt-*Schleusener*, § 2 Rn. 28.

[88] Siehe unten unter D.II.2.d.aa.

[89] Henssler/Willemsen/Kalb-*Annuß/Rupp*, § 15 AGG Rn. 4; zur Problematik des Vertretenmüssens, siehe unten unter D.I.5.

ersatzes. Ferner können sie bei der Beweislast für das Vorliegen einer Benachteiligung nach § 22 AGG von Bedeutung sein, wenn etwa die Ausschreibung des Arbeitsplatzes entgegen § 11 AGG nicht ohne Verstoß gegen § 7 Abs. 1 AGG erfolgt ist.

Die Rechte der Beschäftigten sind in den §§ 13 ff. AGG geregelt: Nach § 13 AGG haben sie das Recht, sich bei den zuständigen Stellen zu beschweren, wenn sie sich benachteiligt fühlen. Diese Vorschrift ist vergleichsweise »klar und unproblematisch«[90]. Das Recht, sich zu beschweren, steht Beschäftigten schon aufgrund ihres Beschäftigungsverhältnisses zu und ist keine Voraussetzung für die Geltendmachung des Anspruches aus § 15 Abs. 1 und 2 AGG.[91] Die Probleme, welche sich bei der Auslegung und Anwendung dieser Vorschrift stellen, betreffen in erster Linie die Frage, ob der Betriebsrat ein Mitbestimmungsrecht bei der Festlegung der Beschwerdestelle hat.[92] Da dieses Problemfeld für die Auslegung des Schadensersatzanspruches keine Relevanz aufweist, wird auf die hierzu erschienene Literatur verwiesen.[93]

Nach § 14 AGG haben die Beschäftigten weiter das Recht, die Arbeitstätigkeit ohne Verlust des Arbeitsentgelts einzustellen, sofern der Arbeitgeber keine oder nur offensichtlich ungeeignete Maßnahmen zur Unterbindung der Belästigung bzw. sexuellen Belästigung unternimmt. Da auch die Inanspruchnahme bzw. Nicht-Inanspruchnahme dieses Rechts keinen Einfluss auf die Schadensersatzhöhe hat, wird auch hierauf nicht weiter eingegangen.

Wie bereits erwähnt, ist die zentrale Norm und das zentrale Recht der Beschäftigten der Anspruch auf Entschädigung und Schadensersatz nach § 15 AGG. Während § 611a BGB bislang lediglich eine angemessene Entschädigung in Geld zubilligte, so ist jetzt im AGG ausdrücklich der Ersatz des materiellen Schadens nach § 15 Abs. 1 AGG (»Schaden«) vom Ersatz des Nichtvermögensschadens nach § 15 Abs. 2 AGG (»Entschädigung«) getrennt. Diese sprachliche Präzisierung war ausdrücklich Ziel des Gesetzgebers,[94] denn in der Tat war bei der alten Regelung strittig, ob materielle Schadensersatz mitumfasst war.[95] Die richtige Auslegung dieser zwei Absätze stellt den Kern der vorliegenden Arbeit dar. Dabei wird die in der Praxis relevante Frage nach dem Umfang, also nach den Be-

---

[90] So auch *Westhauser/Sediq*, NZA 2008, 78.
[91] Rust/Falke-*Bücker*, § 13 Rn. 1; siehe auch unten D.II.4.
[92] *Gach/Julis*, BB 2007, 773 f.; *Westhauser/Sediq*, NZA 2008, 78; *Bissels/Lützeler*, BB 2008, 666, 670.
[93] Rust/Falke-*Bücker*, § 13 Rn. 18a m.w.N.; siehe auch Fußnote 92.
[94] Vgl. BT-Drucks. 15/4538, Seite 35.
[95] Bejahend die frühere herrschende Meinung, vgl. *Adomeit/Mohr*, § 15 Rn. 10.

messungsgrundlagen und der Höhe des Schadensersatzanspruches, einen besonderen Schwerpunkt darstellen.

Für die Arbeitgeber handelt es sich hierbei um ein Risiko, das es möglichst gut zu kalkulieren gilt. Für sie werden durch die Norm finanzielle Risiken geschaffen, die sie abwehren müssen. Aber auch für Versicherungen ist es höchst interessant, die Rechtsfolgen möglichst detailliert aufzuschlüsseln, da das Risiko des Arbeitgebers unter Umständen attraktive Möglichkeiten der Absicherung eröffnet.[96] Schließlich dürfte auch der EuGH sehr interessiert daran sein, welche Faktoren die Schadensersatzberechnung nach § 15 Abs. 1 und 2 AGG beeinflussen. Schließlich beschäftigt auch er sich regelmäßig mit der Frage, ob Deutschland in diesem Bereich den unionsrechtlichen Umsetzungspflichten nachkommt.

Die Frage nach den Kriterien, welche auf die Höhe des Schadensersatzes und insbesondere auf die der Entschädigung Einfluss haben, wurde, soweit ersichtlich, bislang nur unzureichend erörtert.[97] So hat sich noch kein Autor mit der Frage befasst, was eigentlich eine »angemessene« Entschädigung darstellen mag, da diese Terminologie im übrigen deutschen Recht fest ausnahmslos für völlig andere Fallgestaltungen zum Einsatz kommt.[98] Die Frage nach der maximal möglichen Entschädigungssumme wurde bislang von der Argumentation geprägt, § 15 AGG stelle keinen Strafschadensersatz dar.[99] Aber auch hier lohnt es sich, solche häufig eher pauschal formulierten Behauptungen auf ihre Haltbarkeit zu überprüfen. Darüber hinaus bietet es sich an, Fallgruppen verschiedener Diskriminierungsklassen zu bilden, da bei Diskriminierungen in unterschiedlichen Bereichen (Einstellung, Kündigung, sexuelle Belästigung während des Arbeitsverhältnisses) jeweils andersartige Faktoren für die Entschädigungshöhe maßgeblich sind. Für diese Fragen kann nur begrenzt auf die zu § 611a BGB a.F. erschienene Literatur verwiesen werden. Schließlich wurde, wie bereits erwähnt, mit § 15 Abs. 1 und 2 AGG erstmals der Schadensersatz in einen materiellen und einen immateriellen Teil getrennt. Damit ist der materielle Schadensersatz unstreitig im Gegensatz zu § 611a BGB a.F. zu berücksichtigen.

Die Frage nach der Entschädigungshöhe, mithin die Frage nach dem Nichtvermögensschaden in § 15 Abs. 2 AGG, ist dabei von vorrangigem Interesse, auch deshalb, weil es dem Nichtvermögensschaden immanent

---

[96] Vgl. auch *Mohr/Grimminger*, BB 2008, 1170, 1172, 1774; *Rolfs*, VersR 2009, 1001.
[97] So auch ausdrücklich jüngst *Krebber*, EuZA 2009, 200; *Walker*, NZA 2009, 5, 7.
[98] Siehe unten unter E.II.1.
[99] Ausführlich zur Straffunktion unten unter E.II.7. und zum Strafschadensersatz unten unter E.II.7.b.bb.

ist, dass dieser gerade keine zu kompensierende Vermögenseinbuße besitzt und somit mehr Spielraum zur Interpretation bleibt.

Der materielle Schadensersatz nach § 15 Abs. 1 AGG darf indes nicht vernachlässigt werden. Schließlich kann die Einhaltung der unionsrechtlichen Vorgaben – man denke nur an die abschreckende Wirkung, welche die Umsetzungsgesetze in der Rechtsfolge anordnen müssen – nur durch die Kumulation aller Konsequenzen, welche eine Diskriminierung mit sich bringt, überprüft werden.

Um die Frage nach den Rechtsfolgen beantworten zu können, ist weiter ein Blick auf deren Voraussetzungen unerlässlich. Typischerweise haben die Tatbestandsvoraussetzungen, die Art und Weise der Benachteiligung oder auch die Kumulation mehrerer Verstöße, also das mehrmalige Verwirklichen des Tatbestandes, zu dem es unabhängig oder abhängig voneinander kommen kann, einen gewissen Einfluss auf die Rechtsfolgen.

§ 15 Abs. 3 AGG regelt eine Haftungserleichterung für den Arbeitgeber, der diskriminierende[100] kollektivrechtliche Vereinbarungen anwendet, bzw. möglicherweise auch für den Arbeitgeber, der nur durch Bezugnahme auf die kollektivrechtliche Vereinbarungen[101] diskriminiert. Neben der möglichen Unionsrechtswidrigkeit[102] dieser Vorschrift könnte das Vorliegen der Voraussetzungen auch Auswirkungen auf die Entschädigungshöhe haben,[103] so dass auch hierauf einzugehen ist.[104]

Nach § 15 Abs. 4 AGG gibt es eine besondere (möglicherweise unionsrechtswidrige[105]) Ausschlussfrist für die Ansprüche nach Absatz 1 und 2. Diese hat jedoch keinen Einfluss auf die Berechnung der Höhe eines Schadensersatzes.

§ 15 Abs. 5 AGG stellt klar, dass andere Ansprüche unberührt bleiben. Auch diese Vorschrift hat keinen Bezug auf die Schadensersatzhöhe nach § 15 Abs. 1 und 2 AGG. Der materielle Schaden ist bereits gänzlich (bei Vorliegen der Voraussetzungen) nach Absatz 1 zu ersetzen. Der immaterielle Schaden ist ebenfalls vollständig nach Absatz 2 zu ersetzen. Zu

---

[100] So Schiek-*Kocher*, § 15 Rn. 54.

[101] So Wendeling/Schröder/Stein-*Stein*, § 15 Rn. 62.

[102] Mitteilung der Kommission der europäischen Gemeinschaften vom 23.10.2007 (http://www.lsvd.de/fileadmin/pics/Dokumente/ADG/Kommission_02.pdf), 6 b) (zuletzt aufgerufen am 13.06.2010); *Meinel/Heyn/Herms*, § 15 Rn. 59.

[103] So Wendeling/Schröder/Stein-*Stein*, § 15 Rn. 65.

[104] Siehe unten unter E.II.6.b.

[105] Verfahren beim EuGH anhängig: Az.: C-246/09; strittig: Schiek-*Kocher*, § 15 Rn. 56; *Busch*, AiB 2006, 467, 468; Schleusener/Suckow/Voigt-*Voigt*, § 15 Rn. 65; differenzierend: Wendeling-Schröder/Stein-*Stein*, § 15 Rn. 67; *von Roetteken*, § 15 Rn. 102 ff.; **a.A.** *Bauer/Göpfert/Krieger*, § 15 Rn. 46 ff.; Rust/Falke-*Bücker*, § 15 Rn. 48 ff.; *Meinel/Heyn/Herms*, § 15 Rn. 66.

überlegen wäre lediglich, ob bei einer Kappung des Anspruches nach § 15 Abs. 2 Satz 2 AGG möglicherweise eine andere Vorschrift den vollen und ungekappten Entschädigungsanspruch vorsehen könnte. Insoweit könnte § 15 Abs. 2 Satz 2 AGG eine Sperrwirkung ausüben,[106] da andernfalls sein Regelungsgehalt ins Leere liefe. Diese Begrenzung wurde vom EuGH für unionsrechtskonform[107] befunden. Da aber § 15 Abs. 2 Satz 2 AGG jedenfalls für Absatz 2 Satz 1 gilt, ist auf diese Überlegung an dieser Stelle nicht weiter einzugehen.

§ 15 Abs. 6 AGG schließt die Naturalrestitution (Einstellung bzw. Beförderung) als Rechtsfolge von § 15 Abs. 1 AGG aus.[108] Hier ist im Gegensatz zu § 15 Abs. 2 Satz 2 AGG ausdrücklich erwähnt, dass dies keine Sperrwirkung für andere Vorschriften entfaltet (§ 15 Abs. 6 AGG a.E.). Auch diese Einschränkung hat der EuGH bereits als unionsrechtskonform angesehen.[109] Innerhalb des materiellen Schadensersatzes ist dennoch kurz hierauf einzugehen, da es die Intention dieser Vorschrift ist, den Schadensersatzanspruch insoweit zu beschränken.

Unter den Schlussvorschriften im 7. Abschnitt ist schließlich § 31 AGG hervorzuheben, wonach von den Regelungen des AGG nicht zu Lasten der geschützten Person, also des Benachteiligten, abgewichen werden kann.

II. Praxisrelevanz von § 15 AGG

Aufgrund des Wortlauts von § 15 Abs. 2 AGG, welcher Entschädigungszahlungen in unbegrenzter Höhe zulässt, gab es anfänglich große Befürchtungen, dass eine Klageflut auf die deutschen Gerichte zukäme. Diese ist jedoch bislang ausgeblieben.[110] Darüber hinaus vergleichen sich die Parteien in einem hohen Prozentsatz,[111] was die Gerichte zumindest insoweit entlastet, als dass kein Urteil erforderlich ist. Ob das Antidiskriminierungsrecht nun für die Praxis »ohne größere Bedeutung«[112] ist, sich

---

[106] So wohl *Adomeit/Mohr*, § 15 Rn. 100.
[107] EuGH (Urteil vom 22.04.1997 – Rs. C-180/95), Slg. 1997, I-2195 – Draempaehl.
[108] *Meinel/Heyn/Herms*, § 15 Rn. 75; Schleusener/Suckow/Voigt-*Voigt*, § 15 Rn. 84.
[109] EuGH (Urteil vom 10.04.1984 – Rs. C-14/83), Slg. 1984, 1891 – Colson und Kamann.
[110] *Walker*, NZA 2009, 5, 7; *Nollert-Borasio*, AuR 2008, 332, 333; *Mohr/Grimminger*, BB 2008, 1170; *Bissels/Lützeler*, BB 2008, 666; *Bissels/Lützeler*, BB 2009, 774; *Heyn/Meinel*, NZA 2009, 20; *Busch*, Personalrat 2008, 284.
[111] Über 80 % der Fälle (Pressemitteilung des LAG Baden-Württemberg vom 27.06.2007 [52 von 64 Fälle]); vgl. auch *Nollert-Borasio*, AuR 2008, 332, 333.
[112] So *Heyn/Meinel*, NZA 2009, 20.

in der »Praxis bewährt«[113] oder gar »erhebliche praktische Relevanz«[114] hat, soll und kann an dieser Stelle nicht beurteilt werden. Jedenfalls befinden sich sowohl Rechtsprechung als auch Literatur offensichtlich noch in der Findungsphase, so dass jeder Wegweiser hilfreich erscheint.

Obwohl der Schwerpunkt dieser Arbeit auf den Rechtsfolgen liegt, ist eine kurze Betrachtung der Tatbestandsvoraussetzungen unumgänglich. Im Folgenden wird daher, dem gutachterlichen Aufbau einer juristischen Prüfung folgend, zunächst die Tatbestandsseite des § 15 Abs. 1 AGG untersucht. Darauf folgt die Erörterung der Rechtsfolgenseite des § 15 Abs. 1 AGG. Aufbauend auf diesem Wissen wird auf die Tatbestandsseite des § 15 Abs. 2 AGG eingegangen. Anschließend wird auf den wichtigsten, aber auch schwierigsten Teil der Arbeit, die Rechtsfolgenseite des § 15 Abs. 2 AGG übergegangen.

---

[113] So *Nollert-Borasio*, AuR 2008, 332, 333.
[114] So *Bissels/Lützeler*, BB 2009, 774.

D. § 15 Abs. 1 AGG: Materieller Schadensersatz

Der »klassische« Schadensersatz in § 15 Abs. 1 AGG stellt das Pendant zu § 280 Abs. 1 BGB dar.[115] Es handelt sich um eine spezielle Regelung für Verstöße gegen das Benachteiligungsverbot in § 7 AGG. Damit ist § 15 Abs. 1 AGG grundsätzlich *lex specialis* zu § 280 Abs. 1 BGB. Die Norm regelt die Rechtsfolge für bestimmte Schuldverhältnisse (Arbeitsvertrag, vorvertragliches Schuldverhältnis mit Bewerbern) und für bestimmte Pflichtverletzungen (solche nach dem AGG).[116] Hingegen bestimmt § 15 Abs. 5 AGG, dass andere Ansprüche gegen den Arbeitgeber »im Übrigen« unberührt bleiben. Das spricht zunächst dafür, dass die in § 15 AGG geregelten Materien, wie der Ersatz des materiellen und immateriellen Schadens, gerade aus dem Anwendungsbereich des § 280 Abs. 1 BGB verdrängt werden.[117] Schließlich bedeutet »im Übrigen«, dass die im AGG behandelten Fallkonstellationen gerade abschließende Geltung beanspruchen.

Dabei ist die Frage nach dem Verhältnis von § 15 Abs. 1 AGG und § 280 Abs. 1 BGB nicht lediglich theoretischer Natur: Zwar schreibt § 15 Abs. 1 AGG hinsichtlich des materiellen Schadensersatzes nach seinem Wortlaut keine Höchstbegrenzung fest,[118] weshalb auch andere Vorschriften insoweit keinen weiter gehenden Schadensersatzanspruch gewähren können. Auch sieht § 280 Abs. 1 BGB, ebenso wie der Wortlaut des § 15 Abs. 1 AGG, ein Vertretenmüssenserfordernis mit Beweislastumkehr vor. Insofern scheint die Frage, ob § 15 Abs. 1 AGG *lex specialis* ist zunächst akademisch.[119] Relevant wird sie jedoch wegen der in § 15 Abs. 4 AGG normierten (möglicherweise unionsrechtswidrigen[120]) Frist. Fraglich ist,

---

[115] *Monen*, Seite 173.
[116] Ebenso Rust/Falke-*Bücker*, § 15 Rn. 5.
[117] *Adomeit/Mohr*, § 15 Rn. 100.
[118] Tatsächlich ist aber die Höchstbegrenzung äußerst umstritten, siehe unten unter D.II.2.a.bb.β.
[119] So *Thüsing*, Rn. 535: »Der Anspruchsinhalt ist freilich identisch.«
[120] Mitteilung der Kommission der europäischen Gemeinschaften vom 23.10.2007 (http://www.lsvd.de/fileadmin/pics/Dokumente/ADG/Kommission_02.pdf), Sei-

ob nach Verstreichen dieser Frist noch ein Anspruch gemäß § 280 Abs. 1 BGB auf Schadensersatz gewährt werden kann.[121]

Es handelt sich bei § 15 Abs. 1 AGG wie bereits bei § 611a BGB a.f. (in sämtlichen alten Fassungen!) um die Umsetzung von unionsrechtlichen Richtlinien in deutsches Recht, wie unter B. bereits aufgezeigt wurde. Die Rechtsposition des durch diese EU-Richtlinien Geschützten darf durch ihre Umsetzung nicht geschmälert werden.[122] Zumindest zwei Richtlinien[123] enthalten ein ausdrückliches Verschlechterungsverbot. Ein Anspruch aus § 280 Abs. 1 BGB[124] (beispielsweise wegen Verletzung des Arbeitsvertrages) darf deshalb nicht von dem Anspruch aus § 15 Abs. 1 AGG verdrängt werden. Er unterliegt auch nicht der für § 15 AGG geltenden 2-Monats-Frist des Absatzes 4, was sich bereits aus dem Wortlaut des Absatzes 4 ergibt. Es kann also festgehalten werden, dass keine Anspruchsgrundlage außerhalb des AGG von § 15 AGG verdrängt oder in irgendeiner Weise modifiziert wird.[125] Die allgemeinen Regeln des BGB und des übrigen Arbeitsrechts bleiben daher in unionsrechtskonformer Auslegung des § 15 Abs. 5 AGG uneingeschränkt anwendbar.[126]

I. Der Tatbestand des § 15 Abs. 1 AGG

Dem Wortlaut des § 15 Abs. 1 AGG können zwei Voraussetzungen für den Schadensersatzanspruch entnommen werden. Zunächst muss ein Verstoß gegen das Benachteiligungsverbot vorliegen, welches in § 7 AGG[127] geregelt ist. Weiter wird in § 15 Abs. 1 Satz 2 AGG ein Vertretenmüssen des Arbeitgebers gefordert. Freilich ist noch auf weitere Punkte einzuge-

---

te 4 (zuletzt aufgerufen am 13.06.2010); Schiek-*Kocher*, § 15 Rn. 56; Schleusener/Suckow/Voigt-*Voigt*, § 15 Rn. 72.

[121] Rust/Falke-*Deinert*, § 15 Rn. 97; Schleusener/Suckow/Voigt-*Voigt*, § 15 Rn. 12.

[122] *Sprenger*, Seite 134 ff.

[123] Art. 8e Abs. 2 Richtline 76/207/EWG vom 09.02.1976, ABl. EG L 39/40, zur Verwirklichung des Grundsatzes der Gleichbehandlung von Männern und Frauen hinsichtlich des Zugangs zur Beschäftigung, zur Berufsbildung und zum beruflichen Aufstieg sowie in bezug auf die Arbeitsbedingungen; Art. 8 Abs. 2 RL 2000/78/EG.

[124] Bzw. vor 2002 aus positiver Vertragsverletzung (pVV).

[125] So auch Schiek-*Kocher*, § 15 Rn. 63; Rust/Falk-*Bücker*, § 15 Rn. 52, 56; HK-ArbR-*Berg*, § 15 AGG Rn. 13; *Thüsing*, Rn. 557; KR-*Treber*, § 15 AGG Rn. 8; *Sprenger*, Seite 176; **a.A.** *Adomeit/Mohr*, § 15 Rn. 100; *Meinel/Heyn/Herms*, § 15 Rn. 65; *Bauer/Göpfert/Krieger*, § 15 Rn. 49; *Richardi*, NZA 2006, 881, 886; Däubler/Bertzbach-*Deinert*, § 15 Rn. 24.

[126] So auch *Thüsing*, Rn. 535; *Nollert-Borasio/Perreng*, § 15 Rn. 8; widersprüchlich Schleusener/Suckow/Voigt-*Voigt*, § 15 Rn. 67 und 83; **a.A.** *Adomeit/Mohr*, § 15 Rn. 73; ErfK-*Schlachter*, § 15 AGG Rn. 13; Ermann-*Belling*, § 15 AGG Rn. 13.

[127] Vgl. Überschrift dort.

hen: Wer muss handeln? Welche Person muss betroffen sein? Zwischen welchen Personen besteht der Anspruch?

1. Handelnde Person

Hinsichtlich der handelnden Person stellt sich die Frage, ob es sich nur um den Arbeitgeber handeln kann oder ob noch weitere Personen in Betracht kommen. Dass der Arbeitgeber, wenn er selbst handelt und dabei gegen das Benachteiligungsverbot verstößt, Schadensersatz nach § 15 Abs. 1 AGG zahlen muss, ist unumstritten.[128] Der Wortlaut der Vorschrift lässt es aber durchaus zu, dass weitere Personen als Benachteiligende handeln können. § 15 Abs. 1 AGG spricht zunächst lediglich davon, dass gegen das Benachteiligungsverbot verstoßen worden sein muss. Ebenfalls passivisch formuliert ist die Erläuterung des Benachteiligungsverbotes in § 7 Abs. 1 HS 1 AGG: »Beschäftigte dürfen nicht [...] benachteiligt werden.« Auch hieraus kann kein Schluss auf den Kreis der möglichen Benachteiligenden gezogen werden.[129]

Von zentraler Bedeutung ist die systematische Auslegung des § 6 Abs. 2 (aber auch Absatz 3) AGG. Zunächst handelt es sich in Absatz 2 Satz 1 um die Begriffsdefinition des Arbeitgebers für das AGG.[130] Die Sätze 2 und 3 erweitern den Kreis der »Arbeitgeber« bei Überlassung der Arbeitnehmer an Dritte und bei in Heimarbeit Beschäftigten. Absatz 3 erweitert den Geltungsbereich des AGG noch weiter auf Selbstständige und Organmitglieder für den Zugang zur Erwerbstätigkeit und den beruflichen Aufstieg. Daher ist auch in dieser Konstellation der jeweils andere (potenzielle) Vertragspartner (etwa der Besteller bei einem mit einem Selbstständigen abgeschlossenen Werkvertrag)[131] als »Arbeitgeber« i.S.d. AGG anzusehen.

Sähe man in der Definition des Arbeitgeberbegriffes den alleinigen Zweck der Norm, so hülfe sie bei der Suche nach dem Personenkreis, der den Arbeitgeber schadensersatzpflichtig macht, wenn er verbotswidrig handelt, nicht weiter. Schließlich wird der Arbeitgeber in § 15 AGG nur als Anspruchsgegner erwähnt und nicht als Handelnder.

Auch die historische Auslegung spricht zunächst dafür, dass lediglich die Definition des Arbeitgebers gewollt war. Exemplarisch werden in der

---

[128] *Willemsen/Schweibert*, NJW 2006, 2583, 2590.
[129] So aber *Bauer/Göpfert/Krieger*, § 15 Rn. 14, die hieraus bereits positiv schließen, dass der Arbeitgeber wie auch betriebsangehörige und betriebsfremde Dritte Benachteiligende sein können.
[130] *Bauer/Göpfert/Krieger*, § 6 Rn. 16; Schleusener/Suckow/Voigt-*Voigt*, § 6 Rn. 15; *Meinel/Heyn/Herms*, § 6 Rn. 15.
[131] Weitere Konstellationen etwa bei Rust/Falke-*Schrade/Schubert*, § 6 Rn. 30.

Gesetzesbegründung als mögliche Handelnde im Rahmen des § 7 Abs. 1 AGG neben dem Arbeitgeber ein Arbeitskollege und ein Kunde des Arbeitgebers genannt.[132] Im Ergebnis wäre in § 6 Abs. 2 (und 3) AGG also keine Beschränkung der handelnden Person auf den Arbeitgeber gewollt.

Die amtliche Überschrift des § 6 AGG laute jedoch nicht »Begriffsbestimmungen«. Vielmehr behandelt die Norm den »persönlichen Anwendungsbereich« des zweiten Abschnittes. Das legt nahe, dass in Absatz 1 und 3 die potenziell Benachteiligten und in Absatz 2 die potenziell Benachteiligenden (also Handelnden) aufgeführt sind, mithin der Personenkreis, an den sich das Gesetz richtet. Dies ist auf Seite der Benachteiligenden nur der Arbeitgeber.[133] Da das AGG keine besonderen Zurechnungsnormen aufgestellt hat, kommt freilich je nach Fallgestaltung auch eine Zurechnung des Handelns Dritter über §§ 31, 278 BGB in Betracht.[134]

Bei der teleologischen Auslegung von § 6 AGG ist das Augenmerk besonders auf die Auswirkungen der unterschiedlichen Interpretationsmöglichkeiten zu richten. § 15 Abs. 1 Satz 2 AGG bietet dem Arbeitgeber nach unzutreffender Ansicht des Gesetzgebers die Möglichkeit, sich bei vermutetem Vertretenmüssen zu exkulpieren.[135] Angenommen, das benachteiligende Handeln Dritter wäre als mögliche Tatbestandsverwirklichung miteinbezogen, ohne dafür auf Zurechnungsnormen (§§ 31, 278 BGB) zurückzugreifen, bliebe dem Arbeitgeber, der alle Sorgfaltsanforderungen erfüllt hat, diese Exkulpationsmöglichkeit, denn Satz 2 stellt nur auf das Vertretenmüssen des Arbeitgebers ab. Dies hat zur Folge, dass nach Ansicht des Gesetzgebers kein materieller Schadensersatz nach Absatz 1 entsteht. Hat der Arbeitgeber hingegen nicht alle im Verkehr üblichen Sorgfaltsanforderungen erfüllt, so macht er sich durch das Handeln Dritter schadensersatzpflichtig.

Hierfür wäre es allerdings gar nicht notwendig, auf das Handeln des Dritten abzustellen. Der Arbeitgeber selbst hat es dann pflichtwidrig unterlassen[136], alle im Verkehr erforderlichen Maßnahmen zu treffen,[137] damit es schon gar nicht zu einer Benachteiligung von Seiten eines Drit-

---

[132] BT-Drucks. 16/1780, Seite 34.

[133] So auch *Adomeit/Mohr*, § 6 Rn. 1; Wendeling-Schröder/Stein-*Stein*, § 15 Rn. 6.

[134] *Stoffels*, RdA 2009, 204, 208; Henssler/Willemsen/Kalb-*Annuß/Rupp*, § 15 AGG Rn. 4; Prütting/Wegen/Weinreich-*Lingemann*, § 15 AGG Rn. 1.

[135] § 15 Abs. 1 Satz 2 AGG ist wegen Unionsrechtswidrigkeit nicht anwendbar, siehe D.I.5.c.

[136] Zur Verwirklichung des § 15 AGG durch Unterlassen siehe ausführlich unten unter D.I.4.c.

[137] Bspw. nach § 12 AGG, »Organisationsverschulden«.

ten kommt. Er hat das Unternehmen so zu organisieren, dass durch den Betrieb niemand geschädigt, also auch nicht benachteiligt wird.[138] Hat sich der Arbeitgeber jedoch verkehrsgemäß verhalten, so gelangt man auch in diesem Fall zu keinem anderen Ergebnis: Er kann sich exkulpieren.

Der Unterschied wird bei der zutreffenden Auslegung von § 15 Abs. 1 AGG als verschuldensunabhängig und bei der Auslegung des § 15 Abs. 2 AGG deutlich, bei dem eine Exkulpation auch nach Ansicht des Gesetzgebers nicht möglich ist.[139] Hier kommt es ganz entscheidend darauf an, ob an ein Handeln Dritter angeknüpft werden kann. Bejaht man dies, so wird der Arbeitgeber ersatzpflichtig, selbst wenn er den Sorgfaltsanforderungen in besonders hohem Maße gerecht geworden ist. Letzteres könnte erst im Rahmen der Bemessung der Höhe der Entschädigungszahlung berücksichtigt werden.

Verneint man hingegen die Möglichkeit, auf das Handeln Dritter direkt abzustellen, so kommt es auch hier wiederum darauf an, ob ein relevantes Unterlassen des Arbeitgebers vorliegt, an das angeknüpft werden kann. Ist dies der Fall, so macht er sich ersatzpflichtig; ist dies nicht der Fall, so sieht er sich weder in Absatz 1 noch 2 einer Ersatzpflicht ausgesetzt. Um den unionsrechtlichen Anforderungen, insbesondere hinsichtlich der Effektivität und der abschreckenden Wirkung, zu genügen, könnten strenge Anforderungen an die »Relevanz« des Unterlassens gestellt werden.

Einem Arbeitgeber jedoch, der sich vorbildlich in Bezug auf alle an ihn gestellten unionsrechtlichen und nationalen Anforderungen verhält, eine Gefährdungshaftung für das Verhalten Dritter aufzubürden, auf die er selbst mit seinem vorbildlichen Verhalten (inkl. Schulungen etc.) keinen Einfluss hat, dafür besteht keine Notwendigkeit. Es gibt keine Verhaltensweise, die er ändern müsste oder könnte, wegen derer er sich ersatzpflichtig machen müsste oder vor der er gar abzuschrecken wäre. Schließlich hat er sich normgemäß verhalten – weshalb er auch keinen Anknüpfungspunkt für ein mögliches Unterlassen geliefert hat.

Nach der teleologischen Auslegung ist daher ein Abstellen alleine auf das Handeln und das Unterlassen des Arbeitgebers vorzuziehen.

Diese Auslegung müsste freilich unionsrechtskonform sein. Betrachtet man die Richtlinie 2000/78/EG des Rates vom 27.11.2000, so gibt diese selbst Aufschluss darüber, wessen Verhalten gemeint ist. Nach deren

---

[138] *Benecke*, Rn. 238.
[139] Näheres zur fehlenden Exkulpationsmöglichkeit bei Absatz 2 siehe unten unter E.I.1.

Art. 3 Abs. 1 gilt die »Richtlinie für alle Personen in öffentlichen und privaten Bereichen [...] in Bezug auf« eine Liste mit vier Punkten:

a) Bedingungen für den Zugang zu Erwerbstätigkeit;
b) Berufsberatung, -aus- und -weiterbildung, Umschulung;
c) Beschäftigungs- und Arbeitsbedingungen;
d) Mitgliedschaft und Mitwirkung in einer Arbeitnehmer- oder -geberorganisation.

Die Richtlinie[140] richtet sich somit, soweit sie das AGG betrifft (lit. a und c), nur an die Personen, die an dem (potenziellen) Arbeitsverhältnis beteiligt sind:[141] den Arbeitnehmer und den Arbeitgeber. Damit sind auch die geforderten und verbotenen Verhaltensweisen, die diese Richtlinie aufstellt, ausschließlich an diesen Personenkreis gerichtet. Einem Dritten werden weder Rechte noch Pflichten auferlegt. *Ergo* kann auch dem Arbeitgeber alleine wegen des Verhaltens eines Dritten keine Schadensersatz- oder Entschädigungspflicht entstehen. Es kann nur ein Handeln oder ein Unterlassen des Arbeitgebers relevant sein; oder aber ein Handeln oder Unterlassen einer Person, deren Verhalten sich der Arbeitgeber über allgemeine Regeln zurechnen lassen muss, so etwa aufgrund der bereits angesprochenen §§ 31, 278 BGB.[142]

Handelt es sich bei dem Benachteiligenden um eine Person, deren Verhalten dem Arbeitgeber zuzurechnen ist, so ist dieser von Art. 3 Abs. 1 lit. c der Richtlinie 2000/78/EG umfasst. Aber auch hier stellt sich das Problem, dass der Arbeitgeber bei Erfüllung aller Sorgfaltspflichten keine Möglichkeit hätte, sich gegen die drohende Zahlungspflicht aus § 15 AGG zu schützen. Im Gegensatz zu einem beliebigen Dritten wurde aber diese Person gerade vom Arbeitgeber vertraglich verpflichtet, für ihn tätig zu werden. Diese besondere Beziehung, die den Unterschied zu einem beliebigen Dritten ausmacht, lässt eine Haftung für dessen Handlungen nicht unangemessen erscheinen. Immerhin kann der Arbeitgeber dann aber durch Regressforderungen versuchen, sich schadlos zu halten.[143] Eine Benachteiligung stellt eine Verletzung der Vertragspflichten (§ 7 Abs. 3 AGG) dar, so dass § 280 Abs. 1 BGB in Hinblick auf diese Re-

---

[140] Ebenso Art. 3 Abs. 1 lit. a – h RL 2000/43/EG, relevant für das AGG lit. a und c; Art. 1 Nr. 3 Abs. 1 lit. a – d RL 2002/73/EG, relevant für das AGG lit. a und c.

[141] Noch deutlicher m.E. in der bindenden französischen Version: »[...] la présente directive *s'applique* à toutes les personnes [...]«, sie »richtet sich an alle Personen, die[...]«.

[142] *Nollert-Borasio/Perreng*, § 15 Rn. 7 wendet § 278 BGB analog an.

[143] Ausführlich hierzu: Wendeling-Schröder/Stein-*Stein*, § 15 Rn. 29, 36, 106 ff.

gressmöglichkeiten einschlägig ist.[144] Die Grundsätze des innerbetrieblichen Schadensausgleiches finden zwar grundsätzlich Anwendung.[145] Eine Haftungsbeschränkung des benachteiligenden Arbeitnehmers unter dem Gesichtspunkt der »schadensgeneigten Arbeit« ist – vorausgesetzt, der Arbeitgeber hat seine Schulungspflichten etc. erfüllt – unwahrscheinlich, da kaum eine Tätigkeit vorstellbar ist, bei der »selbst dem sorgfältigsten Arbeitnehmer aufgrund der allgemeinen menschlichen Unzulänglichkeit«[146] ein Verstoß gegen das AGG unterliefe.[147]

Zusammenfassend bleibt festzuhalten, dass die Auslegung vorzugswürdig ist, die alleine auf die Figur des Arbeitgebers abstellt.[148] § 6 Abs. 2 (und 3) AGG definieren somit nicht nur den Arbeitgeberbegriff, sondern sie definieren darüber hinaus den persönlichen Anwendungsbereich der arbeitsrechtlichen Regelungen des AGG.[149] Normadressat ist lediglich der Arbeitgeber, der nicht nur für sein Handeln, sondern auch für sein Unterlassen haften kann. Außer dem Arbeitgeber selbst kommen nur Handlungen und Unterlassungen seiner Arbeitnehmer oder solcher Personen in Betracht, die in seinem Namen oder für ihn tätig werden dürfen, so dass eine Zurechnung erfolgen kann. Das Verhalten beliebiger betriebsfremder Dritter und Arbeitnehmerverhalten, welches nicht zugerechnet werden kann, kann den Arbeitgeber hingegen nicht nach § 15 Abs. 1 AGG schadensersatzpflichtig machen, es sei denn, dem Arbeitgeber ist gleichzeitig ein Unterlassen vorzuwerfen. Dann ist aber wieder auf seine Person abzustellen.

2. Betroffene Person

a. Allgemein

Weiterhin nicht ausdrücklich in § 15 Abs. 1 AGG beantwortet ist die Frage, wer benachteiligt werden muss, um die Schadensersatzpflicht auszu-

---

[144] Schleusener/Suckow/Voigt-*Schleusener*, § 7 Rn. 77; *Adomeit/Mohr*, § 7 Rn. 23, § 15 Rn. 117.
[145] *Adomeit/Mohr*, § 7 Rn. 23; *Thüsing*, Rn. 509.
[146] *Brox/Rüthers/Henssler*, Rn. 246.
[147] Henssler/Willemsen/Kalb-*Annuß/Rupp* § 15 AGG Rn. 5 und *Bauer/Göpfert/Krieger*, § 7 Rn. 44 lehnen schon die Voraussetzungen für die Haftungsprivilegierung ab, da die Begehung benachteiligender Handlungen keine betriebliche Tätigkeit darstelle.
[148] Ebenso Rust/Falke-*Bücker*, § 15 Rn. 14.
[149] Schleusener/Suckow/Voigt-*Schleusener*, § 6 Rn. 1; HK-ArbR-*Berg*, § 6 Rn. 1; Däubler/Bertzbach-*Schrader/Schubert*, § 6 Rn. 1 ff.; **a.A.** *Bauer/Göpfert/Krieger*, § 15 Rn. 14; *Bauer/Evers*, NZA 2006, 893.

lösen. Es muss sich zunächst um einen Beschäftigten handeln.[150] Dies ergibt sich bereits direkt aus der Überschrift des Unterabschnitts 3: »Rechte der Beschäftigten«. Nach der hier vertretenen Auffassung[151] ergibt sich das auch aus § 6 Abs. 1 AGG, der ebenso wie die Absätze 2 und 3 den persönlichen Anwendungsbereich definiert. Daher sind neben den Beschäftigten auch in Heimarbeit Beschäftigte geschützt, weiter auch Selbstständige und Organmitglieder, soweit es um die Bedingungen für den Zugang zur Erwerbstätigkeit geht.

Wichtig ist hierbei, dass auch (freilich nur ernsthafte und für die Stelle grundsätzlich geeignete)[152] Bewerber mit umfasst sind, § 6 Abs. 1 Satz 2 AGG. Auch zählen ehemalige Beschäftigte hierzu, die noch nachwirkenden Folgen des Arbeitsverhältnisses, z.B. der betrieblichen Altersversorgung, ausgesetzt sind.[153]

b. »AGG-Hopper«

Unter den Bewerbern finden sich immer wieder sogenannte »AGG-Hopper«[154], die »Bewerbungstourismus«[155] betreiben. Darunter werden Bewerber verstanden, die sich ausschließlich deshalb bewerben, um Schadensersatz und Entschädigungszahlungen nach dem AGG zu verlangen. Sie bewerben sich üblicherweise auf Stellenanzeigen, die diskriminierend ausgeschrieben sind (etwa »Suche Sekretärin« statt »Suche Sekretär/in« oder »Suche Sekretär (m/w)«). Um dem Rechtsmissbrauch Einhalt zu bieten, wird daher von Literatur und Rechtsprechung zu Recht verlangt, dass sich der Bewerber subjektiv ernsthaft um die Stelle bewerben muss und objektiv grundsätzlich für die Stelle geeignet sein muss.[156] Bei Letzterem wird freilich nicht verlangt, dass jedes Merkmal des Stellenprofils exakt erfüllt werden muss, jedoch darf in der Gesamtschau nicht völlig rätselhaft bleiben, warum sich diese Person gerade auf diese Stelle bewirbt.

---

[150] Wendeling-Schröder/Stein-*Stein*, § 15 Rn. 5; *Bauer/Göpfert/Krieger*, § 15 Rn. 1; Schiek-*Kocher*, § 15 Rn. 8; Rust/Falke-*Bücker*, § 15 Rn. 1.

[151] Siehe oben unter D.I.1.

[152] Dazu sogleich unter D.I.2.b.

[153] *Sprenger*, Seite 165; Schiek-*Schmidt*, § 6 Rn. 7.

[154] Ausführlich etwa *Diller*, BB 2006, 1968; *Diller*, NZA 2007, 1321.

[155] Eine treffende Wortwahl von *Wenzel*, Seite 193.

[156] *Rolfs/Wessel*, NJW 2009, 3329, 3330; *Jacobs*, RdA 2009, 193, 198 f.; *Bissels/Lützeler*, BB 2009, 833, 834; Wendeling-Schröder/Stein-*Stein*, § 15 Rn. 10; *Adomeit/Mohr*, § 15 Rn. 25; Rust/Falke-*Bücker*, § 15 Rn. 16 m.w.N.

32

3. Anspruchsinhaber/-gegner

Der Anspruchsinhaber deckt sich mit der betroffenen Person, ist also stets der Beschäftigte.[157] Der Anspruchsgegner hingegen ist stets der Arbeitgeber[158], was sich aus dem Wortlaut des § 15 Abs. 1 AGG zweifelsfrei ergibt.[159] Nach der hier vertretenen Auffassung hat die handelnde Person auch zwingend einen direkten Bezug zum Arbeitgeber,[160] was den Anspruchsgegner in eine nachvollziehbare Beziehung zum Handelnden setzt, da es sich um dieselbe Person handelt. Auch Vertreter der Auffassung, dass etwa auf das Handeln betriebsfremder Dritter abgestellt werden könne, sind sich jedenfalls einig darin, dass nur der Arbeitgeber Anspruchsgegner sein kann.[161]

4. Verstoß

a. Grundsätze

Tatbestandsvoraussetzung von § 15 Abs. 1 AGG ist weiter ein »Verstoß gegen das Benachteiligungsverbot«. Diese Tatbestandsvoraussetzung verweist auf § 7 AGG,[162] was bereits dessen amtliche Überschrift »Benachteiligungsverbot« nahe legt. Nach Absatz 1 HS 1 dürfen Beschäftigte »nicht wegen eines in § 1 [AGG] genannten Grundes benachteiligt werden«.[163] Ein Merkmal nach § 1 AGG muss daher kausal für die Benachtei-

---

[157] So auch im Ergebnis Schiek-*Kocher*, § 15 Rn. 8; Rust/Falke-*Bücker*, § 15 Rn. 1; *Nollert-Borasio/Perreng*, § 15 Rn. 2; unklar Däubler/Bertzbach-*Deinert*, § 15 Rn. 44:»Arbeitnehmer«.

[158] *Wagner/Potsch*, JZ 2006, 1085, 1089; Däubler/Bertzbach-*Deinert*, § 15 Rn. 87; Einschließlich des potenziellen Arbeitgebers bei Bewerbungsdiskriminierungen; vgl. LAG Düsseldorf, Urteil vom 14.02.2008, Az.: 11 Sa 1939/07, http://www.lag-duesseldorf.nrw.de/beh_static/entscheidungen/entscheidungen/sa/1939-07.pdf (zuletzt aufgerufen am 13.06.2010).

[159] So auch KR-*Treber*, § 15 AGG Rn. 1; LAG Niedersachsen NZA-RR 2009, 126, 130; *Nollert-Borasio/Perreng*, § 15 Rn. 5; Kittner/Däubler/Zwanziger-*Zwanziger*, § 15 AGG Rn. 2.

[160] Siehe oben unter D.I.1.

[161] *Bauer/Göpfert/Krieger*, § 15 Rn. 3; *Bauer/Evers*, NZA 2006, 893; aber auch *Adomeit/Mohr*, § 15 Rn. 2; Wendeling-Schröder/Stein-*Stein*, § 15 Rn. 2; Schiek-*Kocher*, § 15 Rn. 7; Rust/Falke-*Bücker*, § 15 Rn. 14.

[162] Rust/Falke-*Bückner*, § 15 Rn. 14; *Schrader/Schubert*, Rn. 502; Schleusener/Suckow/Voigt-*Voigt*, § 15 Rn. 1; *Nollert-Borasio/Perreng*, § 15 Rn. 5; *Bauer/Göpfert/Krieger*, § 7 Rn. 1, § 15 Rn. 13; *Adomeit/Mohr*, § 15 Rn. 1; Schiek-*Kocher*, § 7 Rn. 1; *Wagner/Potsch*, JZ 2006, 1085, 1088 ff.; HK-ArbR-*Berg*, § 15 AGG Rn. 1; vgl. auch die ursprüngliche gedachte Gesetzesfassung von § 15 Abs. 1 in BT-Drucks. 15/4538, Seite 7.

[163] § 1 AGG ist nicht analogiefähig: *Benecke*, RdA 2008, 357, 364.

ligung sein.[164] Mögliche Benachteiligungsformen richten sich nach § 3 AGG.[165] Die §§ 8 bis 10 AGG schränken § 7 AGG für bestimmte Fallkonstellationen ein.

Daneben ist aber auch ein Verstoß gegen (sämtliche[166]) andere Benachteiligungsverbote im AGG möglich, so etwa gegen § 16 Abs. 1 und 2 AGG. Auch ein solcher Verstoß kann eine Schadensersatzpflicht auslösen.[167]

Zum Verstoß allgemein wird auf die hierzu erschienene Literatur verwiesen.[168] Soweit einzelne Benachteiligung(sform)en für die Auslegung der Rechtsfolge besonders wichtig erscheinen, wird an gegebener Stelle darauf eingegangen.

b. Mittelbare Benachteiligung

Nach § 3 Abs. 2 AGG sind auch mittelbare Benachteiligungen verboten. Darunter versteht man den Fall, dass dem Anschein nach neutrale Vorschriften, Kriterien oder Verfahren Personen wegen eines in § 1 AGG genannten Grundes gegenüber anderen Personen in besonderer Weise benachteiligen können.[169] Selbstverständlich kann auch dies einen Schadensersatzanspruch auslösen.

Fraglich ist jedoch, ob eine Person, die gerade nicht zu der geschützten Personengruppe gehört, ebenfalls betroffene Person und damit anspruchsberechtigt sein kann. Richtigerweise muss diese Frage bejaht werden.[170] Schließlich kann auch hier der Arbeitgeber gegen das Gleichbehandlungsgebot des AGG verstoßen. Das AGG trennt bei einer mittelbaren Diskriminierung nicht zwischen dem primär geschützten Personenkreis und den Personen, auf die das Merkmal ebenfalls zutrifft. Beim Schaden jedoch muss genau auf die Kausalität[171] geachtet werden. Handelt es sich etwa um eine mittelbare Entgeltdiskriminierung für Teilzeitkräfte, von denen typischerweise überwiegend Frauen betroffen sind,[172] so hat auch der Mann, der in Teilzeit arbeitet, einen materiellen Schaden erlitten. Bei der Bemessung des immateriellen Schadens hingegen ist zu beachten, dass die Benachteiligung nicht Angehörige seines Geschlechts,

---

[164] BAG NZA 2010, 280, 283; *Löw*, BB 2010, 643.

[165] *Sträßner*, PflR 2009, 102, 105 ff.

[166] *Von Roetteken*, § 15 Rn. 26.

[167] Schleusener/Suckow/Voigt-*Voigt*, § 15 Rn. 31.

[168] Ausführlich bspw. *Kamanabrou*, RdA 2006, 321, 324 ff.

[169] § 3 Abs. 2 AGG.

[170] Anders *Thüsing*, Rn. 517.

[171] Sofern sie nötig ist, vgl. zur Entschädigung E.II.5.a.cc.

[172] Schiek-*Schiek*, § 3 Rn. 35; Schleusener/Suckow/Voigt-*Schleusener*, § 3 Rn. 106; EuGH (Urteil vom 06.12.2007 – Rs. C-300/06), Slg. 2007, I-10573, Rz. 44 und Tenor – Voß.

sondern die Angehörigen des anderen Geschlechts betrifft.[173] Daher kann er bei sonst gleichen Voraussetzungen einen geringeren immateriellen Entschädigungsanspruch haben.

Daher ist auch ein Verstoß durch eine »nur« mittelbare Benachteiligung stets ausreichend.

c. Durch Unterlassen

Die Möglichkeit der Verwirklichung der Tatbestandsvoraussetzung der Benachteiligung in § 15 Abs. 1 AGG durch aktives Tun stellt niemand in Frage. Ob jedoch ein Unterlassen genügt, um eine Schadensersatzverpflichtung auszulösen, ist heftig umstritten.[174] Es erscheint auch auf den ersten Blick[175] völlig evident, dass der Nicht-Handelnde niemanden anders behandelt als einen anderen, da er gerade nicht be*handelt*.

Jedoch gibt es durchaus Fallkonstellationen, bei denen das Unterlassen Relevanz für das AGG haben kann. Zu denken ist beispielsweise an den Arbeitgeber, der trotz Kenntnis nicht gegen den Arbeitnehmer vorgeht, der eine andere Arbeitnehmerin sexuell belästigt,[176] oder auch an einen Arbeitgeber, der den Pflichten aus § 12 AGG oder seinen allgemeinen Organisationspflichten[177] nicht nachkommt und damit eine Benachteiligung in seinem Betrieb nicht verhindert hat.

Diese Fallgestaltung wird in der Literatur teilweise nicht als mögliche Fallkonstellation eines »Täters durch Unterlassen«[178] angesehen.[179] Dies ist jedoch verfehlt, denn auch ein Unterlassen kann grundsätzlich einen Schaden zurechenbar verursachen, wenn sich etwa wie hier eine Pflicht zum Handeln aus dem Gesetz ergibt.[180] Wenn die unterbliebene Handlung hinzugedacht wird und der Schaden dann nicht eingetreten wäre, so ist der Zurechnungszusammenhang grundsätzlich zu bejahen.[181] Daran

---

[173] Siehe unten unter E.II.5.c.
[174] Siehe Nachweise bei den einzelnen Argumentationen.
[175] Allerdings auch *nur* auf den ersten Blick.
[176] Bejahend auch Erman-*Belling*, § 15 AGG Rn. 4.
[177] ErfK-Schlachter, § 12 Rn. 6; Henssler/Willemsen/Kalb-*Annuß/Rupp*, § 15 AGG Rn. 4; *Göpfert/Siegrist*, ZIP 2006, 1710, 1711.
[178] So *Annuß*, BB 2006, 1629, 1935, der aber den Weg zu § 280 Abs. 1 Satz 1 BGB und § 823 Abs. 2 BGB i.V.m. § 12 AGG eröffnet sieht.
[179] Ebenso Schleusener/Suckow/Voigt-*Suckow*, § 12 Rn. 52; *Bezani/Richter*, Rn. 306; Jauernig-*Mansel*, § 12 AGG Rn. 6; MükoBGB-*Thüsing*, § 12 AGG Rn. 12; ähnlich wohl auch *Willemsen/Schweibert*, NJW 2006, 2583, 2590.
[180] Staudinger-*Schiemann*, 2005, § 249 BGB Rn. 9; Palandt-*Grüneberg*, vor § 249 BGB Rn. 51.
[181] Erman-*Ebert*, vor § 249 BGB Rn. 37; Palandt-*Grüneberg*, vor § 249 BGB Rn. 51.

sind freilich hohe Anforderungen zu stellen, eine bloße Wahrscheinlichkeit, dass der Schaden unterblieben wäre, genügt nicht.[182] Dass der Gesetzgeber für diese Fälle des § 15 AGG eine Ausnahme von diesen Grundsätzen festlegen wollte, lässt sich der Gesetzesbegründung nicht entnehmen.[183] Daher ist es schwer nachvollziehbar, wieso von dem Grundsatz, dass auch ein Unterlassen zum Schadensersatz führen kann, hier abgewichen werden soll.

Unterlässt es der Arbeitgeber etwa, seinen Organisationspflichten[184] nach § 12 AGG nachzukommen, und wäre es ohne diese Pflichtverletzung nicht zu der Benachteiligung gekommen, so liegt ein Verstoß vor.[185] Freilich stellt das bloße Unterlassen der Pflichten aus § 12 AGG für sich genommen noch keine Benachteiligung dar.[186] Treffend formulieren es *Göpfert* und *Siegrist*: »Die wirkliche Bedeutung des § 12 AGG liegt in der Verbindung mit der Haftungsvorschrift des § 15 AGG.«[187] Er liefert einen Anknüpfungspunkt für das Unterlassen.

Also kann festgehalten werden, dass auch das Unterlassen des Arbeitgebers[188] schadensersatzauslösend sein kann.

5. Vertretenmüssen (Satz 2)

»Absatz 1 regelt den Ersatz materieller Schäden. Er übernimmt die Formulierung von § 280 Abs. 1 Satz 1 und 2 BGB. Damit wird klargestellt, dass der materielle Schadensersatzanspruch – anders als bei der Entschädigung – nur entsteht, wenn der Arbeitgeber die Pflichtverletzung zu vertreten hat.«[189]

In der Tat ordnet der Gesetzgeber in § 15 Abs. 1 Satz 2 AGG eine Beweislastumkehr an: Der Arbeitgeber haftet für vermutetes Vertretenmüssen. Ein Nachweis muss nicht geführt werden.[190] Außerdem stellt er in

---

[182] Ständige Rechtsprechung, vgl. BGH NJW 1975, 824, 825; BGH NJW 1984, 432, 434; zuletzt OLG Karlsruhe NJW-RR 2000, 614.

[183] BT-Drucks. 16/1780, Seite 37.

[184] ErfK-*Schlachter*, § 12 BGB Rn. 6; *Göpfert/Siegrist*, ZIP 2006, 1710, 1711.

[185] Ebenfalls Rust/Falke-*Falke*, § 12 Rn. 4; Palandt-*Weidenkaff*, § 12 AGG Rn. 2, § 15 AGG Rn. 3; auch *Bauer/Göpfert/Krieger*, § 15 Rn. 17; Erman-*Belling*, § 15 AGG Rn. 4, die jedoch erst im Verschulden auf die Problematik eingehen.

[186] ErfK-*Schlachter*, § 12 BGB Rn. 6.

[187] *Göpfert/Siegrist*, ZIP 2006, 1710, 1711.

[188] Besser allgemein: des »Handelnden« nach D.I.1.

[189] BT-Drucks. 16/1780, Seite 38.

[190] *Wagner/Potsch*, JZ 2006, 1085, 1091.

der Gesetzesbegründung klar, dass für das Vertretenmüssen insbesondere die allgemeinen Regeln der §§ 276 bis 278 BGB anwendbar sind.[191] Zwar gibt es – etwa beim Mobbing – Verstöße, die schon begrifflich nur vorsätzlich begangen werden können,[192] dies ist jedoch die Ausnahme. Grundsätzlich gibt es auch Verstöße, die fahrlässig und ohne Fahrlässigkeit begangen werden können.

a. Unionsrechtskonformität des Vertretenmüssens

Die Voraussetzung des Vertretenmüssens ist für den Anspruch auf materiellen Schadensersatz nicht unproblematisch.[193] Stein des Anstoßes ist das vielbeachtete Draempaehl-Urteil des EuGH, in dem er ausführt: Der Verstoß gegen das Verbot der Ungleichbehandlung müsse schon »für sich genommen ausreichen, um die volle Haftung seines Urhebers auszulösen«[194]. »[F]ür sich genommen« wird in der Entscheidung so verstanden, dass eben keine weitere Voraussetzung neben der objektiv benachteiligenden Ungleichbehandlung vorliegen muss, auch kein Vertretenmüssen.

Trotz dieser Entscheidung des EuGH sprechen einige Gründe für die Unionsrechtskonformität des Vertretenmüssens.

In der Literatur wird vorgetragen, dass zumindest der Entschädigungsanspruch in § 15 Abs. 2 AGG verschuldensunabhängig gestaltet sei. So bleibe es in jedem Fall, auch bei der Exkulpation von der Haftung nach Absatz 1, bei einer »verschuldensunabhängigen Haftung« des Arbeitgebers.[195] Absatz 2 biete damit bereits für sich genommen eine wirksame und verschuldensunabhängig ausgestaltete Sanktion bei der Verletzung des Benachteiligungsverbotes.[196] Darüber hinaus sei im deutschen Recht üblicherweise ein Vertretenmüssen des Schädigers bei Schadensersatzansprüchen erforderlich, so dass auch keine im deutschen Recht unübliche Hürde geschaffen worden wäre.[197]

Schlachter löst die Problematik ähnlich, differenziert aber zwischen der unmittelbaren und der mittelbaren Benachteiligung.[198] Bei einer unmit-

---

[191] BT-Drucks. 16/1780, Seite 38; *Monen*, Seite 173; Henssler/Willemsen/Kalb-*Annuß/Rupp*, § 15 AGG Rn. 4.

[192] *Raschka*, Seite 59.

[193] *Lobinger*, in Repgen/Lobinger/Hense, Seite 99, 137.

[194] EuGH (Urteil vom 22.04.1997 – Rs. C-180/95), Slg. 1997, I-2195, Rz. 18 – Draempaehl.

[195] *Bauer/Evers*, NZA 2006, 893.

[196] *Richardi*, NZA 2006, 881, 885; Jauernig-*Mansel*, § 15 AGG Rn. 4; Erman-*Belling*, § 15 AGG Rn. 4.

[197] *Bauer/Göpfert/Krieger*, § 15 Rn. 15.

[198] ErfK-*Schlachter*, § 15 AGG Rn. 2 f.

telbaren Benachteiligung könne grundsätzlich über Absatz 2 die »volle Haftung« erzielt werden. Lediglich bei einer unvorsätzlichen, benachteiligenden Nichteinstellung aufgrund unmittelbarer Benachteiligung, die zudem der Begrenzung des § 15 Abs. 2 Satz 2 AGG unterliegt, sei die Rechtslage unionsrechtswidrig, da hier von lediglich drei Monatsgehältern Entschädigung keine »abschreckende Wirkung« ausginge.[199] Unionsrechtswidrig sei die Regelung auch bei mittelbarer Diskriminierung, weil hier regelmäßig keine Entschädigungsverpflichtung nach Absatz 2 entstünde.[200]

Adomeit und *Mohr* verlangen bereits beim Tatbestandsmerkmal des Benachteiligungsverbots eine subjektive Komponente,[201] eine Art »böser Wille«.[202] Insoweit folgerichtig wird die Regelung des § 15 Abs. 1 Satz 2 AGG als unionsrechtskonform angesehen, da der Vorsatz bei einem vorhandenen »bösen Willen« nie fehlen kann.[203]

Simon und *Greßlin* gehen sogar noch einen Schritt weiter und behaupten, der EuGH selbst fordere ein Verschulden.[204] Schließlich gehe es um eine verhaltenssteuernde Wirkung, welche die Richtlinien entfalten sollen. Wäre kein Verschulden gefordert, so handele es sich um eine Gefährdungshaftung, welche ihrer Natur nach gerade keine verhaltenssteuernde Wirkung habe.

Nach den gerade vorgestellten Ansichten wäre das Erfordernis des Vertretenmüssens also nicht unionsrechtswidrig.[205] In der Konsequenz wäre die Gesetzesbegründung[206] also zutreffend.

Auf der anderen Seite wird gerade aufgrund der eingangs angesprochenen Draempaehl-Entscheidung[207] vertreten, dass das Erfordernis des Vertretenmüssens unionsrechtswidrig sei.[208] Dies wird teilweise durch

---

199 ErfK-*Schlachter*, § 15 AGG Rn. 2.
200 ErfK-*Schlachter*, § 15 AGG Rn. 2; zur Frage nach der Entschädigungshöhe bei mittelbarer Diskriminierung, siehe unten unter E.II.5.c.
201 *Adomeit/Mohr*, § 3 Rn. 41, § 15 Rn. 19; **a.A.** *Meinel/Heyn/Herms*, § 3 Rn. 9; Schleusener/Suckow/Voigt-*Schleusener*, § 3 Rn. 12; *Bauer/Göpfert/Krieger*, § 3 Rn. 8.
202 *Adomeit*, in: FS Westermann, Seite 19, 26.
203 *Adomeit/Mohr*, § 15 Rn. 22.
204 *Simon/Greßlin*, BB 2007, 1782 f.
205 *Bauer/Evers*, NZA 2006, 893; *Bauer/Göpfert/Krieger*, § 15 Rn. 15; ErfK-*Schlachter*, § 15 AGG Rn. 4; *Simon/Greßlin*, BB 2007, 1782 f.; *Sträßner*, PflR 2009, 102, 110; *Jarfe*, informaciones 2008, 23, 26.
206 Vermutetes Vertretenmüssen, Anwendbarkeit u.a. der §§ 276 ff. BGB; vgl. Fußnote 189.
207 EuGH (Urteil vom 22.04.1997 – Rs. C-180/95), Slg. 1997, I-2195 – Draempaehl.
208 Bauer/Thüsing/Schunder-*Thüsing*, NZA 2006, 774, 775; Schiek-*Kocher*, § 15 Rn. 19 f.

einen Hinweis auf das Dekker-Urteil[209] ergänzt.[210] Eine Beschränkung auf den immateriellen Schadensersatz bei mangelndem »Verschulden« stelle gerade nicht die *volle* Haftung dar, welche der EuGH fordere.[211] Andere Autoren halten die Regelung ebenfalls für unionsrechtswidrig, gehen jedoch nicht näher darauf ein, wie sie zu diesem Ergebnis kommen.[212]

Richtigerweise ist das Erfordernis des Vertretenmüssens wegen Unionsrechtswidrigkeit abzulehnen.[213] Wenn ein Verstoß gegen das Diskriminierungsverbot ausreichen muss, die »volle« Haftung des Arbeitgebers auszulösen, so ist ein Verweis auf Absatz 2, welcher unabhängig von dieser Voraussetzung immaterielle Entschädigungsansprüche gewährt, nicht ausreichend.[214] Damit ist zwar der immaterielle Schadensersatz »voll« ausgeglichen, jedoch mangelt es bei fehlendem Vertretenmüssen am Ausgleich für die materiell erlittenen Schäden. Diese können anders als noch in § 611a Abs. 2 BGB a.F.[215] nicht über Absatz 2 ausgeglichen werden, da § 15 AGG ja gerade zwischen dem materiellen (Absatz 1) und immateriellen Schaden (Absatz 2) differenziert. Der Hinweis darauf, dass es mögliche Konstellationen gibt, in denen der materielle Schadensersatz vergleichsweise gering ausfallen mag, hilft nicht weiter. Schließlich ist auch ein materieller Schadensersatz von geringer Höhe Teil des »vollen« Ersatzes.

Auch dem Ansatz von *Adomeit* und *Mohr*, die den Vorsatz als subjektives Element bereits im Rahmen der Benachteiligung prüfen,[216] kann nicht gefolgt werden. Denn diese Auslegung widerspricht einerseits dem effet-utile-Grundsatz, welchen der EuGH für die teleologische Auslegung von Unionsrecht aufgestellt hat.[217] Danach kommt es bei der Auslegung von Unionsrecht, etwa hier den Richtlinien[218], auf die praktische Wirk-

---

[209] EuGH (Urteil vom 08.11.1990 – Rs. C-177/88), Slg. 1990, I-3941 – Dekker; siehe auch oben unter B.II.

[210] Stork, Seite 298.

[211] *Meinel/Heyn/Herms*, § 15 Rn. 7 ff.; welche allerdings eine europarechtskonforme Auslegung für möglich halten; *Arndt*, Seite 3.

[212] *Waltermann*, JuS 2009, 193, 200; *Thüsing*, Rn. 536; *Alenfelder*, Rn. 125.

[213] Däubler/Bertzbach-*Deinert*, § 15 Rn. 30; *Busch*, AiB 2008, 184, 185; **a.A.** *Benecke*, Rn. 479.

[214] KR-*Treber*, § 15 AGG Rn. 12.

[215] Henssler/Willemsen/Kalb-*Annuß/Rupp*, § 15 AGG Rn. 3; Staudinger-*Annuß*, 2005, § 611a Rn. 96 (str.).

[216] Vgl. Fußnote 201.

[217] *Hailbronner/Jochum*, Rn. 315; *Mohr*, Seite 75, 102 ff.

[218] RL 2000/43/EG, 2000/78/EG und 76/207/EWG (i.d.F. der RL 2002/207/EG); dazu, dass bei der RL-Auslegung der effet-utile-Grundsatz Anwendung findet:

samkeit der Norm an; sie soll dem Normziel eine möglichst effektive Geltung in der Unionsrechtsordnung verleihen.[219] Werden aber die Rechtsfolgen einer Benachteiligung an eine zusätzliche subjektive Voraussetzung im Anwendungsbereich geknüpft, so widerspricht diese Auslegung diesem Grundsatz.

Schon anhand des deutschen Umsetzungsgesetzes lässt sich feststellen, dass eine solche Auslegung gesetzgeberisch nicht gewollt ist. Die Beweislastumkehr, welche in § 15 Abs. 1 Satz 2 AGG dem Benachteiligten zugutekommen soll, spielt bei der Auslegung des Tatbestandsmerkmals der »Benachteiligung« keine Rolle. Die Beweislastumkehr würde daher leer laufen. Freilich steht mit § 22 AGG eine andere Beweislasterleichterung dem Benachteiligten gerade bei dem Tatbestandsmerkmal der »Benachteiligung« zur Seite; der Regelung in § 15 Abs. 1 Satz 2 AGG hätte es also gar nicht bedurft, da nach dieser Auffassung ja stets sogar Vorsatz vorliegen soll, wenn eine Benachteiligung gegeben ist.[220]

Schließlich gibt es noch ein weiteres Argument, welches für die Unionsrechtswidrigkeit des Verschuldenserfordernisses spricht. In der letzten Fassung des § 611a Abs. 2 BGB a.F. (auch nach § 81 Abs. 2 Nr. 2 SGB IX a.F.) gab es verschuldensunabhängig materiellen und immateriellen Schadenersatz.[221] Hier greift wiederum das Verschlechterungsverbot[222] der Richtlinien, so dass auch mit dieser Begründung das Erfordernis des Vertretenmüssens als unionsrechtswidrig einzuordnen ist.[223]

Im Ergebnis bleibt festzuhalten, dass das Erfordernis des Vertretenmüssens den Anforderungen des europäischen Rechts nicht entspricht.

b. Unionsrechtskonforme Auslegung von § 15 Abs. 1 Satz 2 AGG

Geht man davon aus, dass es unionsrechtswidrig ist, ein Vertretenmüssen zu verlangen, stellt sich die Frage, wie der Rechtsanwender § 15 Abs. 1 Satz 2 AGG zu handhaben hat. Deutschland ist gehalten, einen möglichst unionsrechtskonformen Zustand herzustellen, etwa durch uni-

---

EuGH (Urteil vom 04.12.1974 – Rs. 41/74), Slg. 1974, 1337, Rz. 12 – van Duyn; *Herdegen*, § 9 Rn. 38.

[219] *Nollert-Borasio/Perreng*, § 15 Rn. 2.

[220] *Adomeit/Mohr*, § 15 Rn. 17.

[221] So jedenfalls die herrschende Meinung, vgl. Fußnote 95.

[222] Henssler/Willemsen/Kalb-*Annuß/Rupp*, § 15 AGG Rn. 3; vgl. oben D. und unten D.II.2.a.aa.

[223] So auch Rust/Falke-*Bücker*, § 15 Rn. 12 f.; Däubler/Bertzbach-*Deinert*, § 15 Rn. 30.

onsrechtskonforme, hier konkret richtlinienkonforme Auslegung.[224] Also ist der Frage nachzugehen, ob der Paragraf dergestalt ausgelegt werden kann, dass eben kein Vertretenmüssen verlangt ist. Dies wird mit Hinweis auf den Unterschied zwischen »Vertretenmüssen« und »Verschulden«, sowie auf den Wortlaut des § 276 Abs. 1 Satz 1 BGB versucht.[225] Nach § 276 Abs. 1 Satz 1 BGB bedeutet Vertretenmüssen Vorsatz und Fahrlässigkeit, »[...] wenn eine strengere oder mildere Haftung weder bestimmt noch aus dem sonstigen Inhalt des Schuldverhältnisses [...] zu entnehmen ist.« Dabei handele es sich nur um eine Zurechnungsbestimmung. Jede dem Arbeitgeber zurechenbare Benachteiligung solle zum Schadensersatz führen. In der Draempaehl-Entscheidung spreche der EuGH stets vom »Urheber« des Verstoßes, welcher schließlich auch derjenige sei, dem der Verstoß zugerechnet werden könne. Damit sei eine unionsrechtskonforme Auslegung möglich. Eine weiter gehende Einschränkung durch § 15 Abs. 1 Satz 2 AGG im Sinne von Vorsatz oder Fahrlässigkeit sei nicht gemeint.

Dieser Annahme ist jedoch zu widersprechen. Hat der Gesetzgeber zum Ausdruck gebracht, dass er eine nicht richtlinienkonforme Regelung setzen oder beibehalten wollte, so scheidet nämlich eine richtlinienkonforme Auslegung durch die Gerichte aus.[226] Hier übernimmt der Gesetzgeber jedoch gerade die Formulierungen von § 280 Abs. 1 Satz 1 und 2 (!) BGB ganz ausdrücklich in das AGG.[227] Damit unterstreicht er in der Gesetzesbegründung, dass er das vermutete Vertretenmüssen eben auch auf Vorsatz und Fahrlässigkeit nach § 276 Abs. 1 BGB beziehen will, wie auch § 280 Abs. 1 Satz 2 BGB verstanden wird. In den Erläuterungen zu § 15 Abs. 2 AGG wird sogar die Draempaehl-Entscheidung genannt mit einem Hinweis, dass die ständige Rechtsprechung des EuGH beachtet wurde. Diese Erläuterungen beziehen sich jedoch nicht auf den Absatz 1.[228] Hätte der Gesetzgeber diesen Bezug gewollt, so hätte er dies deutlich zum Ausdruck bringen können und müssen. Der Gesetzgeber wollte ausweislich der Begründung hingegen einen richtlinienkonformen Absatz 2 und einen Absatz 1, der ein Vertretenmüssen vorsieht.[229] Die in der Bundes-

---

[224] Henssler/Willemsen/Kalb-*Tillmanns*, Vorb. AEUV Rn. 18 f.

[225] *Meinel/Heyn/Herms*, § 15 Rn. 9.

[226] Henssler/Willemsen/Kalb-*Tillmanns*, Vorb. AEUV Rn. 19; (str.) zum Meinungsstand m.w.N. *Schürnbrand*, JZ 2007, 910, 912.

[227] BT-Drucks. 16/1780, Seite 38; Henssler/Willemsen/Kalb-*Annuß/Rupp*, § 15 AGG Rn. 5.

[228] So jedoch *Meinel/Heyn/Herms*, § 15 Rn. 9, die die Schwachstelle ihrer Argumentation erkannt aber wenig überzeugend gelöst haben.

[229] BT-Drucks. 16/1780, Seite 38.

41

tagsdrucksache zitierte Fundstelle[230] legt zwar in der Tat die Vorschrift des § 276 BGB als eine Zurechnungsnorm aus. Im gleichen Atemzug schreibt der dort zitierte Autor, *Grundmann*, aber, dass § 280 Abs. 1 Satz 2 BGB ein Vertretenmüssen vorsieht, das ab dem einfachen Verschulden zu bejahen ist. Unterhalb der Fahrlässigkeit jedoch nur, wenn eine abweichender Abrede oder gesetzliche Anordnung dies vorsieht. Wie dargelegt, fehlt eine solche gesetzliche Anordnung hier.

Ob des eindeutigen gesetzgeberischen Willens ist daher das Vertretenmüssen nach Satz 2 durch (vermuteten) Vorsatz oder Fahrlässigkeit zu verlangen. Dies widerspricht jedoch den unionsrechtlichen Vorgaben. § 15 Abs. 1 Satz 2 AGG stellt somit ein unionsrechtswidriges Gesetz dar.

Nollert-Borasios und *Perrengs* Ansatz, durch eine erweiternde »europarechtskonforme« Auslegung des § 15 Abs. 2 AGG das Vertretenmüssen in Absatz 1 abzufangen,[231] ist entschieden abzulehnen. Sie wollen auch den materiellen Schaden über den verschuldensunabhängigen Absatz 2 ausgleichen. Jedoch sind mit § 15 Abs. 1 und 2 AGG materieller und immaterieller Schaden ganz klar getrennt. Der materielle Schaden ist daher in keinem Fall in Absatz 2 berücksichtigungsfähig.[232] Im Übrigen verliert Absatz 1 dann jedwede Funktion, da der insgesamt zu bezahlende Betrag stets in ganzer Höhe über Absatz 2 gefordert werden kann. Diese Lösung gleichsam durch die Hintertür verbietet sich daher.

Wagner und *Potsch* schreiben zu Recht: »Es ist einfach nicht möglich, das Verschuldenserfordernis aus § 15 Abs. 1 AGG ›herauszuinterpretieren‹.«[233]

c. Folge der Unionsrechtswidrigkeit von § 15 Abs. 1 Satz 2 AGG

Auch wenn man der Argumentation bis hierher folgt, bleibt der weitere Weg umstritten. Bedeutet die Unionsrechtswidrigkeit, dass Satz 2 unanwendbar ist[234] oder handelt es sich um geltendes und anzuwendendes deutsches Recht, welches erst durch den Gesetzgeber umgestaltet bzw. abgeschafft werden könnte?

Entscheidend kommt es auf folgenden Punkt an: Widerspricht § 15 Abs. 1 Satz 2 AGG »lediglich« den Richtlinien oder handelt es sich gar um einen Verstoß gegen einen allgemeinen Grundsatz des Unionsrechts?

[230] MükoBGB-*Grundmann*, § 276 BGB Rn. 4.
[231] *Nollert-Borasio/Perreng*, § 15 Rn. 11.
[232] Siehe auch unten unter E.II.5.a.aa.
[233] *Wagner/Potsch*, JZ 2006, 1085, 1091.
[234] So Schiek-*Kocher*, § 15 Rn. 20; Däubler/Bertzbach-*Deinert*, § 15 Rn. 30.

EU-Richtlinien entfalten keine unmittelbare Wirkung zwischen Privaten, da sie lediglich an die Mitgliedsstaaten gerichtet sind (Art. 288 AEUV).[235] Dagegen entfalten sie, sofern die Umsetzungsfrist wie hier abgelaufen ist und sie nur unzureichend umgesetzt wurden, unmittelbare Wirkung im Verhältnis Bürger – Staat, wenn sie hinreichend genau und unbedingt sind.[236] Daraus würde folgen: Ist der Arbeitgeber der Staat, so könnte er sich nicht darauf berufen, dass er die Benachteiligung nicht vertreten müsse.[237] Ist der Arbeitgeber jedoch eine natürliche oder juristische Person des Privatrechts, so bliebe es bei der unionsrechtswidrigen Vorschrift, so dass es beim Erfordernis des Vertretenmüssens bliebe.[238]

Allgemeine Grundsätze des Unionsrechts entfalten hingegen auch zwischen Privaten unmittelbare Wirkung, wenn eine Anknüpfung zum Unionsrecht gegeben ist,[239] so dass entgegenstehendes nationales Recht unangewendet bleiben muss. Eine Anknüpfung zum Unionsrecht besteht bei § 15 Abs. 1 Satz 2 AGG, da er der Richtlinienumsetzung dient und die Umsetzungsfrist abgelaufen ist.[240]

Die hier relevanten Richtlinien, insbesondere 2000/78/EG, schaffen nach Ansicht des EuGH lediglich einen allgemeinen Rahmen zur Bekämpfung verschiedener Formen der Diskriminierung.[241] Der Grundsatz der Gleichbehandlung in Beschäftigung und Beruf – dazu gehört das Verbot der Diskriminierung wegen Alters, aber auch das Verbot der Diskriminierung aus Gründen der Religion, Weltanschauung, Behinderung, sexuelle Ausrichtung, Rasse und ethnischer Herkunft[242] – ist ein allgemeiner Grundsatz des Unionsrechts, der seinen Ursprung in verschiedenen völkerrechtlichen Verträgen und den gemeinsamen Verfassungstra-

---

[235] Vgl. *Hailbronner/Jochum*, Rn. 544.
[236] *Hailbronner/Jochum*, Rn. 530.
[237] *Thüsing*, Rn. 536.
[238] So *Thüsing*; zum Streitstand hinsichtlich der »horizontalen Drittwirkung« von Richtlinien: *Preis/Temming*, NZA 2010, 185, 189; *Herdegen*, § 9 Rn. 47.
[239] Henssler/Willemsen/Kalb-*Tillmanns*, Vorb. AEUV Rn. 6b f.
[240] Vgl. EuGH (Urteil vom 19.01.2010 – Rs. C-555/07), NJW 2010, 427 [Rz. 23 ff.] – Kücükdevici; *Bauer/von Medem*, ZIP 2010, 449, 450.
[241] EuGH (Urteil vom 19.01.2010 – Rs. C-555/07), NJW 2010, 427 [Rz. 20] – Kücükdevici; EuGH (Urteil vom 22.11.2005 – Rs. C-144/04), Slg. 2005, I-9981, Rz. 74 – Mangold.
[242] *Henssler/Strick*, ZAP 2006, 189, 199 f.

ditionen der Mitgliedsstaaten hat.[243] Er ergänzt somit die Gemein-schaftsverträge.[244]

Dieser Grundsatz wurde im *Mangold*-Urteil erstmals vom EuGH »kon-struiert«[245] und hat in der Literatur reichlich Kritik geerntet,[246] denn es ist bereits zweifelhaft, ob es diesen Grundsatz überhaupt in den völker-rechtlichen Verträgen und den Verfassungen der Unionsstaaten gibt.[247] Weitere Kritik hat das Urteil geerntet, weil sich der EuGH damit den Weg geöffnet hat, den Grundsatz zu umgehen, dass Richtlinien nicht unmit-telbar anwendbar sind.[248] Trotz aller Kritik geht der EuGH mit der Ent-scheidung Kücükdevici[249] aus jüngster Zeit diesen eingeschlagenen Weg weiter. Zu Recht, denn nach dem In-Kraft-Treten des Lissabon-Vertrags handelt es sich bei den Diskriminierungsverboten auch um unionsrecht-liche Grundrechte, da nach Art. 21 der Charta der Grundrechte der Euro-päischen Union (EuGRC) i.V.m. Art. 6 Abs. 1 EUV solche Diskrimini-erungen verboten sind. Hierdurch gewinnt die Argumentation des EuGH an Substanz.[250]

Das Diskriminierungsverbot entfaltet somit horizontale Direktwirkung und ist auch zwischen Privaten unmittelbar anwendbar. Die nationalen Gerichte müssen die volle Wirksamkeit des Diskriminierungsverbots ge-währleisten und Vorschriften unangewendet lassen, die diesem mögli-cherweise entgegenstehen.[251]

Mit dem Erfordernis des Vertretenmüssens in § 15 Abs. 1 Satz 2 AGG wäre die volle Wirksamkeit des Diskriminierungsverbots nicht gewähr-leistet, da er dem Arbeitgeber trotz Benachteiligung eine Exkulpations-möglichkeit böte und der Arbeitgeber dann nicht den vollen Schaden er-

---

[243] EuGH (Urteil vom 19.01.2010 – Rs. C-555/07), NJW 2010, 427 [Rz. 20] – Kücük-devici; EuGH (Urteil vom 22.11.2005 – Rs. C-144/04), Slg. 2005, I-9981, Rz. 75 – Mangold.

[244] *Herdegen*, § 9 Rn. 15.

[245] *Herdegen*, § 9 Rn. 31.

[246] Vgl. nur *Preis*, NZA 2006, 401; *Franzen*, AP Nr. 23 zu § 14 TzBfG.

[247] *Preis*, NZA 2006, 401, 406.

[248] *Preis/Temming*, NZA 2010, 185, 189 f.; *Hanau*, NZA 2010, 1, 4, hält aufgrund der »neuen sozialen Grundrechte« der EuGRC eine horizontale Wirkung von Richtli-nien unter Privaten denkbar; *Hennsler/Strick*, ZAP 2006, 189, 200 halten eine Erklärung des EuGH, dass Richtlininen horizontale Wirkung haben, nur für eine Frage der Zeit.

[249] EuGH (Urteil vom 19.01.2010 – Rs. C-555/07), NJW 2010, 427 [Rz. 20] – Kücük-devici.

[250] *Bauer/von Medem*, ZIP 2010, 449, 450.

[251] EuGH (Urteil vom 22.11.2005 – Rs. C-144/04), Slg. 2005, I-9981, Rz. 77 – Man-gold; BAGE 118, 76.

setzen müsste. § 15 Abs. 1 Satz 2 AGG muss daher unangewendet bleiben.[252]

II. Die Rechtsfolgen des § 15 Abs. 1 AGG

1. Grundsätze

Liegen die Tatbestandsvoraussetzungen des § 15 Abs. 1 AGG vor, so ist der »entstandene Schaden zu ersetzen«. Was hierunter zu subsumieren ist, wird im AGG nicht näher präzisiert.[253] Jedoch ist ganz einhellige Meinung, dass in diesem Fall auf die allgemeinen Regeln zur Berechnung des Schadensersatzes in den §§ 249 ff. BGB zurückzugreifen ist.[254]

Nach § 249 Abs. 1 BGB ist der Zustand herzustellen, der ohne den zum Ersatz verpflichtenden Umstand bestehen würde. Dieser Grundsatz wird durch Absatz 2 und die folgenden Paragrafen modifiziert. Sofern diese für die Auslegung der Rechtsfolge von § 15 Abs. 1 AGG besonders interessant sind, wird im Folgenden noch darauf eingegangen.

Ebenfalls nach einhelliger Meinung ist der Benachteiligte stets verpflichtet, den erlittenen Schaden konkret zu berechnen.[255] Er hat den Beweis über die Höhe des entstandenen Schadens zu erbringen, denn die Regelung des § 22 AGG findet hierauf keine Anwendung.[256] Insoweit ist § 287 Abs. 1 ZPO (i.V.m. § 46 Abs. 2 Satz 1 ArbGG) von Bedeutung.[257] Danach kann das Gericht unter Würdigung aller Umstände nach freier Überzeugung die Schadenshöhe bestimmen. Somit besteht für den Benachteiligten in Hinblick auf das Beweismaß und das Beweisverfahren eine gewisse Erleichterung, da eben kein voller Beweis zu erbringen ist.[258]

Probleme bereitet jedoch die weitere Auslegung des § 249 Abs. 1 BGB. Im Ausgangspunkt ist der Arbeitgeber danach verpflichtet, den hypothetischen Zustand ohne Verletzung des Benachteiligungsverbotes herzu-

---

[252] So auch *Benecke*, AuR 2007, 229, 231.

[253] *Jacobs*, RdA 2009, 193, 202.

[254] Allgemeine Meinung: *Sprenger*, Seite 176; *Bauer/Göpfert/Krieger*, § 15 Rn. 23; Henssler/Willemsen/Kalb-*Annuß/Rupp*, § 15 AGG Rn. 2; *Meinel/Heyn/Herms*, § 15 Rn. 22; Schiek-*Kocher*, § 15 Rn. 9; Schleusener/Suckow/Voigt-*Voigt*, § 15 Rn. 15; Wendeling-Schröder/Stein-*Stein*, § 15 Rn. 18; *Adomeit/Mohr*, § 15 Rn. 23; *Thüsing*, Rn. 538.

[255] *Adomeit/Mohr*, § 15 Rn. 23; Jauernig-*Teichmann*, vor §§ 249 ff. BGB Rn. 50.

[256] *Adomeit/Mohr*, § 15 Rn. 23.

[257] *Adomeit/Mohr*, § 15 Rn. 23; Jauernig-*Teichmann*, vor §§ 249 ff. BGB Rn. 50; Rust/Falke-*Bücker*, § 15 Rn. 22.

[258] MükoZPO-*Prütting*, § 287 ZPO Rn. 3.

stellen. Fraglich ist aber, ob damit das negative Interesse,[259] also der Vertrauensschaden, oder das positive Interesse,[260] also der Erfüllungsschaden gemeint ist. Da dies nach wie vor umstritten ist und auch die Interessen je nach Benachteiligung unterschiedlich sind, lohnt es sich, Fallgruppen zu bilden und anhand dieser zu überprüfen, ob das positive oder negative Interesse zu ersetzen ist. Hierbei ist zunächst getrennt zu prüfen, ob das negative und ob das positive Interesse ersetzt werden kann; im Anschluss daran, in welchem Verhältnis (Alternativität/Kumulativität) die Ersatzansprüche stehen.

2. Verschiedene Phasen eines Arbeitsverhältnisses

Das in der Literatur wohl am meisten besprochene Beispiel für eine Benachteiligung ist die benachteiligende Nichteinstellung des »bestqualifizierten«[261] Bewerbers.[262] Denn hier sind – je nach Standpunkt – vom »Porto« für die Bewerbung (negatives Interesse) über eine begrenzte Anzahl von Monatsgehältern bis zu einer »hypothetischen« Kündigungsmöglichkeit (positives Interesse) bis zur lebenslangen Entgeltzahlung (»›Horrorszenario‹ eines Arbeitgebers«[263], ebenfalls positives Interesse) im Ergebnis die größten Unterschiede zwischen den Auffassungen zu erkennen.

Es bietet sich an, die verschiedenen Phasen des Arbeitsverhältnisses chronologisch zu untersucht. Im Anschluss daran wird die Benachteiligung im laufenden Arbeitsverhältnis geprüft.

a. Begründung des Arbeitsverhältnisses

An dieser Stelle erscheint es sinnvoll, eine Begriffsklärung einzufügen. Es gibt – soweit hier relevant – zwei Gruppen von Bewerbern, die benachteiligt werden können. Der eine wäre ohne die Benachteiligung eingestellt worden. Dies ist der *einzustellende Bewerber*.

Der andere, der auch ohne die verbotene Benachteiligung nicht eingestellt worden wäre, ist der *nicht-einzustellende Bewerber*, also das Ge-

---

[259] So etwa Wendeling-Schröder/Stein-*Stein*, § 15 Rn. 20 ff.; Schleusener/Suckow/Voigt-*Voigt*, § 15 Rn. 18.

[260] So etwa *Bauer/Göpfert/Krieger*, § 15 Rn. 24; Rust/Falke-*Bücker*, § 15 Rn. 17.

[261] Zu der vorzugswürdigen Formulierung »einzustellender« Bewerber sogleich unten unter D.II.2.a.

[262] Das in diesem Unterkapitel besprochene gilt ebenso für die Nichtbegründung eines Berufsausbildungsverhältnisses (so auch Wendeling-Schröder/Stein-*Stein*, § 15 Rn. 24).

[263] *Willemsen/Schweibert*, NJW 2006, 2589.

genteil des einzustellenden Bewerbers.[264] Diese sprachlich holprige Formulierung ist deswegen notwendig, weil der private Arbeitgeber nicht verpflichtet ist, den nach formalen Kriterien »bestqualifizierten« Bewerber einzustellen.[265] So kann er etwa der Teamfähigkeit hohen Stellenwert einräumen und die formale Qualifikation (Abschlussnoten etc.) hintenanstellen. Oder der Arbeitgeber stellt einen Bekannten bzw. Verwandten bevorzugt ein. Daher ist – zumindest in der Privatwirtschaft – nicht jeder objektiv minderqualifizierte (nicht-bestqualifizierte) Bewerber auch ein nicht-einzustellender Bewerber und nicht jeder objektiv bestqualifizierte Bewerber der einzustellende.

aa. Negatives Interesse

Bei der Bewerbungssituation handelt es sich um ein vorvertragliches Schuldverhältnis nach § 311 Abs. 2 BGB.[266] Bei einem vorvertraglichen Schuldverhältnis ist grundsätzlich lediglich das Integritätsinteresse der Betroffenen geschützt, so dass in der Konsequenz der Vertrauensschaden zu ersetzen ist.[267] Dabei ist der Betroffene so zu stellen, wie er stehen würde, wenn er nicht auf die Gültigkeit des Geschäfts vertraut hätte,[268] hier also auf die benachteiligungsfreie Auswahl.

Dies wird damit begründet, dass andernfalls, also bei Haftung auf das Erfüllungsinteresse, der Schadensersatz einem Kontrahierungszwang gleich käme.[269] Obschon diese Argumentation grundsätzlich für alle zivilrechtlichen Rechtsfragen Gültigkeit besitzt, soll § 15 Abs. 6 AGG diese Auffassung zusätzlich unterstützen.[270] Dieser schließe aus, dass auf Vertragsschluss, also das Erfüllungsinteresse geklagt werden könne.[271] Weiter wird argumentiert, der private Arbeitgeber sei auch nicht verpflichtet, den bestqualifizierten Bewerber einzustellen, so dass es ein rechtmäßiges Alternativverhalten gebe, das die Kausalität zwischen Benachteiligung

[264] *Kandler*, Seite 190, spricht hier von der »formellen« und »materiellen« Benachteiligung.

[265] Wendeling-Schröder/Stein-*Stein*, § 15 Rn. 20.

[266] Schleusener/Suckow/Voigt-*Voigt*, § 15 Rn. 18; Wendeling-Schröder/Stein-*Stein*, § 15 Rn. 20; Staudinger-*Löwisch*, 2005, § 311 BGB Rn. 93 f.

[267] Soergel-*Wiedemann*, 12. Aufl., vor § 275 BGB Rn. 180; Staudinger-*Löwisch*, 2005, § 311 BGB Rn. 137 f.

[268] Palandt-*Grüneberg*, vor § 249 BGB Rn. 17; Erman-*Ebert*, vor § 249 BGB Rn. 17.

[269] Staudinger-*Löwisch*, 2005, § 311 BGB Rn. 139.

[270] *Meinel/Heyn/Herms*, § 15 Rn. 27; Wendeling-Schröder/Stein-*Stein*, § 15 Rn. 20; dieses Argument ist jedoch abzulehnen, vgl. D.II.2.a.bb.

[271] Jedoch gilt dies nur für § 249 Abs. 1 BGB, §§ 251, 252 BGB wären nicht ausgeschlossen.

und Schaden entfallen lasse.[272] Daher könne lediglich das Vertrauen in die benachteiligungsfreie Auswahl geschützt sein.[273]

Ein überzeugendes Argument liefert die historische Auslegung: Bereits in der ersten Fassung des § 611a BGB a.f. war in Absatz 2 jedenfalls dem Bestqualifizierten der Ersatz des Vertrauensschadens geschuldet.[274] Spätestens mit der Fassung von 1994 galt dies auch für die Minderqualifizierten.[275] Da durch die Anpassung der Richtlinien keine Verschlechterung der Rechtsposition der Geschützten erfolgen darf,[276] muss es folgerichtig noch immer möglich sein, das negative Interesse ersetzt zu erhalten.[277] Insbesondere dem nicht-einzustellenden Bewerber, der ohnehin keine Einstellungschance gehabt hätte, würde andernfalls grundsätzlich gar kein zu ersetzender positiver Schaden entstehen, so dass dessen Rechtsposition durch die Gesetzesänderungen verschlechtert worden wäre.

Falsch wäre es zu behaupten, die Ersatzfähigkeit des negativen Interesses widerspräche der Anforderung an eine wirksame und abschreckende Sanktion, die der EuGH fordert. Denn an dieser Stelle wird noch keine Aussage darüber getroffen, ob *nur* das negative Interesse ersetzt werden kann. Durch die Feststellung, dass es *insbesondere nicht ausgeschlossen* ist, das negative Interesse ersetzt verlangen zu können, eröffnet sich im Gegenteil zunächst erst einmal diese Möglichkeit. In welchem Verhältnis der Anspruch auf das negative Interesse zu einem Anspruch auf das positive materielle Interesse oder zu einem Anspruch auf eine immaterielle Entschädigung dann steht (kumulativ oder alternativ), berührt die hier aufgeworfene Fragestellung nach dem »Ob« nicht.

Für die Ersatzfähigkeit des negativen Interesses kommt es im Übrigen auch nicht darauf an, ob die Stelle überhaupt besetzt wurde, da bei der Erörterung der Rechtsfolge von § 15 Abs. 1 AGG zwingenderweise bereits bejaht wurde, dass ein verbotenes Unterscheidungskriterium zumindest auch eine Rolle bei der Ablehnung gespielt hat.[278] Schließlich ist ein Verstoß gegen das Benachteiligungsverbot Voraussetzung für diese Rechtsfolge.

---

[272] Wendeling-Schröder/Stein-*Stein*, § 15 Rn. 20.

[273] Wendeling-Schröder/Stein-*Stein*, § 15 Rn. 20.

[274] *Annuß*, NZA 1999, 738, 739 f.; *Deinert*, DB 2007, 398, 399.

[275] Soergel-*Raab*, 12. Aufl., § 611a Rn. 48.

[276] Hierzu siehe bereits oben D. und D.I.5.a.

[277] Ähnlich Däubler/Bertzbach-*Deinert*, § 15 Rn. 37.

[278] *Adomeit/Mohr*, § 15 Rn. 24; **a.A.** LAG Düsseldorf NZA-RR 2002, 345 f.

Daher kann der abgelehnte (ernsthafte[279]) Bewerber, der benachteiligt wurde, den Ersatz seines Vertrauensschadens verlangen.

a. Ersatzfähigkeit von Aufwendungen vor der Benachteiligungshandlung

Was umfasst nun das negative Interesse, der Vertrauensschaden? Dieses beinhaltet zunächst stets die vergeblichen Aufwendungen, also freiwillige Vermögensopfer, die zur Vorbereitung der Vertragsdurchführung erbracht wurden. Auch das Entgehen eines gewinnbringenden Geschäfts, das der Benachteiligte sonst abgeschlossen hätte (sog. entgangenes Alternativgeschäft),[280] ist vom negativen Interesse erfasst.[281]

In der hier besprochenen Fallkonstellation vertraut der Bewerber darauf, dass er ein benachteiligungsfreies Auswahlverfahren durchläuft. Auf eine Einstellung selbst durfte er, jedenfalls zum Zeitpunkt der Bewerbung, selbst bei einem staatlichen Arbeitgeber auch dann nicht hoffen, wenn er letztendlich der Bestqualifizierte gewesen ist. Denn zum Zeitpunkt der Bewerbung – hier ist das Vertrauen geschützt – ist der Bewerberkreis dem einzelnen Bewerber unbekannt, so dass sich kein Vertrauen darauf gründen könnte, dass er eingestellt werden würde, weil er der beste sei.

Es dürfen nur Aufwendungen ersetzt verlangt werden, die sich aufgrund des erfolglosen Vertrauens auf das benachteiligungsfreie Auswahlverfahren als vergeblich darstellen. Hier ist äußerst umstritten, welcher Schaden im Rahmen des negativen Interesses bei welchem Benachteiligten kausal auf die Pflichtverletzung zurückgeht.

Bei den Aufwendungen vor der Benachteiligungshandlung handele es sich schließlich um »Sowieso-Kosten«:[282] sowohl die erfolgreiche als auch die (rechtmäßig) erfolglose Bewerbung ziehen Bewerbungskosten mit sich. Darum fehle es stets an der Kausalität zwischen der benachteiligenden Ablehnung und diesen Kosten.

Weiter wird vertreten, dass nur der Bewerber, der die Stelle ohne Benachteiligung bekommen hätte, einen Anspruch auf Schadensersatz haben soll, da nur hier die notwendige Kausalität vorliege.[283] Jedoch ist es in der Privatwirtschaft äußerst schwer, diesen Nachweis zu erbringen. Schließlich müsste man dann nicht nachweisen, der Bestqualifizierte zu

---

[279] Siehe zu den nicht-ernsthaften Bewerbern oben D.I.2.b.
[280] Staudinger-*Löwisch*, 2005, § 311 BGB Rn. 138.
[281] Siehe sogleich unten unter D.II.2.a.aa.β.
[282] *Meinel/Heyn/Herms*, § 15 Rn. 23; *Nollert-Borasio/Perreng*, § 15 Rn. 18.
[283] Wendeling-Schröder/Stein-*Stein*, § 15 Rn. 19.

sein,[284] sondern nachweisen, dass man eingestellt worden wäre. Denn der Arbeitgeber ist nicht verpflichtet, den »besten« Bewerber einzustellen. Daher wird diese Aussage von ihren Vertretern auch sofort dahingehend relativiert, dass es ausreiche, dass ein verpöntes Merkmal in der negativen Einstellungsentscheidung mitursächlich gewesen sein muss oder jedenfalls bei vorausgehenden Verfahrenshandlungen eine Rolle gespielt haben muss.[285] Dieser Argumentation ist zwar zuzustimmen, jedoch betrifft sie die Frage, ob überhaupt eine relevante Benachteiligung vorliegt, mithin betrifft sie die Tatbestandsseite des § 15 Abs. 1 AGG.

Ob eine Schadensposition verlangt werden kann oder nicht, muss richtigerweise ausgehend von der Frage beantwortet werden, ob die festgestellte Benachteiligung eine bestimmte Aufwendung vergeblich gemacht hat. Denn das Vertrauen gründet darauf, dass Aufwendungen gerade nicht wegen derartiger Benachteiligungen vergeblich werden.

Betrachtet man die bereits angesprochenen Portokosten für die Bewerbung als Beispiel,[286] so wurden sie in dem Zeitpunkt vergeblich, in dem die Bewerbung nicht benachteiligungsfrei behandelt wurde. Dass sie schon im Voraus getätigt worden sind, ist dabei unerheblich, da es für die Ersatzfähigkeit einer Aufwendung auf den Zeitpunkt des Vergeblichwerdens und nicht auf den des Tätigens der Aufwendungen ankommt.[287] Denn die Bewerbung des nicht-einzustellenden Bewerbers ist nicht von vornherein vergeblich,[288] da man erst mit der Bewerbung die Chance erhält, eingestellt zu werden. Mit der rechtmäßigen Ablehnung wurde die Bewerbung zwar erfolgslos, aber nicht vergeblich. Dies wird sie erst, wenn dem Bewerber durch die Benachteiligung die mit der Bewerbung erhaltene Chance auf Einstellung an sich genommen wird.[289]

Auch die Prüfung mittels der *conditio-sine-qua-non*-Formel bestätigt das Ergebnis: Hätte der Bewerber hypothetisch schon im Voraus positiv gewusst, dass er nicht benachteiligungsfrei behandelt werden würde, so hätte er die Bewerbung mit an Sicherheit grenzender Wahrscheinlichkeit

---

[284] *Adomeit/Mohr*, § 15 Rn. 24, halten es für schwierig nachzuweisen, der »bestgeeignete« Bewerber zu sein.

[285] Wendeling-Schröder/Stein-*Stein*, § 15 Rn. 19; *Adomeit/Mohr*, § 15 Rn. 24.

[286] Weitere Beispiele folgen sogleich unten.

[287] So wohl auch Palandt-*Grüneberg*, vor § 249 BGB Rn. 32.

[288] So aber Staudinger-*Annuß*, 2005, § 611a BGB Rn. 99; *Raab*, DStR 1999, 854, 858.

[289] *Wagner*, AcP 206 (2006), 352, 395: »Verlust der Chance auf Einstellung«; *Wagner/Potsch*, JZ 2006, 1085, 1095. Wäre die andere Auffassung zutreffend, so könnten folgerichtig auch beispielsweise nie nach § 284 BGB vergebliche Aufwendungen ersetzt verlangt werden, da die Aufwendungen auch immer ohne Pflichtverletzung entstanden wären. Darauf kommt es zutreffenderweise, wie gezeigt, gar nicht an, sondern auf die Vergeblichkeit.

nicht geschrieben. Es wäre kein ersetzbarer Schaden entstanden. Überlegenswert wäre allenfalls, ob er sie geschrieben hätte, um nachher Schadensersatz zu verlangen (die Einstellung ist ja nach § 15 Abs. 6 AGG ausgeschlossen). Dann aber wäre er subjektiv kein ernsthafter Bewerber mehr gewesen, so dass bereits deswegen der Schadensersatzanspruch ausgeschlossen wäre.

Der Fall eines redlichen Bewerbers wird aber immer so liegen, dass er, selbst bei Indizien für eine Benachteiligung, etwa durch entsprechende Äußerungen des Arbeitgebers oder durch eine nicht-neutrale Stellenausschreibung, auf die Rechtstreue des Arbeitgebers vertrauen darf. Das positive Wissen, dass der Arbeitgeber sich tatsächlich im entscheidenden Moment benachteiligend verhalten wird, gibt es nicht, denn es ist jederzeit denkbar, dass er sich eines Besseren belehren lässt.

Abzulehnen ist daher auch die Auffassung, dass Bewerbungskosten nie geltend gemacht werden können, weil sie auch einem erfolgreichen Bewerber entstehen und daher nicht kausal entstanden sind.[290] Denn die Frage nach dem negativen Interesse betrifft die Ersatzfähigkeit vergeblicher Aufwendungen und wie gezeigt, wurden die Bewerbungskosten gerade aufgrund der Benachteiligung vergeblich.

Was nun konkret zu den vergeblichen Aufwendungen zählt, ist weitgehend unstreitig. Es müssen freiwillige Vermögensopfer sein. Dies sind die Kosten für die Bewerbung[291], also das Bewerbungsschreiben (Papier und Druckkosten bzw. Verbrauch des Schreibgerätes), Kosten für das Lichtbild, die Mappe, den Umschlag und die Briefmarke. Des Weiteren Kosten für den Weg zum Briefkasten, die Anreise zum Bewerbungsgespräch, ggf. die Übernachtung und Verpflegung am Ort des Arbeitgebers, wobei hier ersparte Aufwendungen anzurechnen sind.[292]

β. *Ersatzfähigkeit eines entgangenen Alternativgeschäfts*

Wie bereits angesprochen, ist auch das entgangene Alternativgeschäft grundsätzlich vom negativen Interesse umfasst[293] und damit ersatzfähig. Allgemein ist Voraussetzung für diesen Anspruch, dass es der Gläubiger im Vertrauen auf die Leistungserbringung unterlassen hat, ein Alternativgeschäft abzuschließen.[294] Konkret für § 15 Abs. 1 AGG bedeutet dies,

---

[290] So aber *Meinel/Heyn/Herms*, § 15 Rn. 23; *Wisskirchen*, DB 2006, 1491, 1499; Henssler/Willemsen/Kalb-*Thüsing*, 2. Aufl., § 611a BGB Rn. 67; Schleusener/Suckow/Voigt-*Voigt*, § 15 Rn. 17.

[291] Staudinger-*Annuß*, 2005, § 611a BGB Rn. 99.

[292] Vgl. Wendeling-Schröder/Stein-*Stein*, § 15 Rn. 22; *Adomeit/Mohr*, § 15 Rn. 24.

[293] Hierzu auch *Medicus/Petersen*, Rn. 242.

[294] *Ackermann*, Seite 420.

dass es der Benachteiligte im Vertrauen auf ein benachteiligungsfreies Bewerbungsverfahren unterlassen hat, ein Alternativgeschäft abzuschließen (dasselbe gilt für den beruflichen Aufstieg).

Soweit ersichtlich, wurde diese Fallkonstellation bislang noch nicht relevant und auch nicht in der Literatur besprochen. Zur Veranschaulichung soll daher folgendes Beispiel dienen:

Der arbeitslose A bewirbt sich bei B auf eine unbefristete Stelle. A kann zwar gute Qualifikationen aufweisen, ist jedoch schwarzer Hautfarbe, weshalb B ihn nicht einstellen möchte. B lädt A dennoch zu einem Auswahlseminar mit mehreren Bewerbern ein, damit kein Verdacht aufkommt, dass B Menschen mit schwarzer Hautfarbe generell keinen Arbeitsvertrag anbietet. A wird schließlich auch nicht eingestellt. Während seiner Arbeitslosigkeit hat A schon mehrfach für seinen Freund C Kurierfahrten erledigt, für die er auch stets bezahlt wurde. C hat A wiederum angeboten, eine solche Fahrt zu erledigen, jedoch hat A diesmal abgesagt, da der Termin mit dem Auswahlseminar kollidierte.

Die Schwierigkeit bei der Ersatzfähigkeit des entgangenen Alternativgeschäftes besteht zum einen in der Voraussetzung, dass alleine im Vertrauen auf ein benachteiligungsfreies Bewerbungsverfahren ein Alternativgeschäft unterlassen worden sein muss.

Eine weitere Problematik liegt darin, dass den Bewerber am Entgehen des Alternativgeschäftes regelmäßig ein überwiegendes Mitverschulden nach § 254 BGB trifft. Die Ersatzpflicht muss entfallen, wenn das Geschäft alleine in der Aussicht auf ein faires Bewerbungsverfahren nicht angetreten wurde. Oft wird der Benachteiligte, da er lediglich Bewerber war, gar nicht gehindert gewesen sein, das Alternativgeschäft abzuschließen. Dem Bewerber, der als Alternativgeschäft ein Angebot eines Dritten auf Abschluss eines Arbeitsvertrags nicht annimmt, nur weil er sich im Bewerbungsverfahren bei einem anderen Arbeitgeber befindet, wird regelmäßig ein überwiegendes Mitverschulden vorzuwerfen sein.

Schließlich ist der Benachteiligte beweispflichtig dafür, dass er tatsächlich das andere Geschäft abgeschlossen hätte und dieses ihm einen Gewinn erbracht hätte.

Zusammenfassend kann festgestellt werden, dass Fallkonstellationen immerhin möglich erscheinen, in denen der Ersatz für das entgangene Alternativgeschäft gefordert werden kann. § 15 Abs. 1 AGG bietet dafür jedenfalls die rechtliche Grundlage.

γ. *Ersatzfähigkeit von Kosten nach der Benachteiligungshandlung*

Neben den im Voraus getätigten Aufwendungen, können dem Bewerber nach Aufdeckung der Benachteiligung weitere Kosten entstehen. Diese sind nicht mehr als Aufwendungen zu bezeichnen, da sie nicht freiwillig in Hinblick auf die Bewerbung getätigt wurden. Es handelt sich um unfreiwillige Vermögenseinbußen, also Schäden im eigentlichen Sinn. Um begrifflich eine klare Trennung zwischen den entstandenen Kosten und dem in Folge des § 15 Abs. 1 AGG vom Arbeitgeber zu bezahlenden Schadensersatz zu gewährleisten, werden im Folgenden die Begriffe »Kosten« und »Schaden« verwendet.

Ausgangspunkt ist die Feststellung, dass das negative Interesse ersetzbar ist. Anders als die Aufwendungen, die im Voraus getätigt wurden, können Kosten, die nach dem Aufdecken der Benachteiligungshandlung entstehen, nicht mehr »vergeblich« werden. Zum Zeitpunkt ihres Entstehens ist nämlich bereits klar, dass eine Benachteiligung stattgefunden hat und die Hoffnung auf eine benachteiligungsfreie Bewerberauswahl vergeblich war. Die Ersatzfähigkeit vergeblicher Aufwendungen vor der Benachteiligungshandlung deckt damit also nur einen Teil des materiellen Interesses ab. Auch im Übrigen ist der Benachteiligte aber so zu stellen, als hätte er nicht auf eine benachteiligungsfreie Auswahl vertraut. Er ist so zu stellen, als hätte er nie Kontakt mit dem potenziellen Arbeitgeber gehabt. Für solche Kosten kann die notwendige Kausalität zwischen Pflichtverletzung und Schaden bejaht werden.

(1) Allgemeine Kosten

In Betracht kommen daher auch Kosten für einen Psychologen oder Psychiater, sofern die Benachteiligung eine Behandlungsbedürftigkeit hervorgerufen hat.

Nicht ersetzbar sind dagegen beispielsweise Kosten für weitere Bewerbungen, denn diese wären auch ohne den Kontakt zu dem benachteiligenden Arbeitgeber notwendig geworden.

Hat der Bewerber seinen alten, ungekündigten Arbeitsvertrag in Erwartung einer Einstellung gekündigt, so ist dies grundsätzlich erstattungsfähig; denn er hätte sie nicht gekündigt, wäre er mit dem benachteiligenden Arbeitgeber nicht in Kontakt getreten. Hier ist jedoch insbesondere das Mitverschulden des Benachteiligten nach § 254 BGB zu beachten. Regelmäßig wird er hier keinen Ersatz erhalten, da es grob fahrlässig ist, ein ungekündigtes Arbeitsverhältnis zu kündigen, nur weil eine neue Bewerbung geschrieben wurde. Hat der benachteiligende Arbeitgeber jedoch ein besonderes Vertrauen dahingehend erweckt, er werde den benachteiligten Bewerber einstellen, so ist eine Erstattung im Rahmen des negativen Interesses möglich.[295] Hierbei kann das negative Interesse das positive übersteigen.[296]

(2) Kosten für einen Rechtsanwalt

Die Ersatzfähigkeit von Anwaltskosten ist umstritten.

In einem ersten Schritt ist festzustellen, ob Anwaltskosten grundsätzlich Teil des negativen Interesses sein können. Der Benachteiligte ist so zu stellen, wie er stehen würde, wenn er nicht auf die benachteiligungsfreie Auswahl vertraut hätte.[297] Dann hätte er keinen Anwalt in Anspruch nehmen müssen und somit diese Aufwendungen auch nicht getätigt. Weiter sind diese Kosten auch kausal aus der Benachteiligung entstanden, denn ohne diese hätte der Benachteiligte schon gar keinen Anwalt in Anspruch nehmen müssen. Grundsätzlich sind damit Anwaltskosten Teil des negativen Interesses.

In einem zweiten Schritt ist auf die arbeitsprozessuale Vorschrift des § 12a Abs. 1 Satz 1 ArbGG einzugehen. Diese sieht für das Arbeitsrecht speziell vor, dass jede Partei (entgegen §§ 91 ff. ZPO) ihre Kosten im Urteilsverfahren des ersten Rechtszuges für die Zuziehung eines Prozessbevollmächtigten selbst zu tragen hat. Von der herrschenden Meinung wird diese Vorschrift extensiv ausgelegt, so dass sie sich nicht nur als prozessuale Kostensperre darstellt, sondern darüber hinaus auch als materiellrechtliche Sperre gilt.[298] Da dies allgemein für arbeitsrechtliche Streitigkeiten gilt, wäre also auch § 15 Abs. 1 AGG von dieser Sperre erfasst.

Dies könnte jedoch unionsrechtswidrig sein, da nach Ansicht des EuGH[299] eine volle Haftung des Urhebers einzutreten hat, mithin der volle Schaden zu ersetzen ist. Sieht man das negative Interesse wie hier als Schaden, so müsste dieses nach den unionsrechtlichen Vorgaben also voll ersatzfähig sein. Der Ausschluss des Ersatzes der Anwaltskosten für den obsiegenden Benachteiligten steht also im Widerspruch zu dem angestrebten vollen Schadensausgleich, den der EuGH verlangt.[300] Der Anwendungsbereich des Unionsrechts ist auch für diese Norm eröffnet, da

---

[295] BAG AP Nr. 9 zu § 276 BGB Verschulden bei Vertragsabschluss.

[296] So auch *Meinel/Heyn/Herms*, § 15 Rn. 28; Schleusener/Suckow/Voigt-*Voigt*, § 15 Rn. 18.

[297] Palandt-*Grüneberg*, vor § 249 Rn. 17.

[298] HK-ArbR-*Roos*, § 12a ArbGG Rn. 3 ff.; BAGE 70, 191; BAGE 73, 314, 317.

[299] EuGH (Urteil vom 22.04.1997 – Rs. C-180/95), Slg. 1997, I-2195, Rz. 18 – Draempaehl; EuGH (Urteil vom 08.11.1990 – Rs. C-177/88), Slg. 1990, I-3941, Rz. 25 – Dekker.

[300] Schiek-*Kocher*, § 15 Rn. 16; Wendeling-Schröder/Stein-*Stein*, § 15 Rn. 22; **a.A.** Schleusener/Suckow/Voigt-*Voigt*, § 15 Rn. 22; Kittner/Däubler/Zwanziger-*Zwanziger*, § 15 AGG Rn. 3 f.

die Umsetzungsfristen der Richtlinien, insbesondere 2000/78/EG, abgelaufen sind.[301]

Wenn es sich bei § 12a ArbGG insoweit um eine unionsrechtswidrige Vorschrift handelt, so stellt sich die Frage, ob die Norm dennoch wie bei § 15 Abs. 1 Satz 2 AGG für das Vertretenmüssen[302] weiter anwendbar ist. Zuvor ist jedoch festzustellen, dass tatsächlich § 12a ArbGG unionsrechtswidrig ist. Schließlich handelt es sich um die extensive Auslegung des Wortes »Kosten«, wenn die materiell-rechtlichen Kosten vom Ausschluss mitumfasst wären.

In Übereinstimmung mit dem Wortlaut und der Systematik (§ 12a ArbGG ist eine Vorschrift aus dem Prozessrecht) ist hier eine restriktive Auslegung möglich. Die Vorschrift kann so ausgelegt werden, dass sie sich lediglich auf den prozessualen Kostenerstattungsanspruch bezieht.[303] Damit ist die Vorschrift unionsrechtskonform auszulegen und nicht als Einschränkung des materiell-rechtlichen Anspruchs aus § 15 Abs. 1 AGG anzusehen.[304]

Die prozessualen Kosten hingegen würde dann immer noch der Benachteiligte wegen des insoweit eindeutigen Wortlauts von § 12a Abs. 1 Satz 1 ArbGG selbst zu tragen haben.[305]

Bei unionsrechtswidrigem Recht ist auch immer an eine teleologische Reduktion der Norm zu denken.[306] Diese Reduktion verringert den Anwendungsbereich im Gegensatz zu der restriktiven Auslegung über den Wortlaut hinaus. Voraussetzung hierfür ist – ähnlich wie bei einer Analogie – eine Planwidrigkeit der dem Unionsrecht entgegenstehenden Regelung.[307]

§ 12a Abs. 1 ArbGG wurde bereits 1979[308] in das ArbGG aufgenommen und blieb seither unverändert. Insbesondere wurde er auch bei der Einführung des § 15 AGG nicht überarbeitet und nicht in dessen Gesetzesbegründung erwähnt, obwohl andere Normen des ArbGG angepasst wur-

---

[301] Vgl. zur Eröffnung des Anwendungsbereichs von Unionsrecht auf Gesetz aus der Zeit vor Inkrafttreten der entsprechenden Richtlinie: *Bauer/von Medem*, ZIP 2010, 449, 451; EuGH (Urteil vom 19.01.2010 – Rs. C-555/07), NJW 2010, 427 [Rz. 24 f.] – Kücükdevici.

[302] Siehe oben unter D.I.5.c.

[303] So auch grundsätzlich *Ostermeier*, NJW 2008, 551 f.

[304] *Von Roetteken*, § 15 Rn. 47; Wendeling-Schröder/Stein-*Stein*, § 15 Rn. 22; Rust/ Falke-*Bücker*, § 15 Rn. 26 ff.; mit anderer Begründung: Schiek-*Kocher*, § 15 Rn. 16; **a.A.** KR-*Treber*, § 15 AGG Rn. 18; *von Medem*, Seite 384 Fn. 523.

[305] So auch Schiek-*Kocher*, § 15 Rn. 16; Rust/Falke-*Bücker*, § 15 Rn. 28.

[306] Henssler/Willemsen/Kalb-*Tillmanns*, Vorb. AEUV Rn. 18.

[307] Henssler/Willemsen/Kalb-*Tillmanns*, Vorb. AEUV Rn. 18.

[308] BGBl. 1979 I, Seite 853, 1036.

den.[309] Daher kann davon ausgegangen werden, dass dem Gesetzgeber nicht bewusst war, dass § 12a Abs. 1 ArbGG der vollen Haftung entgegensteht. Eine Planwidrigkeit kann daher bejaht werden.

Der Sinn und Zweck des § 12a Abs. 1 ArbGG – insbesondere die Reduzierung des Kostenrisikos für den klagenden Arbeitnehmer[310] – wird durch eine Reduktion des Anwendungsbereichs sogar gefördert: Hat der Kläger einen Anspruch aus § 15 Abs. 1 AGG, so muss er die Kosten nicht tragen. Hat der Kläger keinen Anspruch aus § 15 Abs. 1 AGG und unterliegt im Prozess, so ist keine unionskonforme Reduktion geboten, da er dann nicht benachteiligt wurde und somit der Regelungsbereich des Unionsrechts nicht betroffen ist.

Eine Einschränkung des § 12a ArbGG über den Wortlaut hinaus ist im Übrigen für andere Fälle bereits entschieden worden.[311]

Das bereits bei § 611a BGB a.F. aufgekommene Problem, dass der Bewerber, der ein arbeitsgerichtliches Verfahren gewinnt, möglicherweise höhere anwaltliche Kosten hat als seine Ersatzzahlung,[312] hat sich daher nach der hier vertretenen Auffassung durch unionsrechtskonforme Reduktion des Anwendungsbereichs erledigt.

Die Anwaltskosten, aber auch die prozessualen Kosten, sind daher vollständig ersetzbar.

bb. *Positives Interesse*

Abweichend von dem Grundsatz, dass sich die Schadensersatzpflicht bei vorvertraglichen Schuldverhältnissen nur auf das negative Interesse erstreckt, wird im Rahmen des § 15 Abs. 1 AGG auch diskutiert, ob das positive Interesse ersetzbar ist. Das positive Interesse ist das Erfüllungsinteresse des Benachteiligten. Hier stellt sich die Frage, wie der Benachteiligte stehen würde, hätte der Arbeitgeber die Benachteiligung nicht begangen.

Zunächst ist dabei zu klären, ob das positive Interesse generell geschuldet ist. Die ablehnende Meinung argumentiert, dass die Ersatzpflicht für das positive Interesse finanziell einem Kontrahierungszwang gleich käme.[313] Die Zwangswirkung hängt freilich von der Höhe des Schadensersatzes ab. Jedoch ist dies als Argument nicht überzeugend, denn es zielt in eine falsche Richtung: Stets ist, wenn die Ersatzfähigkeit des positiven Interesses bei Verletzung von vorvertraglichen Beziehungen möglich ist,

---

[309] BT-Drucks. 16/1780, Seite 17.
[310] *Heither*, ArbGG, § 12a Rn. 1.
[311] Vgl. etwa LAG Hessen ArbuR 2009, 222.
[312] *Bertelsmann*, ArbuR 1995, 287 f.
[313] Siehe oben unter D.II.2.a.aa.

der Schadensersatz in finanzieller Hinsicht einem Kontrahierungszwang ähnlich.[314] Dies ist eine Eigenschaft eines solchen Schadensersatzes, jedoch für sich genommen noch kein Argument, welches für oder gegen die Ersatzfähigkeit spricht.

Weiter führt die das positive Interesse ablehnende Meinung § 15 Abs. 6 AGG an. Dieser schließt aus, dass auf Einstellung geklagt werden kann. Das soll dafür sprechen, dass eben nur das negative Interesse geschuldet sei.[315] Richtigerweise handelt es sich hierbei jedoch eher um ein Indiz dafür, dass das positive Interesse grundsätzlich erstattungsfähig sein muss. Andernfalls wäre diese Regelung nämlich ohne Anwendungsbereich, da die Ersatzfähigkeit des negativen Interesses bereits *per se* keinen Anspruch auf Einstellung beinhalten kann. Daher ist die Argumentation, dass die Regelung gerade gegen das positive Interesse sprechen soll, wenig überzeugend.

Bei Betrachtung der historischen Entwicklung könnte auch davon ausgegangen werden, dass der Gesetzgeber einen weiteren Versuch[316] unternimmt, anstelle der »angemessenen Entschädigung« in der letzten Fassung des § 611a Abs. 2 BGB nur den materiellen Schaden in Form des negativen Interesses und den immateriellen Schaden nach Absatz 2 in Summe als »angemessene Entschädigung« in der Hoffnung festzusetzen, dass dies vom EuGH nicht bemängelt wird. Schließlich hatte der EuGH lediglich beanstandet, dass alleine das negative Interesse nicht abschreckend genug sei[317] bzw. eine Schadensersatzsumme von drei Monatsgehältern für den Bestqualifizierten zu wenig sei.

Auf der anderen Seite spricht die historische Auslegung des § 15 Abs. 1 AGG dafür, dass die Ersatzfähigkeit des positiven Interesses nicht ausgeschlossen ist. In der ersten Fassung des § 611a Abs. 2 BGB stand ausdrücklich nur die Ersatzfähigkeit des negativen Interesses festgeschrieben.[318] In den Folgeregelungen wurde lediglich schwammig der Begriff der »angemessenen Entschädigung« gewählt, bei dem strittig war, inwieweit materieller oder immaterieller Schadensersatz gemeint war.[319]

---

[314] Staudinger-*Löwisch*, 2005, § 311 Rn. 139 mit Beispielen aus der Rechtsprechung.

[315] *Meinel/Heyn/Herms*, § 15 Rn. 27; Wendeling-Schröder/Stein-*Stein*, § 15 Rn. 20.

[316] Schließlich hat er sich schon häufiger von unten an die vom EuGH geforderte Sanktionierung mit der Folge herangetastet, dass die früheren Regelungen nicht EU-richtlinienkonform waren (siehe oben B.).

[317] EuGH (Urteil vom 10.04.1984 – Rs. C-14/83), Slg. 1984, 1891 – Colson und Kamann, zu § 611a BGB a.F. (1980).

[318] »darauf vertraut, die Begründung des Arbeitsverhältnisses werde nicht wegen eines solchen Verstoßes unterblieben«.

[319] Vgl. nur Soergel-*Raab*, 12. Aufl., § 611a BGB Rn. 53; siehe schon oben Fußnote 95.

Mit der Neuregelung in § 15 Abs. 1 und 2 AGG trennt der Gesetzgeber nun ganz klar zwischen materiellem und immateriellem Schaden. Hätte er den materiellen Schadensersatzanspruch auf das negative Interesse beschränken wollen, so hätte er in Absatz 1 wieder auf die ursprüngliche Formulierung zurückgreifen können. Da er sich anders entschied, ist insofern nicht von einem Einschränkungswillen auszugehen.

Die richtige Auslegung hingegen lässt sich finden, wenn man nochmal zum Wortlaut als Ausgangspunkt für die Frage nach der richtigen Auslegung zurückkehrt. Dieser lässt auch die Auslegung zu, dass das positive Interesse mitumfasst ist. Der EuGH verlangt in ständiger Rechtsprechung, dass bei einem Verstoß gegen das Benachteiligungsverbot die Maßnahmen wirklich abschreckende Wirkung haben und in einem angemessenen Verhältnis zum erlittenen Schaden stehen müssen.[320] Die Beschränkung insgesamt ausschließlich auf das negative Interesse war deswegen unionsrechtswidrig. Durch die Aufspaltung in den materiellen und den immateriellen Schadensersatz ist es nunmehr auch nicht mehr notwendig, den materiellen und den immateriellen Teil des Schadensersatzes zu einer »angemessenen Entschädigung« zu vermischen. Absatz 2 regelt ausschließlich den Ersatz von immateriellen Komponenten in der »angemessenen Entschädigung«. Daher kann jedwedes positive materielle Interesse (wenn überhaupt) nur im Rahmen des § 15 Abs. 1 AGG berücksichtigt werden.

§ 15 Abs. 1 AGG übernimmt ausweislich der Gesetzesbegründung ausdrücklich die Formulierung des § 280 Abs. 1 BGB.[321] Dieser wiederum beschränkt sich grundsätzlich nicht auf den Ersatz des negativen Interesses.[322] Soweit es sich aber um eine vorvertragliche Pflichtverletzung handelt, beschränkt er sich regelmäßig darauf.[323]

Als Gegenausnahme zu der Beschränkung des § 280 BGB auf das negative Interesse bei einer vorvertraglichen Pflichtverletzung wird teilweise angenommen, dass das Erfüllungsinteresse dann doch geschuldet ist, wenn das Geschäft ohne die Pflichtverletzung mit dem vom Geschädigten erstrebten Inhalt wirksam zustande gekommen wäre.[324] Diese richtige

---

[320] EuGH (Urteil vom 10.04.1984 – Rs. C-14/83), Slg. 1984, 1891 – Colson und Kamann; vgl. auch Art. 6 RL 2002/73/EG.

[321] BT-Drucks. 16/1780, Seite 38.

[322] MüKoBGB-*Ernst*, § 280 BGB Rn. 29; Bamberger/Roth-*Unberath*, § 280 BGB Rn. 47; Staudinger-*Otto*, 2009, § 280 BGB Rn. E 2.

[323] Bamberger/Roth-*Unberath*, § 280 BGB Rn. 50; BGHZ 49, 77, 82; BGHZ 114, 87, 94; mit anderer Begründung: *Grigoleit/Riehm*, AcP 203 (2003), 727, 751 ff., 761 f.

[324] Bamberger/Roth-*Unberath*, § 280 BGB Rn. 51; BGHZ 108, 200, 208; BGH NJW 1998, 2900, 2901; Palandt-*Heinrichs*, 66. Aufl., § 311 BGB Rn. 58.

Überlegung trifft auch auf § 15 Abs. 1 AGG zu. Wenn nachgewiesen werden kann, dass es ohne Pflichtverletzung zum Vertragsschluss gekommen wäre, der gesetzestreue Arbeitgeber also das Arbeitsverhältnis begründet hätte, ist gerade das positive Interesse der erlittene materielle Schaden des Benachteiligten.

Diese Interessenslage besteht auch bei dem einzustellenden Bewerber.[325] Der Bewerber, der ohne die Pflichtverletzung auch nicht eingestellt worden wäre, hätte in beiden Fällen keinen Vertrag abgeschlossen. Daher ist hier bereits die Berechnung des Schadens auf diese Weise nicht möglich.

Der einzustellende Bewerber jedoch hätte ohne die Pflichtverletzung den Vertrag abgeschlossen oder jedenfalls ein entsprechendes Angebot des Arbeitgebers erhalten. Daher ist es wichtig, an dieser Stelle zwischen dem einzustellenden Bewerber und dem nicht-einzustellenden Bewerber zu differenzieren.[326]

a. Nicht-einzustellender Bewerber

Wie bislang schon gezeigt, hat jeder Bewerber, bei dem jedenfalls auch benachteiligende Gründe dazu beigetragen haben, dass er nicht eingestellt wurde, einen Anspruch auf den Ersatz des negativen Interesses. Da der nicht-einzustellende Bewerber, wie soeben gezeigt, schon dem Grunde nach keinen Anspruch auf Ersatz des positiven Interesses hat, erübrigt sich an dieser Stelle eine weitere Aufschlüsselung. Bei ihm beschränkt sich der materielle Schadensersatzanspruch auf das negative Interesse.

β. Einzustellender Bewerber

Der einzustellende Bewerber hat hingegen grundsätzlich Anspruch auf Ersatz des positiven Interesses. Er hat ein hohes Erfüllungsinteresse, denn er hätte die Stelle hypothetisch bekommen, wenn der Arbeitgeber die diskriminierenden Merkmale nicht in seine Überlegungen mit einbezogen hätte. Ausgangspunkt für die Schadensberechnung ist die Differenzhypothese. Es ist die Differenz zu bilden zwischen dem jetzigen, tatsächlichen Wert des Vermögens des Benachteiligten und dem Wert, den es ohne das die Ersatzpflicht begründende Ereignis hätte.[327] Das die Ersatzpflicht begründende Ereignis ist die benachteiligende Nichteinstellung, so dass hier das Gegenteil die Einstellung des Bewerbers ist. Natür-

---

[325] Im Ergebnis auch: Rust/Falke-*Bücker*, § 15 Rn. 19; LAG Berlin-Brandenburg, Urteil vom 26.11.2008 – 15 Sa 517/08 in NJOZ 2008, 5205, 5222.

[326] Für das positive Interesse so wie hier *Nollert-Borasio/Perreng*, § 15 Rn. 14.

[327] Palandt-*Grüneberg*, vor § 249 BGB Rn. 10.

lich drängt sich hier die Vorstellung horrender Schadensersatzsummen auf, wenn etwa der junge Bewerber hypothetisch sein ganzes Arbeitsleben bei diesem Arbeitgeber geblieben wäre. Auf der anderen Seite besteht aber auch große Ungewissheit darüber, wie die hypothetische Vermögenslage aussähe, wäre er tatsächlich eingestellt worden. Hätte er tatsächlich sein Leben lang dort gearbeitet? Hätte er irgendwann gekündigt oder wäre gekündigt worden? Wäre er beruflich aufgestiegen?

Führt man sich an dieser Stelle noch einmal die Rechtsprechung des EuGH vor Augen, so verlangt dieser zwar, dass die Folgen von Verstößen abschreckenden Charakter haben sollen, jedoch bezieht sich dies auf die Summe aller Folgen eines Verstoßes, so dass neben § 15 Abs. 1 AGG auch insbesondere die Folge aus Absatz 2 dazu zählt.

Vor dem Hintergrund der genannten Schwierigkeiten gibt es verschiedene Ansätze, § 15 Abs. 1 AGG hinsichtlich des einzustellenden Bewerbers auszulegen.[328]

(1) Volle Haftung

Vom positiven Interesse nach § 15 Abs. 1 AGG ausgenommen ist zunächst der immaterielle Schadensersatz nach § 253 BGB. Hierfür ist § 15 Abs. 2 AGG *lex specialis*, so dass die Verweisung in Absatz 1 auf §§ 249 ff. BGB nur in diesem Sinne verstanden werden kann.[329]

Sind dem Benachteiligten kausal aus der Benachteiligung Kosten entstanden, etwa für einen eingeschalteten Rechtsanwalt, Arzt, Psychologen etc., so sind diese auch über das positive Interesse unstreitig zu ersetzen.[330] Der Betrag kann mithilfe der Differenzhypothese[331] berechnet werden.

---

[328] Soweit ersichtlich, wird bislang auch in § 15 Abs. 1 AGG zumeist zwischen dem »bestqualifizierten« und »minderqualifizierten« Bewerber differenziert (LAG Berlin-Brandenburg, Urteil vom 26.11.2008 – 15 Sa 517/08 in NJOZ 2008, 5205, 5222; *Meinel/Heyn/Herms*, § 15 Rn. 24; Wendeling-Schröder/Stein-*Stein*, § 15 Rn. 20; »bestgeeigneter« [*Adomeit/Mohr*, § 15 Rn. 24]; »bestplatzierter« [HK-ArbR-*Berg*, § 15 Rn. 6; Kittner/Däubler/Zwanziger-*Zwanziger*, § 15 AGG Rn. 4]). Dieser Ansatz überzeugt nicht (vgl. D.II.2.a.). Es kann aber davon ausgegangen werden, dass dies lediglich unterschiedliche Begrifflichkeiten sind, die inhaltlich dasselbe meinen. Daher wird im Folgenden bei Nachweisen die entsprechende Begrifflichkeit dem hier verwendeten Sprachgebrauch (einzustellend/nicht-einzustellend) angepasst.

[329] Rust/Falke-*Bücker*, § 15 Rn. 17; siehe auch unten unter E.I.2.

[330] Wendeling-Schröder/Stein-*Stein*, § 15 Rn. 25.

[331] *Bauer/Göpfert/Krieger*, § 15 Rn. 24; Wendeling-Schröder/Stein-*Stein*, § 15 Rn. 20; *Meinel/Heyn/Herms*, § 15 Rn. 22; Däubler/Bertzbach-*Deinert*, § 15 Rn. 34.

Ausgehend vom Wortlaut ist der »entstandene Schaden zu ersetzen«, mithin ist vollumfänglich das Defizit zwischen dem hypothetischen und dem tatsächlichen Arbeitsentgelt auszugleichen (Gebot des vollständigen Ausgleichs).[332]

Allerdings geht es nicht um die direkte Wiederherstellung des tatsächlichen Zustandes ohne Benachteiligung. Denn nach § 15 Abs. 6 AGG ist die Naturalrestitution ausdrücklich ausgeschlossen (sofern sich kein Anspruch aus einem anderen Rechtsgrund ergibt).[333] Dies war politisch so gewollt[334] und ist auch vom EuGH ausdrücklich als unionsrechtskonform gebilligt worden.[335] Eine andere Auslegung verbietet sich daher.[336] Darum ist statt Naturalrestitution nach § 249 BGB regelmäßig Schadensersatz in Geld zu leisten, § 251 BGB.[337]

Der entgangene Lohn gehört dabei nach § 252 BGB zum entgangenen Gewinn.[338] Diese Vorschrift hat im Verhältnis zu den §§ 249 ff. BGB nur eine klarstellende Funktion[339] und umfasst alle vermögenswerten Vorteile, die dem Vermögen des Geschädigten ohne das schädigende Ereignis zugeflossen wären, zum Zeitpunkt des Ereignisses diesem jedoch noch nicht angehörten und danach auch nicht mehr zugeflossen sind.[340]

Das Entgelt für die in Erwartung auf eine Einstellung gekündigte Stelle kann im Rahmen des positiven Interesses freilich nicht verlangt werden, da der Bewerber dieses ja auch bei einer Einstellung nicht mehr erhalten hätte.[341]

Die Schwierigkeit beginnt jedoch schon vor Beginn der Berechnung. Wäre der Benachteiligte hypothetisch eingestellt worden? Der Arbeitge-

---

[332] Schiek-*Kocher*, § 15 Rn. 13.
[333] *Bauer/Evers*, NZA 2006, 893, 894; *Bauer/Göpfert/Krieger*, § 15 Rn. 23; Rust/Falke-*Bücker*, § 15 Rn. 19; Wendeling-Schröder/Stein-*Stein*, § 15 Rn. 18, 96 ff.; *Meinel/Heyn/Herms*, § 15 Rn. 75; Däubler/Bertzbach-*Deinert*, § 15 Rn. 127 ff.; *Arndt*, Seite 8; europarechtlich unbedenklich: *Lobinger*, in: Repgen/Lobinger/Hense, Seite 99, 129.
[334] BT-Drucks. 16/1780, Seite 38.
[335] EuGH (Urteil vom 10.04.1984 – Rs. C-14/83), Slg. 1984, 1891 – Colson und Kamann.
[336] Zu fragen wäre unter Umständen, ob eine größere »Sanktionswirkung« damit erreicht werden könnte und *de lege ferenda* erwägenswert wäre.
[337] *Bauer/Göpfert/Krieger*, § 15 Rn. 23.
[338] Rust/Falke-*Bücker*, § 15 Rn. 19; Erman-*Ebert*, § 252 BGB Rn. 2, 20 m.w.N.; Staudinger-*Schiemann*, 2005, § 252 BGB Rn. 27 ff.
[339] Staudinger-*Schiemann*, 2005, § 252 BGB Rn. 1; MükoBGB-*Oetker* § 252 BGB Rn. 1.
[340] Schulze/Dörner/Ebert-*Schulze*, § 252 BGB Rn. 2; Rust/Falke-*Bücker*, § 15 Rn. 22; MükoBGB-*Oetker*, § 252 BGB Rn. 4; Erman-*Ebert*, § 252 BGB Rn. 1.
[341] Anders beim negativen Interesse, vgl. D.II.2.a.aa.y.(1).

ber hätte bei gesetzestreuem Verhalten dem Benachteiligten ein Angebot auf Abschluss eines Arbeitsvertrages machen müssen. Dieser hätte das Angebot freilich nicht annehmen müssen. Möglicherweise arbeitet der Bewerber auf einer ungekündigten Stelle und hätte, da dort die Konditionen besser sind, gar nicht angenommen. Vielleicht hätte er auch deshalb nicht angenommen, weil ihm der neue Arbeitsplatz nicht gefallen hätte. Es ist daher angemessen, dass der Benachteiligte für die Annahme des Angebots auf Abschluss eines Arbeitsvertrages nach den oben[342] angesprochenen Grundsätzen beweispflichtig ist.

Noch schwieriger gestaltet sich die Frage, bis zu welchem Endtermin der entgangene Lohn gezahlt werden muss. Vertreten werden dabei von (gar keinem Lohn,[343]) dem erstmöglichen Kündigungstermin,[344] über eine Begrenzung nach dem Gedanken von §§ 9, 10 KSchG[345] oder § 628 BGB,[346] über die durchschnittliche statistische Verweildauer im Betrieb[347] bis hin zur unbeschränkten[348] Zahlung.[349]

---

[342] Siehe oben unter D.II.1.

[343] So diejenigen, die nur die Ersatzfähigkeit des negativen Interesses bejahen: *Meinel/Heyn/Herms*, § 15 Rn. 25 ff., 27; Schleusener/Suckow/Voigt-*Voigt*, § 15 Rn. 18.

[344] *Thüsing*, Rn. 539; Palandt-*Weidenkaff*, § 15 AGG Rn. 5; *Bauer/Göpfert/Krieger*, § 15 Rn. 27; *Adomeit/Mohr*, § 15 Rn. 27; HK-ArbR-*Berg*, § 15 Rn. 6; Henssler/Willemsen/Kalb-*Annuß/Rupp*, § 15 AGG Rn. 2; *Mohr/Grimminger*, BB 2008, 1170, 1171; *Bauer/Evers*, NZA 2006, 893, 895; *Annuß*, BB 2006, 1629, 1634; *Wisskirchen*, DB 2006, 1491, 1499; *Simon/Greßlin*, BB 2007, 1782, 1787; *Sträßner*, PflR 2009, 102, 110; Däubler/Bertzbach-*Deinert*, 1. Aufl., § 15 Rn. 39; wohl auch *Sprenger*, Seite 176; *Arndt*, Seite 4; **zu § 611a a.F.:** Soergel-*Raab*, 12. Aufl., § 611a Rn. 54; Staudinger-*Annuß*, 2005, § 611a Rn. 99; *Wisskirchen*, Seite 157; *Oetker*, ZIP 1997, 802, 803; *Kandler*, Seite 199; *Deinert*, AiB 2006, 741, 742; Henssler/Willemsen/Kalb-*Thüsing*, 2. Aufl., § 611a BGB Rn. 67 **a.A.** *Meinel/Heyn/Herms*, § 15 Rn. 25; **a.A. zu § 611 a.F.:** *Treber*, NZA 1998, 856, 858.

[345] *Hanau*, in: FS Kahn-Freund, Seite 457, 473; *Boemke/Danko*, § 9 Rn. 57; **a.A.** *Treber*, NZA 1998, 856, 858; *Thüsing*, Rn. 540; *Adomeit/Mohr*, § 15 Rn. 28; *Schiek-Kocher*, § 15 Rn. 14; *Meinel/Heyn/Herms*, § 15 Rn. 25; Däubler/Bertzbach-*Deinert*, § 15 Rn. 39b.

[346] *Deinert*, DB 2007, 398, 400; KR-*Treber*, § 15 AGG Rn. 23.

[347] *Alenfelder*, Rn. 128; *Thüsing*, Rn. 541.

[348] Damit ist wohl der Eintritt des gesetzlichen Rentenalters gemeint, auf das die Arbeitsverträge regelmäßig beschränkt sind (*Bergmann*, dbr 5/2008, 25, 26).

[349] Keine Begrenzung: Rust/Falke-*Bücker*, § 15 Rn. 22; Däubler/Bertzbach-*Deinert*, § 15 Rn. 34, 39c; Schiek-*Kocher*, § 15 Rn. 14; *Schreier*, FA 2008, 326, 328; *Maier*, AuR 2009, 136, 138; LAG Berlin-Brandenburg NZA 2009, 43 mit ablehnender Besprechung *Heyn/Meinel*, NZA 2009, 20; *Jarfe*, informaciones 2008, 23, 26 (bis eine andere Beschäftigung gefunden wird); **a.A.** *Bissels/Lützeler*, BB 2009, 774, 778.

Dass der Benachteiligte nicht über den Eintritt des gesetzlichen Rentenalters, genauer gesagt über die standardisierte auflösende Bedingung des Arbeitsvertrages hinaus Arbeitslohn erhält, versteht sich von selbst (hier »volle Haftung« genannt). Alle anderen Beschränkungen sind jedoch ausführlicher zu begründen. Die zwei nächsten Kapitel[350] stellen daher diese Meinungen vor. Nach der Bewertung dieser Auffassungen wird im darauf folgenden Kapitel[351] dann die eigene Ansicht herausgearbeitet.

Grundsätzlich sind die Bruttobezüge gemeint.[352] Dabei sind weniger gezahlte Beiträge etwa zu Versicherungen, die abhängig von der Lohnhöhe sind, im Wege der Vorteilsausgleichung zu berücksichtigen. Auf die mit der Berechnung der Bruttobezüge verbundene grundsätzliche Problematik wird an dieser Stelle nicht weiter eingegangen. Es handelt sich hierbei nicht um ein spezielles Problem, welches § 15 Abs. 1 AGG mit sich bringt, sondern gilt in gleicher Weise in anderen Fällen des § 252 BGB. Es wird insoweit auf die hierzu erschienene Literatur verwiesen.[353] Dies gilt auch für die entgangenen Rentenanwartschaften.

(2)   Analogien zu §§ 9, 10 KSchG bzw. § 628 Abs. 2 BGB?

Eine starke Meinung vertritt die Ansicht, dass eine Analogie zu §§ 9, 10 KSchG bzw. § 628 Abs. 2 BGB gezogen werden kann. Für das Verständnis, wieso diese Analogien bevorzugt werden, ist es nötig, sich einen kurzen Überblick über deren Regelungsbereiche zu verschaffen.

§§ 9 und 10 KSchG regeln die Abfindungshöhe für widerrechtlich gekündigte Arbeitnehmer, denen die Weiterbeschäftigung unzumutbar ist. Dies ist regelmäßig der Fall bei einer gewonnen Kündigungsschutzklage, da hier häufig die Zumutbarkeit der Weiterbeschäftigung verneint wird. Dann kann nach § 10 Abs. 1 KSchG eine Entschädigung von bis zu zwölf Monatsgehältern verlangt werden.

§ 628 Abs. 2 BGB regelt Sachverhalte, in denen die fristlose Kündigung eines Dienst-, also insbesondere eines Arbeitsvertrages durch vertragswidriges Verhalten des anderen Teils veranlasst wurde. Hier wird der Ersatz des durch die Aufhebung des Dienstverhältnisses entstandenen Schadens geschuldet. Das BAG nimmt dabei an, dass sich der Anspruch auf den Vergütungsausfall bis zur nächsten ordentlichen Kündigungsmöglichkeit plus evtl. einer Entschädigung nach §§ 9, 10 KSchG be-

---

[350] D.II.2.a.bb.β.(2) und D.II.2.a.bb.β.(3).

[351] D.II.2.a.bb.β.(4).

[352] Vgl. nur Staudinger-*Schiemann*, 2005, § 252 Rn. 29.

[353] Vgl. nur Staudinger-*Schiemann*, 2005, § 252 Rn. 27 ff. m.w.N. auch aus der Rechtsprechung.

schränkt.[354] Aber auch diese Beschränkung des § 628 Abs. 2 BGB, welche keine Stütze im Gesetzeswortlaut erfährt, ist nicht unumstritten.[355] Für die hier interessierenden Fälle kann jedoch davon ausgegangen werden, dass mit dem Verweis auf § 628 Abs. 2 BGB nicht der Ersatz des »Endlosschadens«, also eines zeitlich unbegrenzt zu zahlenden Schadens nach § 628 Abs. 2 BGB gemeint ist, da dann § 15 Abs. 1 BGB keine Einschränkung erfahren würde. Eine solche wollen die Autoren, die § 628 BGB bemühen, aber gerade erreichen.

Das BAG hat seine Sichtweise zu § 628 Abs. 2 BGB mit einigen Argumenten untermauert. Zunächst die Entstehungsgeschichte von § 628 Abs. 2 BGB: In den Beratungen zum Entwurf des BGB wurde ein entsprechender Unterantrag nur deswegen zurückgezogen, weil sich die Beteiligten darüber einig waren, dass der zum Schadensersatz Verpflichtete so zu behandeln sei, als wenn er seinerseits gekündigt hätte, sobald dies nach der Kündigung des anderen Teils statthaft gewesen sei.[356]

Weiter führt das BAG zu Recht an, dass selbst bei grob sittenwidrigen oder sozialwidrigen Kündigungen die Ersatzpflicht auf §§ 9, 10 KSchG begrenzt ist.[357] Daraus schließt es, dass die Höhe dieser Ersatzpflicht den »Wert« eines Arbeitsplatzes darstelle.[358] Damit wäre nach § 628 Abs. 2 BGB der Vergütungsausfall bis zur nächsten ordentlichen Kündigung und evtl. der generelle »Wert« eines Arbeitsplatzes ersetzbar.

§§ 9, 10 KSchG und § 628 Abs. 2 BGB regeln also die Ersatzforderungen eines zu Unrecht Gekündigten bzw. durch vertragswidriges Verhalten des Anderen zur Kündigung Veranlassten. Diese sind damit, selbst wenn das zugrunde liegende Arbeitsverhältnis unbefristet ist und eine rechtmäßige Kündigung nicht möglich ist, auf einen Betrag von maximal sieben (§ 622 Abs. 2 Satz 1 Nr. 7 BGB) plus 18 (§ 10 Abs. 2 Satz 1 KSchG), d.h. 25 Monatsgehälter (2 Jahre und 1 Monat) begrenzt.

Die Befürworter der Heranziehung einer solchen Regelung im Rahmen des § 15 Abs. 1 AGG haben außer der Überlegung hinsichtlich des generellen »Werts« eines Arbeitsplatzes wenig überzeugende Argumente anzuführen: Es »biete«[359] sich an, diese Begrenzung zu übernehmen. Ein

---

354 BAG AP Nr. 13 zu § 628 BGB.
355 BAG AP Nr. 13 zu § 628 BGB Rz. 49 ff. m.w.N.
356 *Jakobs/Schubert*, §§ 626 – 628, Seite 823.
357 BAG AP Nr. 13 zu § 628 BGB Rz. 52.
358 Ebenso *Adomeit/Mohr*, § 15 Rn. 30; *Bauer/Göpfert/Krieger*, § 15 Rn. 29.
359 *Hanau*, in: FS Kahn-Freund, Seite 457, 473.

Schadensersatz könne »nicht in alle Ewigkeit hereinreichen«[360]. Außerdem sei dieser Vorschlag »am praktikabelsten«[361].

(3) Weitere Haftungsbegrenzungen

Es werden darüber hinaus auch andere Haftungsbegrenzungen vorgeschlagen. Von vielen Autoren wird die Vergütung bis zum erstmöglichen Kündigungstermin als positives Interesse bevorzugt.[362] Dies biete sich an, da eine Obergrenze gefunden werden müsse. Entsprechend werde bei Sozialplananprüchen auch eine einheitliche Deckelung genutzt.[363] Das Gegenargument, dass eine Kündigung zum erstmöglichen Kündigungstermin wiederum nur diskriminierend erfolgen könne,[364] halten sie für unzutreffend. Schließlich sei gerade in der Wartezeit (§ 1 Abs. 1 KSchG) kein Kündigungsgrund notwendig, so dass eben auch eine Benachteiligung nicht unterstellt werden könne.[365] Die Möglichkeit, das Arbeitsverhältnis schon vor Vertragsbeginn zu kündigen, müsse dabei außer Betracht bleiben.[366] Praktisch bedeutet dieser Ansatz dann häufig eine Kündigungsfrist von zwei Wochen, da in aller Regel eine Probezeit vereinbart wird, § 622 Abs. 3 BGB.[367] Im Übrigen betrüge die Frist vier Wochen, § 622 Abs. 1 BGB.

De lege ferenda[368] wird weiter eine Begrenzung auf sechs Monatsgehälter vorgeschlagen.

Befürworter einer Begrenzung der Haftung auf die durchschnittliche Verweildauer im Betrieb verweisen auf vergleichbare britische Fälle, in denen dies entsprechend entschieden wurde.[369] Auch soll dies dem Ziel eines billigen Ersatzanspruches näher kommen, als das Abstellen auf den nächstmöglichen Kündigungszeitpunkt.[370] Schadensersatzansprüche in

---

[360] Deinert, DB 2007, 398, 400.

[361] Boemke/Danko, § 9 Rn. 57.

[362] Stoffels, RdA 2009, 204, 213; vgl. Fußnote 344.

[363] Bauer/Göpfert/Krieger, § 15 Rn. 26 f.

[364] So etwa Thüsing, Rn. 541; Alenfelder, Rn. 126.

[365] Adomeit/Mohr, § 15 Rn. 27; Simon/Greßlin, BB 2007, 1782, 1787.

[366] Bauer/Göpfert/Krieger, § 15 Rn. 27.

[367] Annuß, BB 2006, 1629, 1634; Däubler/Bertzbach-Deinert, § 15 Rn. 39; Thüsing, Rn. 540; Staudinger-Annuß, 2005, § 611a BGB Rn. 99; Soergel-Raab, 12. Aufl., § 611a BGB Rn. 53a f.; Henssler/Willemsen/Kalb-Thüsing, 2. Aufl., § 611a BGB Rn. 67.

[368] Deutscher Anwaltverein, NZA 8/2005, VI, IX; Däubler/Bertzbach-Deinert, § 15 Rn. 39d.

[369] Alenfelder, Rn. 128 verweist auf Vento ./. Chief Constable of West Yorkshire (2003) IRLR 102 (http://www.bailii.org/ew/cases/EWCA/Civ/2002/1871.html (zuletzt aufgerufen am 13.06.2010)).

[370] Thüsing, Rn. 541.

geringerer Höhe seien »Verniedlichungen«; allerdings dürften die Ansprüche deshalb nicht bis ins Rentenalter aufaddiert werden, weil die »Arbeitsverhältnisse häufig viel früher zu Ende« gingen.[371] Teilweise wird innerhalb dieser Auffassung nicht gefordert, dass der Ersatzberechtigte eingestellt worden wäre, sondern es wird eine prozentuale Bestimmung der Einstellungswahrscheinlichkeit von allen Bewerbern mit dem Betrag für die durchschnittliche Verweildauer multipliziert.[372]

(4) Bevorzugter Lösungsweg

(a) Grundsatz: Volle Haftung

Alle bislang aufgezeigten Lösungswege haben Stärken und Schwächen. Abzulehnen ist die Meinung, dass kein positiver Schadensersatz zu zahlen ist.[373]

Eine Einschränkung nur um des Einschränkens willen ist abzulehnen.[374] Schließlich handelt es sich um materiellen Schadensersatz, welcher im Gegensatz zum immateriellen Schadensersatz grundsätzlich berechenbar ist. Schadensersatz ist grundsätzlich voll auszugleichen. Möchte man eine Einschränkung erreichen, so muss hierfür eine tragfähige Begründung gefunden werden.

Die Haftungsbeschränkung auf den ersten möglichen Kündigungstermin (sei es nach zwei oder vier Wochen, oder auch wie vorgeschlagen, nach der Probezeit von sechs Monaten), basiert auf einer unrealistischen Annahme des hypothetischen Kausalverlaufs.[375] Es ist zwar richtig, dass innerhalb dieser Zeit eine Kündigung ohne Angaben von Gründen zulässig ist und deswegen nicht per se unterstellt werden kann, dass eine in diesem Zeitraum ausgesprochene Kündigung in jedem Falle benachteiligender Art im Sinne des AGG sein müsste.[376] Jedoch würde dann der Arbeitgeber, der verständlicherweise ein Interesse an einer Haftungsbegrenzung hat, von der Prämisse ausgehen, dass er nicht in der Lage war, einen Bewerber auszusuchen, der in sein Unternehmen passt. Denn in der Berechnung des Schadens wäre unterstellt, dass der Arbeitgeber ihn nicht für die im Arbeitsvertrag bestimmte Zeit (häufig bis ins Rentenalter) beschäftigen möchte. Dies geht an der Realität vorbei. Der Arbeitge-

---

371 *Wagner*, AcP 206 (2006), 352, 396.

372 *Wagner*, AcP 206 (2006), 352, 396 f.; *Wagner/Potsch*, JZ 2006, 1085, 1095.

373 Siehe bereits oben unter D.II.2.a.bb.

374 So aber *Bauer/Göpfert/Krieger*, § 15 Rn. 26; *Schrader/Schubert*, Rn. 508 f.; *Rösch*, Seite 114.

375 Insoweit richtig *Monen*, Seite 174.

376 Däubler/Bertzbach-*Deinert*, § 15 Rn. 39a.

ber ist grundsätzlich daran interessiert – selbst dann, wenn er (z.B. wegen Vorurteilen) den einzustellenden Bewerber ablehnt – einen Arbeitnehmer zu finden, der möglichst optimal in das Unternehmen integriert werden kann. Die vereinfachte Kündigungsmöglichkeit in der Probezeit dient in der Regel lediglich dazu, dem Arbeitnehmer besser kündigen zu können, wenn dieser die an ihn gestellten Anforderungen wider Erwarten nicht erfüllt. Dies ist jedoch nicht die Regel und kann daher billigerweise nicht als Einschränkungsmöglichkeit herangezogen werden.

Eine echte Analogie zu §§ 9, 10 KSchG zu bilden, schlägt schon deswegen fehl, weil keine planwidrige Regelungslücke besteht. Der Gesetzgeber wusste um die Problematik aufgrund des § 611a Abs. 2 BGB a.F., für den schon ähnliche Modelle diskutiert wurden. Hätte er eine entsprechende Anwendung gewollt, hätte er dies so kodifizieren können.

Fraglich ist, ob wenigstens der Gedanke dieser Vorschriften sinnvoll herangezogen werden kann. Aber auch dies ist abzulehnen. §§ 9, 10 KSchG zielen auf eine Entschädigung für den Verlust eines Arbeitsplatzes ab und stellen weder Ersatz für Vergütungsansprüche noch einen materiellen Schadensersatzanspruch dar.[377] Im Rahmen von § 15 Abs. 1 AGG geht es jedoch gerade darum. Als Gegenargument kann auch nicht gelten, dass dann der gröblichst sitten- und sozialwidrig kündigende, aber nicht gegen das AGG verstoßende Arbeitgeber deutlich besser gestellt sei. Denn es war genau die Intention des Gesetzgebers, nur bei Verstößen gegen eine der in § 1 AGG aufgeführten Eigenschaften, besondere (strenge) Regelungen (die des AGG) einzuführen. Einen solchen Verstoß begeht der gröblichst sitten- und sozialwidrig Kündigende jedoch nicht.

Die Heranziehung von § 628 BGB analog ist ebenfalls mangels planwidriger Regelungslücke abzulehnen. Aber auch hier ist die Fallkonstellation nicht vergleichbar. Bei § 628 Abs. 2 BGB muss der Arbeitnehmer aktiv durch seine Kündigung mitwirken, damit er Schadensersatz fordern kann.[378] Damit hat er es selbst in der Hand, ob er weiterhin am Vertrag festhalten möchte (obwohl ihm die Möglichkeit einer fristlosen Kündigung offen steht), oder ob er sich vom Vertrag lösen möchte und dann Schadensersatz fordern kann.[379]

---

[377] So auch Ascheid/Preis/Schmidt-*Biebl*, § 10 KSchG Rn. 38; HK-ArbR-*Hjort*, § 10 KSchG Rn. 4; MükoBGB-*Hergenröder*, § 10 KSchG Rn. 4; ErfK-*Kiel*, § 10 KSchG Rn. 1.

[378] Erman-*Belling*, § 628 BGB Rn. 16; ErfK-*Müller-Glöge*, § 628 BGB Rn. 2; HK-ArbR-*Waas/Palonka*, § 628 BGB Rn. 11; Ascheid/Preis/Schmid-*Rolfs*, § 628 BGB Rn. 1; Jauernig-*Mansel*, § 628 BGB Rn. 5.

[379] *Heyn/Meinel*, NZA 2009, 20, 22.

Die Beschränkung auf die durchschnittliche Verweildauer im Betrieb dürfte auf große praktische Probleme stoßen.[380] Eine Quotelung in Wahrscheinlichkeiten, wie sie insbesondere von *Wagner*[381] gefordert wird, ist abzulehnen. Er geht davon aus, dass mehrere Bewerber eine in Prozent ausdrückbare Chance auf eine Einstellung haben. Nach der hier vertretenen Lösung gibt es aber stets für eine Stelle nur einen einzustellenden Bewerber und nur dieser hat überhaupt einen Anspruch auf positiven Schadensersatz. Eine Quotelung ist damit hinfällig. Im Übrigen ist der Ansatz auf die durchschnittliche Verweildauer im Unternehmen abzustellen jedoch grundsätzlich erwägenswert, da es in der Tat problematisch ist anzunehmen, dass der typische oder durchschnittliche Arbeitnehmer bis ins Rentenalter ohne Arbeitgeberwechsel bei diesem Arbeitgeber bleiben würde. Hierfür müsste möglicherweise je nach Unternehmensstruktur nicht der allgemeine Durchschnitt der Beschäftigungszeit zu Grunde gelegt werden, sondern spezieller gerade auf die offene Stelle abgestellt werden, um die sich der Bewerber bemüht hat.

Jedoch ist im Ergebnis auch diese Beschränkung abzulehnen: Zunächst lässt sich eine etwaige Beschränkung dem Gesetzeswortlaut nicht entnehmen. Außerdem haben alle Einschränkungen gemeinsam, dass der Schadensersatz nicht wie vom EuGH gefordert, voll ausgeglichen wird.[382] Dass gerade der konkrete Bewerber nicht bis ins Rentenalter verbleiben wird, ist nur eine Vermutung. Denn in der Tat kann nicht ausgeschlossen werden, dass er entsprechend lange im Unternehmen verblieben wäre, so dass für diesen Fall kein voller Ausgleich gegeben wäre. Daher sind alle Versuche, die den Schadensersatzanspruch von vornherein beschränken wollen, abzulehnen. Vielmehr ist der Schaden, den der benachteiligende Arbeitgeber verursacht hat, zunächst in der vollen Höhe des Lohns[383] bis zum Rentenalter, also bis zum Eintritt der auflösenden Befristung des Arbeitsvertrages, anzunehmen. Ebenso ist mit Fallgestaltungen zu verfahren, bei denen sich der Bewerber um eine befristet ausgeschriebene Stelle beworben hat; dort entsteht der Schaden entsprechend bis zum Ende dieser Frist.

Die Kritik, der Arbeitgeber sei damit doppelt belastet,[384] schlägt fehl. Der tatsächlich eingestellte Bewerber stellt für den Arbeitgeber keine Belastung dar. Er stellt ihn schließlich ein, weil er dies wirtschaftlich für

---

[380] So auch Däubler/Bertzbach-*Deinert*, § 15 Rn. 39d; *Boemke/Danko*, § 9 Rn. 57.

[381] Etwa *Wagner*, AcP 206 (2006), 352, 396 f.; *Wagner/Potsch*, JZ 2006, 1085, 1095.

[382] EuGH (Urteil vom 02.03.1993 – Rs. C-271/91), Slg. 1993, I-4367, Rz. 26 – Marshall.

[383] Zur Berechnung vgl. etwa Palandt-*Grüneberg*, § 252 BGB Rn. 7 ff.

[384] *Meinel/Heyn/Herms*, § 15 Rn. 27.

sinnvoll erachtet. Er verspricht sich also mehr Nutzen als Schaden von dem Bewerber. Im Falle eines wirtschaftlich arbeitenden Unternehmens bedeutet dies konkret, dass sich der Arbeitgeber durch die Besetzung der Stelle mit dem eingestellten Bewerber einen höheren Gewinn verspricht. Eine Belastung stellt daher nur die Schadensersatzzahlung für den benachteiligten Bewerber dar.[385]

Auf die Frage, ob der Arbeitsplatz überhaupt besetzt worden ist, kommt es an dieser Stelle nicht mehr an. Denn bei der Frage der Bemessung des positiven Interesses eines Bewerbers ist nach der hier vertretenen Ansicht bereits geprüft worden, dass der Bewerber ausschließlich wegen eines benachteiligenden Merkmals nicht eingestellt worden ist. Wäre er nicht benachteiligt worden hätte er also die Stelle und damit auch die entsprechende Vergütung bekommen, die nun als Schaden geltend gemacht wird.[386]

Überzeugen kann daher allein eine Berechnung, die im Grundsatz von der vollen Haftung ohne Beschränkung ausgeht.

(b) *Schadensminderungspflicht*

Dieser Grundsatz muss jedoch in einem Punkt eingeschränkt werden. Auch bei diesem Anspruch ist der Benachteiligte nach den allgemeinen Regeln[387] verpflichtet, den Schaden zu minimieren, § 254 Abs. 2 Satz 1 Alt. 3 BGB.[388] Er ist gehalten, eine andere Beschäftigung zu suchen und aufzunehmen.[389] Anderweitige oder böswillig unterlassene Verdienste aus Beschäftigungsverhältnissen, die an Stelle der nicht erhaltenen Beschäftigung aufgenommen werden bzw. hätten aufgenommen werden müssen, sind daher anzurechnen.[390]

Nach den allgemeinen Regeln trägt der Arbeitgeber hierfür grundsätzlich die Beweislast.[391] Der Beweis wird ihm regelmäßig schwer fallen. Zu-

---

[385] So auch LAG Berlin-Brandenburg, Urteil vom 26.11.2008 – 15 Sa 517/08 in NJOZ 2008, 5205, 5223.

[386] Im Ergebnis auch *Adomeit/Mohr*, § 15 Rn. 24; Kittner/Däubler/Zwanziger-*Zwanziger*, § 15 AGG Rn. 4; ähnliche Begründung LAG Düsseldorf NZA-RR 2002, 345.

[387] Ständige Rechtsprechung: vgl. BGH NJW 1991, 1412, 1413; BGH NJW 1984, 354; Henssler/Willemsen/Kalb-*Annuß/Rupp*, § 15 AGG Rn. 2; Palandt-*Grüneberg*, § 254 BGB Rn. 36 ff.

[388] *Sprenger*, Seite 176; *Willemsen/Schweibert*, NJW 2006, 2583, 2589; *Rösch*, Seite 114.

[389] So auch Wendeling-Schröder/Stein-*Stein*, § 15 Rn. 26; *Bauer/Göpfert/Krieger*, § 15 Rn. 30; Erman-*Belling*, § 15 AGG Rn. 6; Jauernig-*Mansel*, § 15 AGG Rn. 3; vgl. auch *Willemsen/Schweibert*, NJW 2006, 2583, 2589.

[390] *Zwanziger*, DB 1998, 1330, 1331; *Adomeit/Mohr*, § 15 Rn. 33.

[391] Erman-*Ebert*, § 254 Rn. 115.

stimmungswürdig ist daher der Vorschlag, ihm (nach § 242 BGB) insoweit einen Auskunftsanspruch gegen den Bewerber zu gewähren.[392]
Ferner sind mit der erstrebten Stelle verbundene, besondere Aufwendungen, die nun nicht erfolgen müssen, schadensmindernd anzurechnen.[393] Damit sind die Risiken der benachteiligenden Nichteinstellung gerecht
verteilt und auch unionsrechtskonform gestaltet. Der Arbeitgeber darf
nicht benachteiligen. Der einzustellende Bewerber hat wegen der Benachteiligung einen materiellen Schadenersatzanspruch in voller Höhe,
der genau dem nicht erhaltenen Verdienst entspricht. Aufgrund der
Schadensminderungspflicht obliegt es ihm allerdings, sich weiter um Arbeit zu bemühen. Findet er jedoch keine gleichwertige Arbeit (Entgeltdifferenz) oder überhaupt keine Arbeit (komplettes Entgelt), so verbleibt
der finanzielle Schaden beim benachteiligenden Arbeitgeber. Hier reali-
siert sich das Risiko, welches sich der Arbeitgeber durch die Benachteiligung selbst aufgebürdet hat.

cc. Ergebnis

Damit bleibt festzuhalten: Der Bewerber, bei dem die Voraussetzungen
des § 15 Abs. 1 AGG vorliegen, hat in jedem Falle Anspruch auf Ersatz
seines negativen Interesses. Anspruch auf Ersatz des positiven Interesses
hat hingegen nur derjenige Bewerber, der gerade wegen der Benachteiligung nicht eingestellt wurde. Anders herum haben all diejenigen Bewerber, die auch ohne Benachteiligung nicht eingestellt worden wären, keinen Anspruch auf das positive Interesse.

Nach den allgemeinen Grundsätzen dürfen negatives und positives Interesse nur alternativ verlangt werden.[394] Das positive Interesse umfasst
insbesondere grundsätzlich unbeschränkt den Ausfall des Arbeitsentgelts, wobei hinsichtlich seiner Höhe die allgemeinen Regeln zur Berechnung gelten. Geschmälert wird dieser Anspruch durch die Schadensminderungspflicht des Benachteiligten, der sich weiterhin um angemessene
Beschäftigungs- und Ersatzverdienstmöglichkeiten bemühen muss.

---

[392] *Adomeit/Mohr*, § 15 Rn. 33; *Bauer/Göpfert/Krieger*, § 15 Rn. 30; Staudinger-
Schiemann, 2005, vor §§ 249 ff. BGB Rn. 91; BGH NJW 1979, 2142.
[393] *Adomeit/Mohr*, § 15 Rn. 33.
[394] Vgl. § 284 BGB: »Anstelle«.

b. Beruflicher Aufstieg

Für den beruflichen Aufstieg gilt grundsätzlich dasselbe wie für die Begründung des Arbeitsverhältnisses.[395] Die dort angestellten Überlegungen sind allgemeiner Art, so dass sie grundsätzlich auch auf den benachteiligend nicht gewährten Aufstieg anwendbar sind. Auch hier ist die Naturalrestitution ausgeschlossen, § 15 Abs. 6 AGG. Der zu befördernde[396] Bewerber auf die Aufstiegsstelle hat Anspruch auf das positive Interesse in Form der Vergütungsdifferenz.[397] Auch hier gilt wieder der Grundsatz, dass dieser Anspruch unbegrenzt besteht, dem Benachteiligten jedoch eine Schadensminderungspflicht obliegt, die den Anspruch ggf. schmälert.[398] Er muss sich etwa weiterhin um einen Aufstieg bemühen. Alle anderen Bewerber, bei denen eine Benachteiligung vorliegt, haben nur Anspruch auf das negative Interesse.

c. Nichtverlängerung eines befristeten Arbeitsvertrages

Die Nichtverlängerung eines wirksam[399] befristeten Arbeitsvertrages steht der Nichteinstellung gleich. Auf den Verlängerungsvertrag sind dieselben Grundsätze anzuwenden wie auf den erstmaligen Abschluss des Arbeitsvertrags. Insoweit ist auf die Ausführungen oben[400] zu verweisen.[401] Bei der Feststellung, ob es sich bei dem schon zuvor befristet beschäftigten Arbeitnehmer um den einzustellenden Arbeitnehmer gehandelt hätte, ist freilich zu berücksichtigen, dass dieser aufgrund der nun schon gewonnen Erfahrung im Betrieb möglicherweise geeigneter ist als andere Bewerber mit ähnlicher oder sogar besserer Qualifikation.

---

[395] Rust/Falke-*Bücker*, § 15 Rn. 19; Wendeling-Schröder/Stein-*Stein*, § 15 Rn. 24; *Adomeit/Mohr*, § 15 Rn. 29; *Bauer/Göpfert/Krieger*, § 15 Rn. 29; *Bezani/Richter*, Rn. 273; **a.A.** Henssler/Willemsen/Kalb-*Annuß/Rupp*, § 15 AGG Rn. 2 und *Simon/Greßlin*, BB 2007, 1782, 1787, die jedoch für diesen Fall auch zu dem hier vertretenen Ergebnis kommen.

[396] Diese Wortwahl läuft analog dem »einzustellenden« Bewerber, vgl. Fußnote 264.

[397] Für diesen Fall auch zustimmend: *Thüsing*, Rn. 542; *Simon/Greßlin*, BB 2007, 1782, 1787.

[398] **A.A.** §§ 9, 10 KSchG analog: *Adomeit/Mohr*, § 15 Rn. 30; *Bauer/Evers*, NZA 2006, 893, 895; *Seel*, MDR 2006, 1321, 1323; *Willemsen/Schweibert*, NJW 2006, 2583, 2589.

[399] Ist bereits in der Befristung ein Verstoß gegen § 7 AGG zu sehen, so ist diese unwirksam; vgl. KR-*Treber*, § 15 AGG Rn. 19.

[400] Siehe D.II.2.a.

[401] Schleusener/Suckow/Voigt-*Schleusener*, § 7 Rn. 11; KR-*Treber*, § 15 AGG Rn. 20.

d. Beendigung des Arbeitsverhältnisses

Benachteiligende Beendigungen des Arbeitsverhältnisses sind nach den Richtlinien ebenso verboten wie Benachteiligungen etwa bei der Einstellung oder dem Aufstieg. Dies ergibt sich zweifelsfrei aus Art. 3 Abs. 1 lit. c der Richtlinien 2000/43/EG, 2000/78/EG und 76/207/EWG[402], in denen der Terminus »Entlassungsbedingungen« verwendet wird. Von den möglichen Entlassungstatbeständen hat der deutsche Gesetzgeber in § 2 Abs. 4 AGG die Kündigung gewählt und für diese bestimmt, dass »ausschließlich die Bestimmungen zum allgemeinen und besonderen Kündigungsschutz« gelten. Dies mag bei unbefangener Lektüre so verstanden werden, dass auf Kündigungen das AGG eben keine Anwendung finden kann. Dem ist im Folgenden nachzugehen.

Auf alle anderen Beendigungstatbestände (Befristung, auflösende Bedingung, Aufhebungsvertrag...) findet das AGG freilich Anwendung, denn in § 2 Abs. 2 Nr. 2 AGG sind die Entlassungsbedingungen, sowie die individual- und kollektivrechtlichen Vereinbarungen und Maßnahmen bei der Beendigung eines Beschäftigungsverhältnisses ausdrücklich erwähnt.[403]

aa. Anwendbarkeit des AGG bei Kündigungen

a. Genügt das deutsche Kündigungsschutzrecht (ohne AGG) den Anforderungen der Richtlinien?

Für die Beantwortung der Frage, ob die Kündigung überhaupt nach den Maßstäben des AGG zu beurteilen ist, ist der zentrale Punkt die Auslegung des § 2 Abs. 4 AGG.[404] Der Wortlaut ist insofern eindeutig: Für Kündigungen gelten *ausschließlich*[405] die Bestimmungen zum allgemeinen und besonderen Kündigungsschutz. Den allgemeinen und besonderen Kündigungsschutz findet man vor allem im KSchG,[406] im BGB, sowie

---

[402] In der Fassung der RL 2002/73/EG vom 23.09.2002 und nun in der Fassung des Art. 14 Abs. 1 lit. c der Richtlinie 2006/54/EG vom 5. Juli 2006, ABl. EG L 204/23, zur Verwirklichung des Grundsatzes der Chancengleichheit und Gleichbehandlung von Männern und Frauen in Arbeits- und Beschäftigungsfragen (Neufassung).

[403] Zum Spezialitätsverhältnis § 2 Abs. 1 Nr. 2 AGG zu § 2 Abs. 4 AGG ebenso: Wendeling-Schröder/Stein-*Stein*, § 2 Rn. 40; *Adomeit/Mohr*, § 2 Rn. 200, 204; *Bauer/Preis/Schunder*, NZA 2006, 1261, 1263; ErfK-*Schlachter*, § 2 AGG Rn. 16.

[404] Hierzu ausführlich *Horn*, Seite 160 ff.

[405] Vgl. BR-Drucks. 445/1/05, Seite 2; BT-Drucks. 16/2022, Seite 12.

[406] BT-Drucks. 16/1780, Seite 32.

verstreut in zahlreichen Nebengesetzen.[407] Der in § 2 Abs. 4 AGG normierte Ausschluss bedeutet aber auch, dass diese Ausschließlichkeit unabhängig von der tatsächlichen Anwendbarkeit der kündigungsschutzrechtlichen Vorschriften im Einzelfall gilt.[408]

Diese Regelung im AGG verwundert, schließlich kannte die Vorgängervorschrift § 611a BGB diese Ausnahme nicht.[409] Auch die dem AGG zu Grunde liegenden Richtlinien sehen keine Differenzierung zwischen diskriminierender Kündigung und sonstigen Diskriminierungstatbeständen vor. Vielmehr steht dort ausdrücklich, dass die Richtlinie in Bezug auf »die Beschäftigungs- und Arbeitsbedingungen, einschließlich der Entlassungsbedingungen und des Arbeitsentgelts«[410] gilt. Der EuGH hat mittlerweile auch schon entschieden, dass die Richtlinien zwingend auf nationales Kündigungsrecht anzuwenden sind.[411] Damit besteht folgende Ausgangssituation: Entweder das deutsche Kündigungsschutzrecht genügt bereits ohne die Vorschriften des AGG den Anforderungen der Richtlinien.[412] Ist dies nicht der Fall, so ist vorrangig über eine unionsrechtskonforme Auslegung nachzudenken.[413] Schließlich bleibt die Alternative, dass der deutsche Gesetzgeber ein unionsrechtswidriges Gesetz erlassen hat.

Untersucht man die übrigen Gesetze in Hinblick auf ihre Geeignetheit, ohne das AGG den unionsrechtlichen Vorgaben zu genügen, so stößt man zunächst auf das KSchG. Das KSchG beschränkt den Arbeitgeber durch seine Positivliste der möglichen Kündigungsgründe in § 1 Abs. 2 Satz 1 bereits erheblich. Jedoch ist die Herangehensweise eine völlig andere, als die in den Richtlinien, auf denen das AGG basiert, geforderte. Es handelt sich um Gründe, die objektiv die Kündigung rechtfertigen.[414] Die Gründe, wegen denen nach dem KSchG gekündigt werden kann, basieren alle darauf, dass sie nicht sozial ungerechtfertigt sein dürfen. Es geht hauptsächlich[415] um Gründe, die in dem Verhalten des Arbeitnehmers, in der Person des Arbeitnehmers oder im Betrieb des Arbeitgebers liegen. Sind

---

[407] Vgl. BT-Drucks. 16/2022, Seite 12; KR-*Treber*, § 15 AGG Rn. 21; Schiek-*Schiek* § 2 Rn. 11 Fn. 35; Rust/Falke-*Bertelsmann*, § 2 Rn. 238.

[408] So jedoch differenzierend: Wendeling-Schröder/Stein-*Stein*, § 2 Rn. 46, 48.

[409] Däubler/Bertzbach-*Däubler*, § 2 Rn. 262a.

[410] Art. 3 Abs. 1 lit. c der RL 2000/43/EG, 2000/78/EG und 76/207/EWG (i.d.F. der RL 2002/207/EG).

[411] EuGH (Urteil vom 11.07.2006 – Rs. 13/05), Slg. 2006, I-6467, Rz. 37 – Chacón Navas.

[412] So etwa *Willemsen/Schweibert*, NJW 2006, 2583, 2584 f.

[413] Schleusener/Suckow/Voigt-*Schleusener*, § 2 Rn. 30.

[414] *Horn*, Seite 55.

[415] Weitere Gründe sind in § 1 Abs. 2 Satz 2 KSchG aufgeführt.

sie gegeben, so ist die Kündigung rechtmäßig, und zwar unabhängig davon, ob der Arbeitgeber sie im Zeitpunkt der Kündigung kannte.[416] Dagegen möchten die Richtlinien eine Gleichbehandlung der Arbeitnehmer in Hinblick auf die dort aufgezählten Bereiche (»Negativliste«)[417] herstellen, die ihre Grundlage in der Einstellung des Arbeitgebers haben und somit subjektiver Natur sind (»Motive«)[418]. Eine hiernach verbotene Verhaltensweise ist daher auch nicht zwangsläufig von einem Dritten als solche zu erkennen, etwa wenn der Arbeitgeber seine benachteiligende Gesinnung nicht nach außen trägt. Dennoch wäre eine solche Kündigung nach den Richtlinien verboten.

Dazu folgende Beispiele:

Der Arbeitgeber kündigt den (alternativ: nicht) im Schutz des KSchG stehenden Arbeitnehmer, weil...

1. ...der Arbeitgeber den Betrieb umgestaltet und ein Arbeitsplatz wegfällt. Der Arbeitnehmer ist sozial am wenigsten schutzwürdig.
2. ...er mit dem Arbeitnehmer nicht gut auskommt.
3. ...der Arbeitnehmer homosexuell ist.[419]
4. ...der Arbeitgeber den Betrieb umgestaltet und ein Arbeitsplatz wegfällt. Der Arbeitnehmer ist sozial am wenigsten schutzwürdig und ist homosexuell.[420]

In *Fall 1* ist die Kündigung nach AGG und KSchG möglich. Ein Grund nach § 1 Abs. 2 Satz 1 KSchG – dringende betriebliche Erfordernisse – liegt vor.

Dagegen ist in *Fall 2* kein Grund gegeben, der eine Kündigung nach dem KSchG rechtfertigen würde, daher ist die Kündigung unwirksam, wenn der Arbeitnehmer vom KSchG erfasst ist. Eine personenbedingte Kündigung ist nicht gegeben, da die Fähigkeit oder Eignung zur vertragsmäßigen Erfüllung der Arbeitspflichten nicht[421] eingeschränkt ist.[422] Auch eine verhaltensbedingte Kündigung ist nicht zulässig, da keine schuldhafte Vertragspflichtverletzung vorliegt.[423] Unterfällt der Arbeitnehmer nicht dem Anwendungsbereich des KSchG, ist die Kündigung zulässig. Eine solche Kündigung will und kann das AGG – dessen An-

---

[416] HK-ArbR-*Bufalica*, § 1 KSchG Rn. 59.

[417] *Horn*, Seite 48.

[418] So zutreffend Rust/Falke-*Bertelsmann*, § 2 Rn. 246.

[419] *Benecke*, AuR 2007, 229, 230.

[420] Ähnlich *Boemke/Danko*, § 4 Rn. 64; Rust/Falke-*Bertelsmann*, § 2 Rn. 255; MüKoBGB-*Thüsing*, § 2 AGG Rn. 21.

[421] Dies sei unterstellt.

[422] Henssler/Willemsen/Kalb-*Quecke*, § 1 KSchG Rn. 93.

[423] Henssler/Willemsen/Kalb-*Quecke*, § 1 KSchG Rn. 178.

wendbarkeit unterstellt – nicht verhindern, denn die zwischenmenschlichen Beziehungen sind kein nach den Richtlinien verbotenes Unterscheidungskriterium.

Ist der Arbeitnehmer in *Fall 3* im Anwendungsbereich des KSchG, so ist die Kündigung auch hier unwirksam, weil die Homosexualität keinen Grund darstellt, weswegen gekündigt werden darf.[424] Ist er nicht vom KSchG geschützt, so ist die Kündigung ebenfalls unwirksam und zwar nach §§ 138, 242 BGB, da sie sittenwidrig ist.[425]

Der Arbeitnehmer ist also vor Kündigungen, die nur wegen eines benachteiligenden Grundes ausgesprochen werden, bereits nach allgemeinen kündigungsschutzrechtlichen Grundsätzen geschützt. Fraglich ist nur, ob die hier angeordneten Sanktionen ausreichend sind, um wirksam, verhältnismäßig und abschreckend zu sein. Wäre das AGG hier wegen § 2 Abs. 4 AGG nicht anwendbar, so könnte beispielsweise auch kein Schadensersatz nach § 15 AGG gefordert werden. Kann der Arbeitnehmer dann Schadensersatz nach §§ 280 ff. BGB verlangen? Dies wird in diesem speziellen Fall grundsätzlich bejaht, da entweder in einer unwirksamen Kündigung generell ein Verstoß gegen die vertragliche Nebenpflicht der Vertragstreue liege oder aber hier eine wissentlich rechtsunwirksame Kündigung, jedenfalls aber eine leichtfertig ausgesprochene, evident unwirksame Kündigung vorliege. Da bei dieser Art »Kündigungsgrund« kaum vorstellbar ist, dass das Verschulden nicht bejaht werden kann, ist auch unabhängig vom Ausgang der weiter unten besprochenen Frage des Verschuldenserfordernisses im Rahmen des § 15 Abs. 2 AGG ein Schadensersatz- und Entschädigungsanspruch über §§ 280, 249, 251, 252 BGB vorhanden.[426] Weiter ist natürlich auch an einen Schadensersatzanspruch aus Delikt zu denken.

Sieht man die Schadensersatzpflicht als zentrales Element der Abschreckung an, so ist die Rechtslage mit und ohne AGG hier also vergleichbar. § 2 Abs. 4 AGG erscheint daher an dieser Stelle noch nicht eindeutig unionsrechtswidrig.

Bei *Fall 4* ist die Kündigung nach § 1 Abs. 2 KSchG zulässig,[427] da sie betriebsbedingt erfolgt. Daher kommt es hier nicht darauf an, ob der Arbeitnehmer unter dem Schutz des KSchG steht. Wenn die Tatsache, dass der Arbeitnehmer homosexuell ist, bei der Kündigung keine Rolle gespielt hat, dann ist die Kündigung insgesamt trotzdem in jedem Falle zu-

---

[424] *Benecke*, AuR 2007, 229, 230; *Horn*, Seite 82.

[425] *Horn*, Seite 122.

[426] *Thüsing*, Rn. 111, sieht aber mit guten Gründen schon wegen der unterschiedlichen Beweislast § 2 Abs. 4 AGG als europarechtswidrig an.

[427] Ebenso *Horn*, Seite 61, 70 f.

lässig. Schließlich ist auch nach den unionsrechtlichen Vorgaben nur eine gleiche Behandlung der verschiedenen Mitglieder der Vergleichsgruppen vorgeschrieben und keine Bevorzugung.

Hat der Arbeitgeber dagegen darauf gewartet, endlich einen Grund zu finden, »legal« seine homosexuellen Mitarbeiter »los zu werden« und hat oder hätte er einem heterosexuellen Mitarbeiter in einer vergleichbaren Situation nicht gekündigt, so wird dies zwar nicht vom KSchG, wohl aber vom AGG verboten und sanktioniert.[428] Ob die Kündigung stets nach §§ 138, 242 BGB unwirksam wäre, ist zweifelhaft.[429] Hier dürfte es je nach Fallgestaltung unwirksame und wirksame Kündigungen geben.[430]

Die Richtlinien sehen aber auch hierin eine verbotene Benachteiligung. Die Rechtmäßigkeit der Kündigung hängt also entscheidend von der Anwendbarkeit des AGG auf diesen Fall ab.

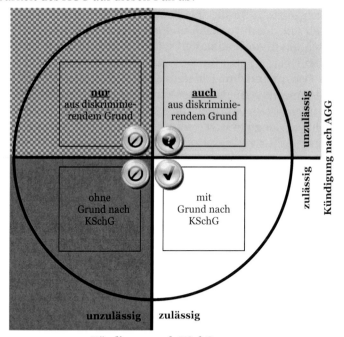

Grafik 1: Verhältnis KSchG – AGG

---

[428] In diese Richtung auch *Benecke*, AuR 2007, 229, 230.

[429] Dafür jedoch *Meinel/Heyn/Herms*, § 2 Rn. 64; Erman-*Armbrüster/Belling*, § 2 AGG Rn. 36; vgl. auch *Horn*, Seite 67.

[430] *Thüsing*, Rn. 107 ff. zeigt weitere Fallgestaltungen auf. Schleusener/Suckow/Voigt-*Schleusener*, § 2 Rn. 36 f. halten Fallgestaltungen, die nur durch das AGG verboten werden, nicht für ausgeschlossen.

Somit kann festgehalten werden, dass ohne Anwendbarkeit des AGG auf Kündigungen, die Rechtslage in Deutschland den unionsrechtlichen Vorgaben nicht genügt,[431] auch wenn für eine Vielzahl, vielleicht sogar für die überwiegende Anzahl von Fällen, die Rechtslage auch ohne das AGG ausreichend ist.[432] Die verbleibenden Alternativen[433] sind somit:

— § 2 Abs. 4 AGG kann unionsrechtskonform ausgelegt (reduziert) werden,[434] oder
— die Rechtslage in Deutschland ist mit dem Unionsrecht nicht in Einklang zu bringen.[435]

β. Unionsrechtskonforme Auslegung von § 2 Abs. 4 AGG

Die unionsrechtskonforme Auslegung hat in der Literatur einige Anhänger gefunden: So wird vorgeschlagen, § 2 Abs. 4 AGG dahin gehend zu interpretieren, dass zwar für die Beendigung des Arbeitsverhältnisses grundsätzlich nur der allgemeine und besondere Kündigungsschutz gilt. Eine eingeschränkte Anwendbarkeit sollte die Norm jedoch noch bei Motivbündeln wie hier in Fall 4 für die Entschädigung nach § 15 Abs. 2 AGG besitzen.[436] Der Arbeitnehmer hätte, da die Kündigung objektiv gerechtfertigt gewesen wäre, schließlich keinen materiellen Schaden erfahren, er sei aber zurückgestellt worden und habe somit einen immateriellen Schaden erlitten, der zu ersetzen sei.[437] In diesem Fall schließe § 2 Abs. 4 AGG also nur die Unwirksamkeit der Kündigung nach § 7 Abs. 1 AGG i.V.m. § 138 BGB und den Schadensersatzanspruch nach § 15 Abs. 1 AGG aus.

Andere Stimmen in der Literatur halten zwar Schadensersatz und Entschädigung wegen § 2 Abs. 4 AGG für ausgeschlossen, versuchen aber, die Wirksamkeit der Kündigung trotz Rechtfertigung nach dem KSchG wegen der Diskriminierung zu verneinen.[438] Andere sehen § 2 Abs. 4 AGG in einer Gesamtschau mit § 4 KSchG: wird rechtzeitig Kündigungs-

---

[431] So auch Rust/Falke-*Bertelsmann*, § 2 Rn. 245; Schleusener/Suckow/Voigt-*Schleusener*, § 2 Rn. 36; ErfK-*Schlachter*, § 2 AGG Rn. 16.

[432] MükoBGB-*Thüsing*, § 2 AGG Rn. 26.

[433] So auch Rust/Falke-*Bertelsmann*, § 2 Rn. 253.

[434] So Schiek-*Schiek*, § 2 Rn. 13; Bauer/Thüsing/Schunder-*Bauer*, NZA 2006, 774, 776; *Diller/Krieger/Arnold*, NZA 2006, 887, 889 f.

[435] So *Annuß*, BB 2006, 1629, 1630; Bauer/Thüsing/Schunder-*Thüsing*, NZA 2006, 774, 777, DGB-Bundesvorstand/*Sehrbrock*, Seite 6; *Nollert-Borasio/Perreng*, § 2 Rn. 59.

[436] *Bauer/Göpfert/Krieger*, § 2 Rn. 68; **a.A.** Wendeling-Schröder/Stein-*Stein*, § 2 Rn. 54.

[437] *Diller/Krieger/Arnold*, NZA 2006, 887, 890.

[438] *Löwisch*, BB 2006, 2189, 2190; *Willemsen/Schweibert*, NJW 2006, 2583, 2585.

schutzklage erhoben, so sei das AGG in vollem Umfang anwendbar, wird die Kündigung in dieser Zeit nicht angegriffen, so sei auch eine Geltendmachung von Ansprüchen aus dem AGG ausgeschlossen.[439] Wiederum andere fassen § 2 Abs. 4 AGG als besondere Beweislastregelung für sozial gerechtfertigte Kündigungen auf.[440] Daneben werden noch weitere, teilweise höchst komplizierte und detaillierte Lösungen vertreten.[441]

Jedoch sind alle Versuche, § 2 Abs. 4 AGG unionsrechtskonform auszulegen, im Ergebnis nicht überzeugend. Schließlich ist eine unionsrechtskonforme Auslegung überhaupt nur bei mehreren in Betracht kommenden Auslegungsmöglichkeiten vorstellbar.[442] Die absoluten Grenzen der Auslegung eines Gesetzes stellen die Wortlautgrenzen dar, wenn eine Analogie oder eine teleologische Reduktion nicht möglich ist.[443] Eine Analogie kommt nicht in Betracht, da keine unbeabsichtigte Lücke entstanden ist; der Wortlaut »ausschließlich« wurde bewusst gewählt. Wegen der historischen Auslegung scheidet auch eine teleologische Reduktion aus, da der Gesetzgeber zunächst noch »vorrangig« diskutiert hatte, sich dann aber für »ausschließlich« entschieden hat.[444] Der Wortlaut gibt ganz eindeutig vor, dass ausschließlich die Bestimmungen zum allgemeinen und besonderen Kündigungsschutz für Kündigungen gelten. Das muss im Ergebnis heißen, dass unabhängig von der rechtlichen Gestalt eines konkreten Kündigungsfalles, das AGG keine Anwendung findet.[445] Dies gilt insbesondere auch für den Schadensersatz und die Entschädigung. Auch wenn dies grundsätzlich kein Bereich ist, der vom Kündigungsschutz geregelt wird, kann die Auslegung nicht zu dem Ergebnis führen, dass die im Kündigungsschutzrecht nicht geregelten Aspekte nicht ausgeschlossen wären. Diese Auslegung wird bestätigt durch die Änderung des AGG vom 02.12.2006.[446] Hier wurden die »leer laufen-

---

[439] *Meinel/Heyn/Herms*, § 2 Rn. 66.

[440] *Bayreuther*, DB 2006, 1842, 1844 f.; *Adomeit/Mohr*, § 2 Rn. 471.

[441] Rust/Falke-*Bertelsmann*, § 2 Rn. 271 ff.; Wendeling-Schröder/Stein-*Stein*, § 2 Rn. 49 ff.

[442] Schleusener/Suckow/Voigt-*Schleusener*, § 2 Rn. 31.

[443] Henssler/Willemsen/Kalb-*Tillmanns*, Vorb. AEUV Rn. 18.

[444] BR-Drucks. 466/06, Seite 1; BT-Drucks. 16/2022, Seite 6; Näheres zur Entstehungsgeschichte von § 2 Abs. 4 AGG in Rust/Falke-*Bertelsmann*, § 2 Rn. 240 ff.; *Thüsing*, Rn. 103 f.

[445] Däubler/Bertzbach-*Däubler*, § 2 Rn. 258: »[ergibt] sonst keinen Sinn«; ArbG Lörrach, Urteil vom 23.01.2007, 1 Ca 426/06 -juris-; Schleusener/Suckow/Voigt-*Schleusener*, § 2 Rn. 31 f.; *Horn*, Seite 170.

[446] Art. 8 Abs. 1 Gesetz vom 02.12.2006, BGBl. 2006 I, 2742, »Gesetz zur Änderung des Betriebsrentengesetzes und anderer Gesetze«.

den« (!)[447] Nummern 6 (a.F.) und 7 des § 10 Satz 3 AGG gestrichen, die besonderen Regelungen für Kündigungen enthielten. Der Gesetzgeber wollte schon in der ursprünglich verabschiedeten Version, dass das AGG bei Kündigungen keine Anwendung findet, da dies »sachgerechter«[448] sei. Die Auslegung darf mit dem klar erkennbaren Willen des Gesetzgebers und mit dem Wortlaut nicht in Widerspruch treten.[449] Zwar waren § 10 Satz 3 Nr. 6 und 7 AGG a.F. misslungen. Dieses Misslingen mag sich durch die späte Änderung des für § 2 Abs. 4 AGG geplanten Wortlauts von »vorrangig« zu »ausschließlich« im Rechtsausschuss möglicherweise erklären.[450] Aber auch schon zum damaligen Zeitpunkt war richtigerweise nur diese Auslegung – denn nur diese gibt der Wortlaut her – möglich. Nach der Korrektur des Gesetzestextes jedenfalls kommt man um ein solches Verständnis nicht mehr herum: § 2 Abs. 4 AGG schließt die Anwendbarkeit des AGG auf Kündigungen stets aus.[451]

Dennoch kann *Stein*[452] und *Bayreuther*[453] nur eingeschränkt zugestimmt werden, die behaupten, dass die Vorschrift rechtsdogmatisch die problematischste Vorschrift des arbeitsrechtlichen Teils des AGG darstellt. Nicht jedes Gesetz muss dogmatisch problematisch sein. Bei einer einzelnen Änderung eines Gesetzes »quasi in letzter Minute«[454] beachtet der Gesetzgeber nicht immer, welche Konsequenzen diese Änderung hervorruft. Gerade das AGG geht auf einen Spagat zwischen unionsrechtlich zwingend Gefordertem und rechtspolitisch Gewolltem zurück.[455] Für die dogmatische Richtigkeit muss – soweit möglich – im Nachhinein von den Gesetzesinterpreten, sprich der Literatur und Rechtsprechung, gesorgt werden.[456]

---

[447] BT-Drucks. 16/3007, Seite 22.

[448] BT-Drucks. 16/2022, Seite 12.

[449] BAGE 105, 32, 49.

[450] BR-Drucks. 466/06, Seite 1; BT-Drucks. 16/2022, Seite 6; Näheres zur Entstehungsgeschichte von § 2 Abs. 4 AGG in Rust/Falke-*Bertelsmann*, § 2 Rn. 240 ff.; *Thüsing*, Rn. 103 f.

[451] Schleusener/Suckow/Voigt-*Schleusener*, § 2 Rn. 32; **a.A.** *Wisskirchen*, DB 2006, 1491, 1495 für Änderungskündigungen, der jedoch übersieht, dass jede Änderungskündigung eine unbedingte Kündigung mit einem Angebot zu einem weiteren Vertragsabschluss darstellt.

[452] Wendeling-Schröder-*Stein*, § 2 Rn. 39.

[453] *Bayreuther*, DB 2006, 1842.

[454] *Adomeit/Mohr*, § 2 Rn. 199.

[455] *Arndt*, Seite 1, 7 f.

[456] Schiek-*Schiek*, § 2 Rn. 13: »[die] kurzfristig eingefügte Kompromissformulierung führt zu Widersprüchen in sich selbst«; Däubler/Bertzbach-*Däubler*, § 2 Rn. 259; Rust/Falke-*Bertelsmann*, § 2 Rn. 261 mit ebenfalls deutlicher Kritik an den Gesetzgeber.

§ 2 Abs. 4 AGG ist mithin unionsrechtswidrig.[457]
Darüber hinaus wäre § 2 Abs. 4 AGG auch unionsrechtswidrig, wenn eine restriktive Auslegung, die sachlich den europäischen Vorgaben genügt, befürwortet würde. Der EuGH fordert in ständiger Rechtsprechung,[458] dass die Richtlinien klar und eindeutig umgesetzt werden.[459] Der Einzelne muss seine Rechte in vollem Umfang dem geltenden Recht entnehmen können.[460] Dies ist jedoch nicht mehr gewährleistet, wenn erst eine unionsrechts»konforme« Restriktion gegen den eindeutigen Wortlaut erfolgen muss, um die Rechtslage richtig beurteilen zu können.

γ. Folge der Unionsrechtswidrigkeit von § 2 Abs. 4 AGG

Die Konsequenzen[461] hinsichtlich der Behandlung des unionsrechtswidrigen § 2 Abs. 4 AGG werden in Rechtsprechung und Literatur kontrovers diskutiert. Dies geht von der uneingeschränkten Anwendbarkeit[462] von § 2 Abs. 4 AGG bis zur Unanwendbarkeit[463] der Norm. Es wird ver-

---

[457] So auch Kommission der Europäischen Gemeinschaften im Brief vom 31.01.2008, 1. b), http://www.lsvd.de/fileadmin/pics/Dokumente/ADG/Kommission080131. pdf (zuletzt aufgerufen am 13.06.2010) und Pressemitteilung http://europa.eu/rapid/pressReleasesAction.do?reference=IP/08/155&format=HTML&aged=0&language=DE&guiLanguage=en (zuletzt aufgerufen am 13.06.2010); *Horn*, Seite 159; ArbG Osnabrück NZA 2007, 982, 984; *Thüsing*, Rn. 106; *Meinel/Heyn/Herms*, § 2 Rn. 62 ff.; MükoBGB-*Thüsing*, § 2 AGG Rn. 17; *Adomeit/Mohr*, § 2 Rn. 205, 212 ff.; Schleusener/Suckow/Voigt-*Schleusener*, § 2 Rn. 28; Däubler/Bertzbach-*Däubler*, § 2 Rn. 261; Schiek-*Schiek*, § 2 Rn. 12; *Bayreuther*, DB 2006, 1842; *Annuß*, BB 2006, 1329, 1339; im Ergebnis wohl auch Wendeling-Schröder/Stein-*Stein*, § 2 Rn. 55 f.; Schrader/*Schubert*, Rn. 457.

[458] EuGH (Urteil vom 10.05.2001 – Rs. C-144/99), Slg. 2001, I-3541, Rz. 17 – Kommission gegen Niederlande; EuGH (Urteil vom 23.03.1995 – Rs. C-365/93), Slg. 1995, I-499, Rz. 9 – Kommission gegen Griechenland; EuGH (Urteil vom 19.09.1996 – Rs. C-236/95), Slg. 1996, I-4459, Rz. 13 – Kommission gegen Griechenland.

[459] *Hailbronner/Jochum*, Rn. 533; KR-*Treber*, § 2 AGG Rn. 11; *Horn*, Seite 155.

[460] *Adomeit/Mohr*, § 2 Rn. 207; ErfK-*Thüsing*, § 2 AGG Rn. 24.

[461] Auf weitere Konsequenzen, wie die mögliche extensivere Auslegung von § 242 BGB oder § 1 KSchG wird an dieser Stelle nicht eingegangen, weil dies die Rechtsfolge nach § 15 AGG nicht tangiert. § 15 AGG ist entweder voll anwendbar oder gar nicht. Daran ändert eine veränderte Handhabung anderer Gesetze nichts.

[462] So auch *Sprenger*, Seite 164; *Löwisch*, BB 2006, 2189 f.; *Hamacher/Ulrich*, NZA 2007, 657, 661; *Raschka*, Seite 60; ArbG Lörrach, Urteil vom 23.01.2007, 1 Ca 426/06 -juris-.

[463] ArbG Osnabrück NZA 2007, 982, 984; Schiek-*Schiek*, § 2 Rn. 12; *Meinel/Heyn/Herms*, § 2 Rn. 66; Däubler/Bertzbach-*Däubler*, § 2 Rn. 263; HK-ArbR-*Bufalica*, § 2 Rn. 15; MükoBGB-*Thüsing*, § 2 AGG Rn. 26; *Bayreuther*, DB 2006, 1842, 1843; *Busch*, AiB 2006, 467, 468; *Düwell*, FA 2007, 107, 109; *Alenfelder*, Rn. 15.

treten, dass sowohl § 2 Abs. 4 AGG, als auch § 15 AGG anwendbar sind;[464] ebenso wie vertreten wird, dass weder § 2 Abs. 4 AGG noch § 15 AGG anwendbar sind.[465] Das BAG hat bislang ausdrücklich offen gelassen, welcher Meinung es sich hinsichtlich der Anwendbarkeit von § 15 AGG anschließt.[466] Im Übrigen versteht es § 2 Abs. 4 AGG in Bezug auf Kündigungen so, dass Verstöße gegen die Diskriminierungsverbote des AGG nach kündigungsrechtlichen Maßgaben gewertet werden sollen, also für den Bereich des Kündigungsschutzgesetzes im Zusammenhang mit der Frage erörtert werden, ob die Kündigung sozial ungerechtfertigt ist oder nicht; die Diskriminierungsverbote sollen nicht als eigene Unwirksamkeitsnormen angewendet werden.[467]

Die Konsequenzen hinsichtlich der Behandlung von unionsrechtswidrigem deutschen Recht sind konsequenter Weise nach den gleichen Grundsätzen zu beurteilen wie beim Vertretenmüssen nach § 15 Abs. 1 Satz 2 AGG, bei welchem schon weiter oben die Unionsrechtswidrigkeit festgestellt wurde.[468] § 2 Abs. 4 AGG steht ebenfalls dem Grundsatz der Gleichbehandlung in Beschäftigung und Beruf entgegen. Er ist daher nicht anzuwenden.

bb. Rechtsfolge einer benachteiligenden Beendigung des Arbeitsverhältnisses

Wie sieht nun die Rechtsfolge einer benachteiligenden Beendigung des Arbeitsverhältnisses aus? Sie zieht eine andere Rechtsfolge, als die bisher untersuchten Fallkonstellationen mit sich: Da die Beendigung, also etwa die Kündigung, gegen das gesetzliche Verbot nach § 7 Abs. 1 AGG verstößt, ist sie nichtig, § 134 BGB.[469] § 7 Abs. 2 AGG hat insoweit nur deklaratorische Bedeutung.[470] Ein Anspruch auf Wiedereinstellung ist nicht geboten.[471]

---

[464] Wendeling-Schröder/Stein-*Stein*, § 2 Rn. 21, 49 ff.; *Bauer/Göpfert/Krieger*, § 2 Rn. 68; *Freckmann*, BB 2007, 1049, 1051; *Gaul/Koehler*, ArbRB 2010, 53, 55; *Gaul/Koehler*, BB 2010, 503, 505; etwas unklar: *Schrader*, DB 2006, 2571, 2580.

[465] *Sagan*, NZA 2006, 1257, 1260.

[466] BAGE 123, 160, 172; BAG NZA 2009, 361, 365.

[467] BAG NZA 2009, 361, 365.

[468] Siehe oben unter D.I.5.c.

[469] Schleusener/Suckow/Voigt-*Schleusener*, § 7 Rn. 6; Schiek-*Schmidt*, § 7 Rn. 2 f.; HK-ArbR-*Berg*, § 7 AGG Rn. 1.

[470] Schiek-*Schmidt*, § 7 Rn. 2; HK-ArbR-*Berg*, § 7 AGG Rn. 1.

[471] *Meinel/Heyn/Herms*, § 15 Rn. 22; **a.A.** Palandt-*Weidenkaff*, § 15 AGG Rn. 4; Schiek-*Kocher*, § 15 Rn. 12.

Da die Beendigung unwirksam ist, hat der Benachteiligte ununterbrochen Anspruch auf Lohn und sämtliche Lohnnebenleistungen aus seinem Arbeitsvertrag, § 615 BGB.[472]

Aus § 15 Abs. 1 AGG hat er nur einen Anspruch auf Ersatz des negativen Interesses, also so gestellt zu werden, als ob die benachteiligende Beendigung nie stattgefunden hätte. Damit sind Kosten für die notwendige Rechtsberatung,[473] einen Arzt, Psychologen etc. gemeint. Dies folgt aus §§ 249, 251 BGB.[474]

Abzulehnen ist daher die Ansicht, dass der Differenzlohn bis zur ersten zulässigen Kündigung geschuldet sei.[475] Sie übersieht, dass die Kündigung unwirksam ist und somit gar kein ersetzbares positives Interesse entstehen kann.

3. Im laufenden Arbeitsverhältnis

Benachteiligungen im laufenden Arbeitsverhältnis können mannigfaltiger Art sein.[476] Grundsätzlich gilt: Ist ein Anspruch in einer bestimmten Regelung (z.B. im Arbeitsvertrag) benachteiligend ausgeschlossen worden, so ist die Regelung schon nach §§ 7 Abs. 1 AGG, 134 BGB nichtig, so dass der Benachteiligte direkt einen Anspruch nach den allgemeinen Regeln erwirbt.[477]

Hat er einen Anspruch benachteiligend nicht erhalten, ohne dass eine Regelung existierte, nach der dem Arbeitnehmer bei Nichtvorliegen des Merkmals nach § 1 AGG ein Anspruch zustünde, so greift § 15 Abs. 1 AGG. Dieser verweist auf § 249 ff. BGB.[478] Es ist vorrangig Naturalrestitution zu gewähren.[479] Ist dies nicht möglich, so ist nach den allgemeinen Regeln nach § 251 BGB ein entsprechender Geldbetrag zu leisten; ebenso wie für Forderungen, denen der Arbeitgeber nach Fristablauf noch nicht nachgekommen ist, § 250 BGB.

---

[472] So auch Schleusener/Suckow/Voigt-*Voigt*, § 2 Rn. 34, § 15 Rn. 16; KR-*Treber*, § 15 AGG Rn. 18; i.E. ebenfalls Kittner/Däubler/Zwanziger-*Zwanziger*, § 15 AGG Rn. 3.

[473] Strittig, siehe oben unter D.II.2.a.aa.γ.(2).

[474] I.E. ebenfalls *Meinel/Heyn/Herms*, § 15 Rn. 22; **a.A.** *Sagan*, NZA 2006, 1257, 1260.

[475] *Alenfelder*, Rn. 125.

[476] Beispiele finden sich etwa bei *Boemke/Danko*, § 9 Rn. 53.

[477] So auch Wendeling-Schröder/Stein-*Stein*, § 15 Rn. 25; Schleusener/Suckow/Voigt-*Voigt*, § 15 Rn. 16.

[478] Siehe oben unter D.II.1.

[479] *Boemke/Danko*, § 9 Rn. 53; Rust/Falke-*Bücker*, § 15 Rn. 18; Palandt-*Weidenkaff*, § 15 AGG Rn. 4 mit Beispielen.

a. Sexuelle Belästigung

Eine sexuelle Belästigung ist nach § 3 Abs. 4 AGG ebenfalls eine verbotene Verhaltensweise. Da diese vergleichsweise häufig vorkommt, wird die
Rechtsfolge hier gesondert aufgeführt. Jedoch gelten die allgemeinen
Grundsätze, so dass es im Bereich des materiellen Schadensersatzes beim
Ersatz der aus der Belästigung entstehenden Kosten für den Arzt, Psychologen, die notwendige Rechtsberatung[480] etc. bleibt. Hier ist der immaterielle Schadensersatz die zentrale Ersatzposition. Dieser wird weiter
unten besprochen.[481]

b. Entgeltdiskriminierung

Bei einer Entgeltdiskriminierung lassen sich, wie schon bei der benachteiligenden Beendigung des Arbeitsverhältnisses, nur die »Nebenfolgen«
aus § 15 Abs. 1 AGG ableiten. Das sind vornehmlich Arzt-, Psychologen-
und Rechtsanwaltskosten.[482] Die eigentliche Entgeltdifferenz wird jedoch
nicht als Schadensersatz,[483] sondern als vertraglicher Primäranspruch
geschuldet:

Erhalten einzelne, benachteiligte Beschäftigte weniger Geld als die Vergleichsgruppe, so verstößt die Regelung gegen § 7 Abs. 1 AGG und ist daher nichtig, § 134 BGB.[484] Das gilt ebenso, wenn eine gesamte Vergleichsgruppe gegenüber Einzelnen, die besser gestellt werden, benachteiligt ist. Dies ergibt sich daraus, dass gemäß dem Wortlaut auf die Benachteiligung abgestellt wird und nicht auf die Bevorzugung der anderen
Arbeitnehmer und auch nicht auf die abstrakte Ungleichbehandlung (vgl.
etwa §§ 1, 7 AGG). Deshalb ist gerade die benachteiligende Regelung
nichtig.

Ist daher nun der Arbeitsvertrag ohne wirksame Vereinbarung zum
Entgelt(bestandteil), muss auf die allgemeinen Regelungen des Arbeitsrechts zurückgegriffen werden.[485] Nach § 612 Abs. 1 BGB ist eine Vergütung als stillschweigend vereinbart anzusehen, wenn die Leistung den
Umständen nach nur gegen eine Vergütung zu erwarten ist. Ob diese
Norm nur für die Fälle tatsächlich fehlender Vergütungsvereinbarungen
gilt[486] oder auch für den Fall, dass – wie hier – die Vergütungszusage

---

[480] Strittig, siehe oben unter D.II.2.a.aa.γ.(2).
[481] Siehe unten unter E.II.5. ff., insbesondere E.II.7.a.
[482] Strittig, siehe oben unter D.II.2.a.aa.γ.(2).
[483] Wendeling-Schöder/Stein-*Stein*, § 15 Rn. 34.
[484] Zu dieser Rechtsfolge siehe schon oben unter D.II.2.d.bb.
[485] *Adomeit/Mohr*, § 8 Rn. 104 stellt lediglich fest, dass keine Sonderregelung existiert.
[486] So Staudinger-*Richardi*, 2005, § 612 Rn. 25; *Beuthien*, RdA 1969, 161, 166.

unwirksam ist,[487] ist dabei unerheblich. In beiden Fällen ist jedenfalls die Höhe der Vergütung nicht bestimmt, so dass nun die Taxe bzw. die übliche Vergütung als vereinbart gilt, § 612 Abs. 2 BGB.[488] Die übliche Vergütung ist in diesem Falle die Vergütung der nicht benachteiligten Vergleichsgruppe bzw. der bevorzugten Personen.[489] Es findet somit stets eine Anpassung nach oben statt.[490] Die Vergütung des Benachteiligten wird an das nicht-benachteiligende Niveau angeglichen. Dies gilt auch für Sondervergütungen, Provisionen, Gewinnanteile, Gratifikationen, Leistungen der betrieblichen Altersversorgung usw.[491] (die freilich auch alle herangezogen werden müssen, um eine Benachteiligung überhaupt festzustellen)[492]. Die Anpassung gilt für die Vergangenheit wie für die Zukunft.[493]

Diese Rechtsfolge ergibt sich, das sei noch einmal betont, nicht aus § 15 Abs. 1 AGG,[494] sondern aus § 612 Abs. 2 BGB i.V.m. dem jeweiligen Arbeitsvertrag. Unbenommen bleibt es dem Arbeitgeber freilich, für die Zukunft für Alle gleichermaßen die schlechteren Bedingungen zu vereinbaren. Ob und inwiefern das jeweils möglich ist, richtet sich nach den allgemeinen arbeitsrechtlichen Regeln.

4. Mitverschulden

Die Frage des Mitverschuldens richtet sich nach § 254 BGB. Die Schadensminderungspflicht nach § 254 Abs. 2 Satz 1 BGB a.E. wurde schon

---

[487] So MüKoBGB-*Müller-Glöge*, § 612 BGB Rn. 7; Jauernig-*Mansel*, § 612 BGB Rn. 2; ErfK-*Preis*, § 612 BGB Rn. 2; Henssler/Willemsen/Kalb-*Thüsing*, § 612 BGB Rn. 10; Erman-*Edenfeld*, § 612 BGB Rn. 1.

[488] Allgemeine Auffassung: Staudinger-*Richardi*, § 612 Rn. 35; BAG AP Nr. 11 zu § 611 BGB Mehrarbeitsvergütung; MüKoBGB-*Müller-Glöge*, § 612 BGB Rn. 27, 32; Henssler/Willemsen/Kalb-*Thüsing*, § 612 BGB Rn. 32 ff.

[489] MüKoBGB-*Müller-Glöge*, § 612 BGB Rn. 29.

[490] So auch i.E.: EuGH (Urteil vom 07.02.1991 – Rs. C-184/91), Slg. 1991, I-297, Rz. 16 ff. – Nimz; *Thüsing*, Rn. 495, 543; *Adomeit/Mohr*, § 15 Rn. 31 mit anderer Anspruchsgrundlage; BAG AP Nr. 1 zu BGB § 612 Diskriminierung; Staudinger-*Richardi*, 2005, § 612 BGB Rn. 73; **krit.** Soergel-*Raab*, 12. Aufl., § 612 BGB Rn. 83; **zu Art. 141 EG a.F.:** EuGH (Urteil vom 08.04.1976 – Rs. 43/75), Slg. 1976, 455, Rz. 14 f. – Defrenne II; EuGH (Urteil vom 27.06.1990 – Rs. C-33/89), Slg. 1990, I-2591, Tenor 2 – Kowalska; Schiek-*Schmidt*, § 7 Rn. 5; *Mohr*, Seite 308 ff., 353.

[491] MüKoBGB-*Müller-Glöge*, § 612 BGB Rn. 26; Staudinger-*Richardi*, 2005, § 612 BGB Rn. 36; ErfK-*Preis*, § 612 BGB Rn. 35, 40.

[492] BAGE 87, 272.

[493] EuGH (Urteil vom 07.02.1991 – Rs. C-184/91), Slg. 1991, I-297, Rz. 16 ff. – Nimz.

[494] So auch Schleusener/Suckow/Voigt-*Voigt*, § 15 Rn. 16; noch anders *Thüsing*, Rn. 543, der auf § 280 BGB zurückgreift.

oben[495] besprochen. Sie stellt die wichtigste Ausprägung des Mitverschuldens im Rahmen des § 15 AGG dar.[496]

Das Unterlassen eines Beschwerdeverfahrens nach § 13 AGG stellt kein
Mitverschulden dar.[497] Es ist ferner keine Obliegenheitspflichtverletzung,
was aus § 16 Abs. 2 AGG geschlossen werden kann.[498] Auch die Kündigung des Benachteiligten[499] oder das unterlassene Erheben einer Kündigungsschutzklage kann nicht als Obliegenheitspflichtverletzung angesehen werden.[500] Dies folgt aus dem Rechtsgedanken des § 628 Abs. 2
BGB, der gerade die Beendigung des Arbeitsverhältnisses nach vertrags-
widrigem Verhalten des anderen Teils zulassen möchte.[501]

Im Übrigen gelten für § 254 BGB die allgemeinen Auslegungsgrundsät-
ze, auf die hiermit verwiesen wird.[502]

---

[495] Siehe oben unter D.II.2.a.bb.β.(4)(b).
[496] So auch Wendeling-Schröder/Stein-*Stein*, § 15 Rn. 26; *Bauer/Göpfert/Krieger*,
§ 15 Rn. 30; **a.A.** Kittner/Däubler/Zwanziger-*Zwanziger*, § 15 Rn. 14.
[497] Ebenso Däubler/Bertzbach-*Deinert*, § 15 Rn. 41; Wendeling-Schröder/Stein-*Stein*,
§ 15 Rn. 26.
[498] Schiek-*Kocher*, § 15 Rn. 18, § 16 Rn. 20.
[499] *Nollert-Borasio/Perreng*, § 15 Rn. 16; Schiek-*Kocher*, § 15 Rn. 18.
[500] Wendeling-Schröder/Stein-*Stein*, § 15 Rn. 26; Nollert-Borasio/*Perreng*, § 15
Rn. 16; Däubler/Bertzbach-*Deinert*, § 15 Rn. 41.
[501] So auch Schiek-*Kocher*, § 15 Rn. 18; Däubler/Bertzbach-*Deinert*, § 15 Rn. 41.
[502] *Adomeit/Mohr*, § 15 Rn. 33; Däubler/Bertzbach-*Deinert*, § 15 Rn. 40.

E. § 15 ABS. 2 AGG: IMMATERIELLER SCHADENSERSATZ

§ 15 Abs. 2 AGG gewährt eine Entschädigung in Geld für den Schaden, der nicht Vermögensschaden ist, also mit anderen Worten für den Schaden, der nicht in Geld gemessen werden kann.[503] Es handelt sich dabei um die zentrale Rechtsfolge einer Diskriminierung.[504] Durch die auf Tatbestandsseite offene Formulierung gehen die Möglichkeiten immaterielle Entschädigung zu verlangen über § 253 Abs. 2 BGB hinaus. Von den dort aufgezählten, geschützten Rechtsgütern wäre, im Anwendungsbereich des arbeitsrechtlichen Teils des AGG, lediglich die sexuelle Selbstbestimmung regelmäßig einschlägig. Die übrigen Rechtsgüter, Körper, Gesundheit und Freiheit, spielen nur ganz am Rande eine Rolle. Mit § 15 Abs. 2 AGG wurde eine Norm geschaffen, in der diese restriktive Tendenz des immateriellen Schadensausgleichgedankens des BGB nicht mehr zu finden ist. Eine Entschädigung gibt es für jeden immateriellen Schaden jenseits von Rechtsgutsgrenzen.

Zu der genauen Höhe der Entschädigung äußert sich das Gesetz nicht. Der Gesetzgeber hat diese Stelle durch die Formulierung »angemessene Entschädigung« ganz bewusst so offen gestaltet, damit der arbeitsgerichtlichen Rechtsprechung »der notwendige Beurteilungsspielraum erhalten [bleibt], um die Besonderheiten jedes einzelnen Falles zu berücksichtigen«[505]. Zwar ist § 15 Abs. 2 AGG, wie schon mehrfach ausgeführt, die Nachfolgeregelung zu § 611a Abs. 2 BGB a.F. Die zu dieser Vorschrift entwickelten Grundsätze dürfen jedoch nicht ohne Weiteres übernommen werden. Mit § 15 Abs. 1 und Abs. 2 AGG wurde erstmals im Bereich der Benachteiligung im Arbeitsrecht klar zwischen materiellem Schadensersatz und immateriellem Schadensersatz unterschieden.[506] Während bei § 611a Abs. 2 BGB strittig war, inwieweit materieller Schaden bei der Ersatzhöhe zu berücksichtigen ist, kann dies im Rahmen von § 15

---

[503] *Thüsing*, Rn. 519 m.w.N.
[504] *Jacobs*, RdA 2009, 193, 194.
[505] BT-Drucks. 16/1780, Seite 38.
[506] *Thüsing*, Rn. 513.

Abs. 2 AGG kaum eine Rolle spielen; schließlich ist der Geschädigte durch Absatz 1 grundsätzlich materiell verlustfrei gestellt.

Ein Anhaltspunkt für die tatsächliche Höhe der Entschädigung kann möglicherweise in den gerichtlich zugesprochenen Schmerzensgeldbeträgen gesehen werden, die bislang bei Verstößen gegen die körperliche Unversehrtheit im Rahmen des § 253 BGB bzw. bei Verstößen gegen das allgemeine Persönlichkeitsrecht zugesprochen wurden.[507] Hier liegen die für die Verletzungen des allgemeinen Persönlichkeitsrechts zugebilligten Beträge zwischen 50 € und etwa 1 Million €.[508]

Kann diese Rechtsprechung für die Auslegung von § 15 Abs. 2 AGG fruchtbar gemacht werden? Es scheint nahe zu liegen, auf die Rechtsprechung zur Verletzung des allgemeinen Persönlichkeitsrechts zurückzugreifen. Indes wird häufig betont, dass gerade im Rahmen von § 15 AGG kein Eingriff mit ähnlicher Schwere wie eine Persönlichkeitsverletzung nötig ist.[509] Darüber hinaus leitet die Rechtsprechung regelmäßig die Beurteilungsmaßstäbe zur Entschädigungshöhe bei einer Persönlichkeitsrechtsverletzung aus der Verfassung ab.[510] Das AGG hingegen hat seine Wurzeln überwiegend im europäischen Recht, welches andere Maßstäbe anlegt.

Daher ist die Diskussion darüber, welche Faktoren die Entschädigungshöhe nach Absatz 2 tatsächlich beeinflussen und welche keinen Einfluss haben, ebenso offen wie notwendig.

Der Gesetzgeber ist vage geblieben, als er die Rechtsfolge des Absatzes 2 formulierte. Ausdrücklich fasste er im Tatbestand lediglich, dass es ein Beschäftigter sein muss, der die Entschädigung verlangen kann. In Satz 2 existiert eine Beschränkung für den nicht-einzustellenden Beschäftigten. Allerdings hilft auch dies bei der Bestimmung der Tatbestandsvoraussetzungen nicht wesentlich weiter. Daher ist zunächst festzustellen, welche Voraussetzungen im Einzelnen die Entschädigungspflicht auslösen. Insbesondere soll ein Augenmerk darauf gelegt werden, inwieweit die Voraussetzungen des Absatzes 1 für den Absatz 2 übernommen werden können bzw. modifiziert werden müssen.

Erst im Anschluss daran können die maßgeblichen Faktoren für die Entschädigungshöhe sinnvoll bestimmt werden. Dies ist ein weiterer Gesichtspunkt, auf den diese Arbeit einen Schwerpunkt legen möchte. Hier ist vom Gesetzgeber zunächst nur vorgegeben, dass die Entschädigung

---

[507] So *Bauer/Göpfert/Krieger*, § 15 Rn. 35.
[508] Prütting/Wegen/Weinreich-*Medicus*, § 253 Rn. 14.
[509] Rust/Falke-*Bücker*, § 15 Rn. 34; *Meinel/Heyn/Herms*, § 15 Rn. 37; Däubler/Bertzbach-*Deinert*, § 15 Rn. 50; Schleusener/Suckow/Voigt-*Voigt*, § 15 Rn. 29.
[510] BGHZ 128, 1, 15; BGHZ 160, 298.

angemessen sein muss und in Geld zu bemessen ist. Mit Ausnahme von
§ 15 Abs. 2 Satz 2 AGG schreibt das Gesetz keine Obergrenze vor, so dass
die Auslegung eine ganz besonders große Rolle spielt. An dieser Stelle ist
die Frage zu klären, ob es möglich ist, eine Höchstgrenze durch Auslegung zu ermitteln. Weiterhin ist zu klären, welche Faktoren die Entschädigungshöhe beeinflussen können und müssen bzw. welche es nicht dürfen. Die Auslegung soll zunächst ausführlich anhand klassischer Metho-
den und unter Berücksichtigung der hergebrachten Rechtsprechungspraxis geschehen. Im Anschluss daran ist auf das in diesem Zusammenhang viel beachtete Thema Strafschadensersatz einzugehen. Nach Auffassung vieler Autoren handelt es sich bei § 15 Abs. 2 Satz 1 AGG »selbstverständlich« nicht um einen solchen.[511] Doch so selbstverständlich kann
diese Aussage nicht sein, wenn diese Autoren es für nötig erachten, dies
expressis verbis zu betonen. Diese von vielen verteufelte und nur von
wenigen geliebte Art des Schadens»ersatzes« ist auf ihre Stellung im
deutschen Recht hin zu untersuchen. Die hier gewonnenen Einsichten
sind anschließend in Zusammenhang mit den bereits gefundenen Erkenntnissen nach den klassischen Berechnungsmethoden zu bringen.

I. Der Tatbestand des § 15 Abs. 2 AGG

1. Tatbestandsvoraussetzungen von § 15 Abs. 2 AGG

»Wer will was von wem woraus?«[512] Diese grundlegende Fragestellung
eignet sich auch hier als Ausgangspunkt. Die Frage nach dem »woraus«
ist – zugegebenermaßen – einfach zu beantworten: aus § 15 Abs. 2 AGG.
Die anderen sind dafür umso schwieriger, schließlich sind im Wortlaut
des § 15 Abs. 2 AGG (fast) keine Voraussetzungen normiert.[513]

Dies könnte dafür sprechen, dass § 15 Abs. 2 AGG lediglich eine weitere
Rechtsfolgenbestimmung bei Vorliegen der Voraussetzungen des Schadensersatzanspruches nach Absatz 1 darstellt.[514] Die Formulierung legt
dies nahe.

Etwas ungewohnt ist dann freilich die systematische Stellung des immateriellen Schadensersatzes in Absatz 2. In Absatz 1 Satz 3 hätte diese
Formulierung auch aufgenommen werden können. Die Stellung könnte

---

[511] Siehe Zitate unten unter E.IV.1.
[512] *Rüthers/Stadler*, § 10 Rn. 5.
[513] BAG NZA 2009, 945, 947; Wendeling-Schöder/Stein-*Stein*, § 15 Rn. 30; ähnlich:
Rust/Falke-*Bücker*, § 15 Rn. 31.
[514] So *Thüsing*, Rn. 516.

mit der nur für den immateriellen Schadensersatz geltenden Beschränkung in § 15 Abs. 2 Satz 2 AGG erklärbar sein.

Weiter spricht dafür, dass es sich bei Absatz 2 um eine reine Rechtsfolgenregelung handelt, dass identische Voraussetzungen für den materiellen und den immateriellen Schadensersatz (so dieser ersetzbar ist) im deutschen Recht üblich sind.

Der Gesetzgeber ist jedoch der Ansicht, dass Absatz 2 nicht die identischen Voraussetzungen wie Absatz 1 hat:[515] In der Gesetzesbegründung wird ausdrücklich vermerkt, dass Absatz 2 im Gegensatz zu Absatz 1 verschuldensunabhängig sei. Dies ist erstaunlich, denn damit sind nach Ansicht des Gesetzgebers die Voraussetzungen für die Ersatzfähigkeit des immateriellen Schadens geringer als die für den materiellen Schaden. Soweit ersichtlich, stellt diese Konstellation ein Unikum im deutschen Recht dar. Es ist kaum nachzuvollziehen, aus welchen Gründen der Gesetzeswortlaut dann nicht eindeutiger gestaltet wurde. Der Aufbau, der Absatz 1 und 2 klar trennt, spricht jedoch für diese Auslegung.

Die richtige Auslegung lässt sich erneut über das Unionsrecht und die unionsrechtskonforme Auslegung finden. Der EuGH verlangt in seiner Rechtsprechung,[516] dass der Verstoß gegen das Diskriminierungsverbot alleine ausreichen muss, die volle Haftung des Arbeitgebers auszulösen. Daher darf auch Absatz 2 nicht unter den Vorbehalt des Vertretenmüssens gestellt werden.[517] § 15 Abs. 2 AGG ist unabhängig von der Entscheidung, ob lediglich Rechtsfolge oder eigenständige Anspruchsgrundlage ist, verschuldensunabhängig, da Absatz 1 – unionsrechtskonform interpretiert – ebenfalls verschuldensunabhängig ist. Jedoch ist diese Auslegung für den Rechtsanwender evidenter, wenn in Absatz 2 eine eigenständige Anspruchsgrundlage gesehen wird, da sich die Verschuldensunabhängigkeit dann bereits aus dem Wortlaut des Gesetzes ergibt und nicht erst der Grundsatz der Gleichbehandlung in Beschäftigung und Beruf bzw. Art. 21 EuGRC i.V.m. Art. 6 Abs. 1 EUV zur Interpretation herangezogen werden müssen. Ferner ist so auch der historischen Auslegung entsprochen, da der Gesetzgeber Absatz 2 als eigenständige Anspruchsgrundlage ansieht.

Es handelt sich bei § 15 Abs. 2 AGG um eine eigenständige Anspruchsgrundlage.[518] Diese setzt kein Vertretenmüssen voraus.[519]

---

[515] BT-Drucks. 16/1780, Seite 38.

[516] EuGH (Urteil vom 22.04.1997 – Rs. C-180/95), Slg. 1997, I-2195, Rz. 18 – Draempaehl; siehe oben unter B.III.

[517] Siehe oben unter D.I.5.

[518] *Von Roetteken*, § 15 Rn. 57; *Boemke/Danko*, § 9 Rn. 61; *Bauer/Krieger*, BB-Special 6/2004, 20, 21; *Willemsen/Schweibert*, NJW 2006, 2583, 2589; *Stoffels*, RdA

Die weiteren Voraussetzungen, die für Absatz 2 gelten, müssen im Folgenden kurz erörtert werden, da sie sich nicht gleichsam »automatisch« aus Absatz 1 ergeben, weil es sich um eine eigenständige Anspruchsgrundlage handelt:

Nahe liegt es, zunächst den systematischen Kontext dieser Vorschrift nach Hinweisen zu durchsuchen. In § 15 Abs. 1 Satz 1 AGG[520] stößt man auf die ersten Hinweise: »Wer« könnte jemand sein, der wider das Benachteiligungsverbot behandelt wurde, »von wem« könnte der Arbeitgeber sein.

Dass der Beschäftigte[521] Anspruchsinhaber der Entschädigung sein kann, wird, soweit ersichtlich, nicht in Frage gestellt. Dazu besteht auch kein Anlass, denn dies ist eindeutig in § 15 Abs. 2 Satz 1 AGG geregelt. Daneben ist wie bei Absatz 1 § 6 Abs. 2 und 3 zu beachten, so dass auch in Heimarbeit Beschäftigte und, soweit es um die Bedingungen für den Zugang zur Erwerbstätigkeit geht, auch Selbstständige und Organmitglieder[522] geschützt sind.

Nicht ausdrücklich klargestellt wird hier, wie auch in Absatz 1, welche Person von der Benachteiligung betroffen sein muss, damit der Beschäftigte Ersatz verlangen kann. Die Gesetzesbegründung spricht von dem Betroffenen[523] und von dem Beschäftigten, der unzulässig benachteiligt oder belästigt wird.[524] In §§ 14 Satz 1 und 16 Abs. 2 Satz 1 AGG kennt das Gesetz daneben auch den Ausdruck »betroffener Beschäftigter«. In der Gesetzesbegründung zu § 16 Abs. 2 AGG wird der Terminus »Benachteiligter« verwendet.[525] Trotz der Vielfalt der Umschreibungen scheint jedoch immer dieselbe Person gemeint zu sein. Es handelt sich um die Person, die bereits die betroffene Person nach Absatz 1 ist.[526] Da die Gesetzesbegründung zu keinen weiteren Erkenntnissen führt, kann vollum-

---

2009, 204, 205; Wendeling-Schöder/Stein-*Stein*, § 15 Rn. 30; unklar: ErfK-*Schlachter*, § 15 AGG Rn. 5.

[519] BAG NZA 2009, 945; *Zeckei*, Seite 236; *Jacobs*, RdA 2009, 193, 194; Henssler/Willemsen/Kalb-*Annuß/Rupp*, § 15 AGG Rn. 7; *Boemke/Danko*, § 9 Rn. 62; *Rühl/Schmid/Viethen*, Seite 84; *Meinel/Heyn/Herms*, § 15 Rn. 33; *Sprenger*, Seite 177; Palandt-*Weidenkaff*, § 15 AGG Rn. 6; *Kamanabrou*, RdA 2006, 321, 336; **a.A.** MüKoBGB-*Thüsing*, § 15 AGG Rn. 5.

[520] Wendeling-Schöder/Stein-*Stein*, § 15 Rn. 30.

[521] Statt vieler: *Bauer/Göpfert/Krieger*, § 15 Rn. 31; *Meinel/Heyn/Herms*, § 15 Rn. 30.

[522] *Von Roetteken*, § 15 Rn. 54.

[523] BT-Drucks. 16/1780, Seite 38, Zeile 6 f.

[524] BT-Drucks. 16/1780, Seite 38, Zeile 44 f.

[525] Diese benutzt auch *Thüsing*, Rn. 517.

[526] So im Ergebnis auch BAG NZA 2009, 945, 947.

fänglich auf die obige Begründung verwiesen werden.[527] Somit deckt sich auch in Absatz 2 der Anspruchsinhaber mit der betroffenen Person: »Anspruchsberechtigt ist der benachteiligte Arbeitnehmer.«[528]

In der jüngeren Gesetzgebungsgeschichte werden in neuen Gesetzen stets ganze Paragrafen den Begriffsbestimmungen gewidmet (hier beispielsweise § 3 AGG). Damit wird zum Ausdruck gebracht, dass die Worte gezielt eingesetzt werden, also gleiche Worte Gleiches und ungleiche Worte Ungleiches bedeuten. Die Verwendung einer Vielzahl von Synonymen erscheint daher verwirrend.

Ein Verhalten des Arbeitgebers und ein dem Arbeitgeber zurechenbares Verhalten Dritter ist ebenfalls wie im Rahmen des Absatz 1 zu handhaben.[529]

Anspruchsgegner bleibt alleine der Arbeitgeber.[530] Gegen Vorgesetzte oder andere Arbeitskollegen, auch die, die in der eigenen Person die Benachteiligung begangen haben, kommt ein Entschädigungsanspruch nach § 15 Abs. 2 AGG[531] nicht in Betracht.[532] Insbesondere kann der Auffassung nicht gefolgt werden, dass jede beliebige Person Anspruchsgegner sein kann.[533] Eine solche Auffassung lässt sich mit der Definition des Anwendungsbereiches des Gesetzes in § 7 AGG nicht vereinbaren.

2. Verhältnis zu § 253 BGB

Nach § 15 Abs. 2 AGG kann der Ersatz des Nichtvermögensschadens verlangt werden.[534]

Auch in § 253 Abs. 2 BGB ist der Ersatz des immateriellen Schadens beschrieben. Es handelt sich dabei im Unterschied zu § 15 Abs. 2 AGG aber nicht um eine eigenständige Anspruchsgrundlage, sondern um eine Modifikation des § 249 BGB, die die Höhe des Schadensersatzes regelt.[535] § 15 Abs. 1 AGG verweist jedoch auf § 249 BGB.[536]

---

[527] Siehe oben unter D.I.2.
[528] *Meinel/Heyn/Herms*, § 15 Rn. 30.
[529] Siehe oben unter D.I.1.; BAG NZA 2009, 945, 947; *Boemke/Danko*, § 9 Rn. 62; *Meinel/Heyn/Herms*, § 15 Rn. 31.
[530] Wendeling-Schröder/Stein-*Stein*, § 15 Rn. 36; *Meinel/Heyn/Herms*, § 15 Rn. 32; Schleusener/Suckow/Voigt-*Voigt*, § 15 Rn. 28; Däubler/Bertzbach-*Deinert*, § 15 Rn. 87; *Rösch*, Seite 120; **a.A.** ErfK-*Schlachter*, § 15 AGG Rn. 5.
[531] Gegen diese könnten Ansprüche nach § 823 Abs. 1 BGB in Betracht kommen.
[532] *Meinel/Heyn/Herms*, § 15 Rn. 32; Schleusener/Suckow/Voigt-*Voigt*, § 15 Rn. 28.
[533] So aber *von Roetteken*, § 15 Rn. 57.
[534] Wendeling-Schröder/Stein-*Stein*, § 15 Rn. 37.
[535] *Bamberger/Roth*, § 253 Rn. 7 m.w.N.
[536] Siehe oben unter D.II.1.

In der Konsequenz stehen also für Ansprüche wegen einer Verletzung der in § 253 Abs. 2 BGB aufgezählten Rechtsgüter, bei Vorliegen der Voraussetzungen von § 15 AGG, zwei Anspruchsgrundlagen, § 253 Abs. 2 BGB i.V.m. §§ 15 Abs. 1 AGG, 249 BGB und § 15 Abs. 2 AGG, zur Verfügung.

Jeder Anspruch ist zugleich enger und weiter als der jeweils andere: § 253 Abs. 2 BGB i.V.m. §§ 15 Abs. 1 AGG, 249 BGB beschränkt die Rechtsgüter, bei deren Verletzung immaterieller Schadensersatz geschuldet ist. Bei § 15 Abs. 2 AGG hingegen ist die Entschädigung wegen Nichteinstellung auf drei Monatsgehälter beschränkt, wenn die Einstellung auch ohne Benachteiligung nicht erfolgt wäre.

Damit sind sowohl Fälle denkbar, in denen die erste Anspruchsgrundlage eine finanziell günstigere Rechtsfolge bietet, als auch solche, in denen sich der Benachteiligte besser auf die zweite beruft. Daher lohnt es sich, nach dem Verhältnis der beiden Normen zueinander zu fragen. Dabei kommt sowohl in Betracht, dass § 253 Abs. 2 BGB i.V.m. §§ 15 Abs. 1 AGG, 249 BGB vorrangig ist. Ebenso könnte § 15 Abs. 2 AGG vorrangig sein und schließlich bleibt die Möglichkeit, dass beide Anspruchsgrundlagen parallel nebeneinander existieren und anwendbar sind.

Würde § 253 Abs. 2 BGB i.V.m. §§ 15 Abs. 1 AGG, 249 BGB generell als vorrangig angesehen werden, so gäbe es für § 15 Abs. 2 AGG keinen Anwendungsbereich, was nicht gewollt sein kann. Wäre § 15 Abs. 2 AGG alleine anwendbar, so bestünde für viele Benachteiligte eine Beschränkung auf drei Monatsgehälter, unabhängig vom verletzten Rechtsgut. Bei einer parallelen Anwendbarkeit von § 253 BGB und § 15 Abs. 2 AGG hätte der Benachteiligte die besten Chancen einen finanziellen Ausgleich zu erlangen.

Gibt es zwei oder mehrere sich widersprechende Normen für denselben Sachverhalt, so kann anhand der traditionellen Rechtsanwendungstechniken eine vernünftige Lösung gefunden werden. Es gilt *lex specialis derogat legi generali* ebenso wie *lex posterior derogat legi priori* und schließlich *lex superior derogat legi inferiori*.[537] Diese Grundsätze sind im Folgenden auf die Möglichkeiten anzuwenden:

§§ 249, 253 BGB befinden sich im Allgemeinen Schuldrecht. Sie wurden zuletzt geändert durch Art. 2 Nr. 1 und 2 Gesetz vom 19.07.2002[538] mit Wirkung vom 01.08.2002. Es handelt sich um ein Bundesgesetz.

---

[537] *Rüthers*, § 22 Rn. 770 ff.
[538] BGBl. 2002 I, Seite 2674, »Zweites Gesetz zur Änderung schadensersatzrechtlicher Vorschriften«.

§ 15 Abs. 2 AGG ist ein arbeitsrechtliches Spezialgesetz. Es wurde geschaffen durch das Gesetz vom 14.08.2006[539] mit Wirkung vom 18.08.2006. Es handelt sich ebenfalls um ein Bundesgesetz.

Damit handelt es sich bei § 15 Abs. 2 AGG um eine *lex specialis et posterior* im Verhältnis zu §§ 249, 253 BGB. Da es sich bei beiden um Bundesgesetze handelt, ist aus dem Rangverhältnis kein weiterer Erkenntnisgewinn zu ziehen. § 15 Abs. 2 AGG würde danach ausschließlich und vorrangig sein.

Dieses Ergebnis wird gestützt von den Aussagen des Gesetzgebers: »§ 15 Abs. 2 ist [...] gegenüber § 253 BGB die speziellere Norm.«[540] Auch die Schlussbestimmung in § 32 AGG unterstützt diese Auslegung: Nur »soweit in diesem Gesetz [das AGG] nichts Abweichendes bestimmt ist, gelten die allgemeinen Bestimmungen«[541]. Hier ist jedoch für den immateriellen Schadensersatz etwas Abweichendes bestimmt.

Die Problematik des Konkurrenzverhältnisses der beiden Gesetze wird in vielen Beiträgen gesehen und übereinstimmend gelangt man zu der hier vertretenen Ansicht.[542] Die ausführliche Herleitung an dieser Stelle war dennoch erforderlich, denn soweit ersichtlich, wurden die gefundenen Ergebnisse bislang nicht begründet. Dies ist aber notwendig, da nach ständiger Rechtsprechung des EuGH die Rechtsfolgen bei Umsetzung von EG-Recht ähnlich denen sein müssen, die bei Sachverhalten ähnlicher Art und Schwere vorgesehen sind.[543] Hier weist § 15 Abs. 2 AGG gegenüber § 253 Abs. 2 BGB zwei Besonderheiten auf:

1. Es ist eine »angemessene« statt einer »billigen« Entschädigung zu zahlen.

2. Es ist die Beschränkung in § 15 Abs. 2 Satz 2 AGG zu berücksichtigen.

Punkt 1 wird ausführlich weiter unten besprochen.[544] Die »angemessene« Entschädigung in § 15 Abs. 2 AGG ist bei unionsrechtskonformer Auslegung eher weiter als die »billige« Entschädigung zu verstehen.

---

[539] BGBl. 2006 I, Seite 1897.

[540] BT-Drucks. 16/1780, Seite 38; kritisch *Jacobs*, RdA 2009, 193, 195.

[541] § 32 AGG.

[542] BAG NZA 2009, 945, 952; *Thüsing*, Rn. 515; *Monen*, Seite 173; *Meinel/Heyn/ Herms*, § 15 Rn. 29; *Rühl/Schmid/Viethen*, Seite 84; *Bauer/Göpfert/Krieger*, § 15 Rn. 34; Henssler/Willemsen/Kalb-*Annuß/Rupp*, § 15 AGG Rn. 6; wohl auch *von Roetteken*, § 15 Rn. 55.

[543] Vergleiche etwa EuGH (Urteil vom 21.09.1989 – Rs. 68/88), Slg. 1989, 2965, Rz. 24 – Kommission gegen Griechenland; EuGH (Urteil vom 22.04.1997 – Rs. C-180/95), Slg. 1997, I-2195, Rz. 29 – Draempaehl.

[544] Siehe unten unter E.II.1.

Die in Punkt 2 angesprochene Beschränkung hat der EuGH bereits als unionsrechtskonform anerkannt.[545] Nähere Ausführungen zu § 15 Abs. 2 Satz 2 AGG finden sich weiter unten.[546]

II. Die Rechtsfolge des § 15 Abs. 2 AGG

Sind die Voraussetzungen erfüllt, so kann der Beschäftigte eine angemessene Entschädigung in Geld verlangen. Es handelt sich um eine von der Rechtsprechung auszufüllende, formelhafte Beschreibung der Höhe des Ersatzes. Doch welche Faktoren bestimmen die Höhe der von den Gerichten im Einzelfall zu bemessenen Geldsumme?

Bei der Untersuchung des Wortlautes fällt auf, dass anders als in § 253 Abs. 2 BGB keine »billige Entschädigung in Geld«, sondern eine »angemessene Entschädigung in Geld« zu leisten ist. Hier ist zu hinterfragen, ob und ggf. welche Bedeutung diese abweichende Terminologie haben soll.

Bei der Bemessung der Höhe einer immateriellen Entschädigung stehen dem Rechtsanwender seit je her weite Interpretationsmöglichkeiten offen. Während der materielle Schadensersatz regelmäßig tatsächlich berechnet werden kann, gestaltet sich dies beim immateriellen Schaden wesentlich schwieriger. Zwar gibt es eine lange Liste von Urteilen, die sich mit immateriellem Schadensausgleich befassen, aber die tragenden Aspekte, die die konkrete Höhe der Entschädigung ausmachen, müssen von Fall zu Fall neu gewichtet werden. Da die immaterielle Einbuße gerade kein Geldäquivalent besitzt, entwickeln sich die Ersatzzahlungen auch mit dem Gang der Zeit.[547]

§ 15 Abs. 2 AGG wurde zu einer Zeit geschaffen, in der auch in Deutschland die Grenzen der Entschädigungssummen höher und höher werden. Dazu kommt in diesem speziellen Fall, dass nicht alleine die deutsche Rechtstradition zu berücksichtigen ist. Vielmehr muss auch dem unionsrechtlichen Kontext der Norm Genüge getan werden, da die Regelung zur Umsetzung einer Richtlinie geschaffen wurde.

Damit ist es nicht gerade einfach, sich der konkreten Rechtsfolge von § 15 Abs. 2 AGG zu nähern. In einem ersten Schritt bietet es sich an, zunächst den Wortlaut als äußersten Rahmen genauer zu betrachten.

---

[545] EuGH (Urteil vom 22.04.1997 – Rs. C-180/95), Slg. 1997, I-2195, Tenor 2 – Draempaehl.

[546] Siehe unten unter E.II.8.

[547] Dies wird an § 1300 BGB a.F. (unten unter E.II.b.hh.) besonders schön deutlich.

1. Der Wortlaut: »angemessen« oder »billig«?

Wie bereits erwähnt, lautet die Rechtsfolge von § 15 Abs. 2 AGG nicht etwa wie bei § 253 Abs. 2 BGB, dass eine »billige« Entschädigung in Geld zu leisten ist, vielmehr ist hier ein »angemessener« Ausgleich in Geld geschuldet. Worin liegt der Unterschied? Welchen Grund gibt es, verschiedene Begriffe zu verwenden?

Nach dem Sprachgefühl ist eine »billige« Entschädigung betragsmäßig etwas niedriger zu bemessen als eine »angemessene« Entschädigung. Dies ist freilich eine höchst unzureichende Grundlage zur Interpretation dieser Norm. Sowohl der Gesetzgeber[548] als auch die Etymologie[549] verwenden (in diesem Sinne) beide Ausdrücke synonym. Aber nicht nur unter den Germanisten, auch unter den Juristen ist die synonyme Benutzung beider Ausdrücke gebräuchlich.[550]

Dass »angemessen« und »billig« Synonyme sind, muss indes bezweifelt werden. In der Folge wird gezeigt, dass dies nicht der Fall ist.

Dabei hilft ein Blick auf die systematischen Kontexte, in denen die Ausdrücke »angemessene Entschädigung« und »billige Entschädigung« verwendet werden, weiter.

Im deutschen Bundesrecht fällt auf, das der Terminus »billige Entschädigung« regelmäßig im Zusammenhang mit Körper- und Gesundheitsverletzungen, Freiheitsentziehungen und Verletzungen der sexuellen Selbstbestimmung verwendet wird.[551] Mit dieser Regel bricht – soweit ersichtlich – lediglich § 35 WettbewG a.F.[552], nach dem in bestimmten Fällen eine »billige Entschädigung« bei Nichtaufnahme in eine Wirtschafts- oder Berufsvereinigung verlangt werden konnte.

Eine »angemessene Entschädigung« gibt es nach dem Gesetz in ganz anderen Fallgruppen: Einerseits wird regelmäßig für ehrenamtliches Engagement oder für andere Aufgaben, die mit der eigenen Arbeitskraft in Verbindung stehen, eine angemessene Entschädigung geschuldet.[553] Daneben existiert noch eine Fallgruppe, bei der durch staatlichen Eingriff versehentlich zugefügte Schäden durch eine angemessene Entschädigung

---

[548] BT-Drucks. 16/1780, Seite 38; BR-Drucks. 329/06, Seite 40.

[549] *Wermke*, Seite 96.

[550] Schiek-*Kocher*, § 15 Rn. 30: »entspricht«.

[551] § 253 BGB, § 847 BGB a.F., § 1300 BGB a.F., § 29 AtG, § 87 AMG, § 20 BesatzSchG, § 52 BPolG, § 32 GenTG, § 6 HaftPflG, § 36 LuftVG, § 8 ProdHaftG, § 11 StVG, § 13 UmweltHG.

[552] 01.05.1980 – 31.12.1998.

[553] §§ 40, 77, 82, 92 BBiG, § 5 HAG, §§ 12, 19 HufBeschlV, § 34 HwO, § 55 JArbSchG, § 6 MiArbG, § 72 PatAnwO, § 17 BAPostSa, § 16 SGB II.

ausgeglichen werden sollen.[554] Neben den versehentlich zugefügten Schäden verlangt der Staat Bürgern zum Wohle der Allgemeinheit ab, bestimmte Maßnahmen oder Handlungen zu dulden, obwohl sie für diese mit einem Nachteil verbunden sind, wofür wiederum eine »angemessene Entschädigung« zu zahlen ist.[555]

Vor diesem Hintergrund wäre zu erwarten gewesen, dass der Verstoß gegen das Benachteiligungsverbot eine *billige* Entschädigung zur Folge haben sollte. Denn die Anknüpfungspunkte, die es bislang für eine »angemessene« Entschädigung gab, sind hier offensichtlich nicht einschlägig. Der Ausgleich einer Benachteiligung stellt weder einen versehentlich oder absichtlich hervorgerufenen staatlichen Eingriff dar, noch wird ein Tätigwerden des Entschädigungsgläubigers entlohnt.

Im Gegenteil setzt § 15 Abs. 2 AGG rechtswidrige Akte nach §§ 1, 7 AGG voraus, deren Ausgleich ermöglicht werden soll. Ebenso verhält es sich bei dem Ausgleich von Körper- und Gesundheitsverletzungen, Freiheitsentziehungen und Verletzungen der sexuellen Selbstbestimmung. Daher wäre es nur folgerichtig, wenn auch im AGG eine »billige« Entschädigung geschuldet würde.

Dennoch wird dem Gläubiger in § 15 Abs. 2 AGG eine *angemessene (!)* Entschädigung in Geld geschuldet. Deshalb gilt es herauszufinden, was den Gesetzgeber dazu bewogen hat, diese Formulierung zu verwenden und welche Konsequenzen die Formulierung auf die Auslegung der Vorschrift hat.

Zunächst ist festzustellen, dass es sich jedenfalls nicht wie bei § 2 Abs. 4 AGG[556] um eine kurzfristige, übereilte Änderung im Rahmen der politischen Bemühungen um ein mehrheitsfähiges Gesetz handelt, denn bereits im ersten Entwurf des Bundesjustizministeriums ist diese Formulierung zu finden.[557] Schon den dazugehörigen Gesetzesmaterialien ist keine Begründung für den ungewöhnlichen Wortlaut zu entnehmen. Es heißt lediglich: »Eine solche Entschädigung in Geld ließe sich zwar auch als Schadensersatzanspruch aus allgemeinen Vorschriften ableiten. Aus Gründen der Transparenz und Rechtsklarheit nimmt Satz 2 diese Rechts-

---

[554] § 17 AEG, §§ 126, 179 BauGB.

[555] §§ 40, 41 AMG, § 3 AnpflEigentG, § 3 ArbPlSchG, §§ 9g, 18 AtG, §§ 18, 39, 40, 41, 42 BauGB.

[556] Vgl. oben unter D.II.2.a.bb.β.

[557] BMJ, »Diskussionsentwurf eines Gesetzes zur Verhinderung von Diskriminierungen im Zivilrecht«, Seite 6, http://rsw.beck.de/rsw/upload/Beck_Aktuell/Diskussionsentwurf-BMJ_1.pdf (zuletzt aufgerufen am 13.06.2010).

folge jedoch noch einmal ausdrücklich auf.«[558] Das hieße also, dass keine abweichende Bemessung im Verhältnis zu den allgemeinen Vorschriften gewollt war. Dies ist umso erstaunlicher angesichts der Tatsache, dass die grundlegende Norm, die den immateriellen Schaden regelt, nämlich § 253 Abs. 2 BGB, eine *billige* Entschädigung zuspricht und gerade diese Formulierung nicht übernommen worden ist.

Die gleiche Formulierung war bereits in § 611a BGB a.F. zu finden. Erstmals wurde 1994 die »angemessene Entschädigung« in § 611a Abs. 2 BGB eingeführt.[559] Der Gesetzentwurf der Bundesregierung sah hier noch die Formulierung »billige Entschädigung« vor.[560] Dies sollte dem Gericht die Möglichkeit eröffnen, »eine dem Einzelfall angepasste Sanktion zu verhängen«.[561] Die Beschlussempfehlung und der Bericht des Ausschusses für Frauen und Jugend änderten den Wortlaut ab in die heutige Formulierung »angemessene Entschädigung«.[562] Leider bleibt der Ausschuss eine Stellungnahme dazu schuldig, was mit dieser Änderung erreicht werden sollte.[563] Auch die Wissenschaft setzte sich mit der abweichenden Formulierung in § 611a BGB a.F. nicht auseinander; sie sah darin lediglich eine allgemeine Umschreibung für immateriellen Schadensersatz, ist aber dem Wortlaut nicht auf den Grund gegangen.[564] Dabei ist die Auslegung von § 611a BGB für die Auslegung von § 15 Abs. 2 AGG nur eingeschränkt nutzbar, da die Trennung von materiellem Schadensersatz und immaterieller Entschädigung erst mit § 15 AGG eingeführt wurde.

Auch in der bislang zu § 15 Abs. 2 AGG erschienenen Literatur wird auf diese Besonderheit im Wortlaut nicht eingegangen. Vielmehr sehen die Autoren darin nur eine allgemeine Umschreibung des immateriellen Schadensersatzes.[565] Immerhin gehen sie dabei konform mit der *Duden*-Redaktion, die angemessen und billig in diesem Zusammenhang synonym sieht.[566]

---

[558] BMJ, »Diskussionsentwurf eines Gesetzes zur Verhinderung von Diskriminierungen im Zivilrecht«, Seite 51, http://rsw.beck.de/rsw/upload/Beck_Aktuell/Diskussionsentwurf-BMJ_1.pdf (zuletzt aufgerufen am 13.06.2010).

[559] BGBl. 1994 I, Seite 1406.

[560] BT-Drucks. 12/5468, Seite 11.

[561] BT-Drucks. 12/5468, Seite 44.

[562] BT-Drucks. 12/7333, Seite 21.

[563] BT-Drucks. 12/7333, Seite 37.

[564] Vgl. etwa Staudinger-*Annuß*, 2005, § 611a BGB Rn. 84 ff.; Palandt-*Putzo*, 54. Aufl., § 611a BGB Rn. 17.

[565] *Thüsing*, Rn. 524; Schiek-*Kocher*, § 15 Rn. 30; *von Roetteken*, § 15 Rn. 55; HK-ArbR-*Berg*, § 15 AGG Rn. 7; *Adomeit/Mohr*, § 15 Rn. 44 ff.; Däubler/Bertzbach *Deinert*, § 15 Rn. 66 ff.

[566] *Beil*, Seite 82 f.

Dabei geht die *Duden*-Redaktion aber vom allgemeinen Sprachverständnis aus. In der deutschen Sprache werden aber häufig Synonyme zur bunteren Gestaltung verwendet. In der juristischen Wissenschaft hingegen verhält es sich in der Regel anders. Wirklich synonym, also gleichbedeutend, sind hier nur identische Worte und noch nicht einmal hier gilt diese Regel ohne Ausnahme. Daher sollte nicht über die unterschiedliche Bedeutung und Verwendung von »angemessen« und »billig« hinweggesehen werden. Um zu ermitteln, aus welchem Grund der Terminus »angemessen« verwendet wurde, muss untersucht werden, was der Gesetzgeber ausdrücken wollte: Seine Aufgabe war es, verschiedene EU-Richtlinien in deutsches Recht umzusetzen. Es galt also europäisches Recht und deutsches Recht miteinander in Einklang zu bringen. In den deutschen Fassungen der dem AGG zugrunde liegenden Richtlinien wird nie das Wort »billig«, sehr wohl aber das Wort »angemessenen« benutzt. Obgleich »angemessen« auch hier in verschiedenen Zusammenhängen gebraucht wird, kann den Richtlinien doch entnommen werden, dass der Schutz der Opfer »angemessen« sein soll. Beispielsweise wird in den Erwägungsgründen zu Richtlinie 2000/78/EG in den Nummern 29 und 30 den Opfern ein »angemessener Rechtsschutz« zugesprochen und ein »angemessener Schutz vor Viktimisierung« gewährt.[567] Ebenso verhält es sich in den Erwägungsgründen zu Richtlinie 2000/43/EG in den Nummern 19 und 20,[568] sowie zu Richtlinie 2004/113/EG in den Nummern 21 und 23[569] und zu Richtlinie 2002/73/EG in der Nummer 18 (Rechtsschutz).[570]

Teilweise wird sogar die Entschädigungspflicht als solche angesprochen. Nach dem Erwägungsgrund 18 zu Richtlinie 2002/73/EG sowie dessen Art. 1 Nr. 5 Abs. 2 HS 1,[571] wie auch schon in dessen Vorläufer, der Richtlinie 76/207/EWG Art. 1 Abs. 2 HS 1[572] (welche bereits vor der Einfügung des § 611a BGB a.F. existierte) und darüber hinaus in der Richtlinie 2004/113/EG Art. 8 Abs. 2 Satz 1 wird bestimmt,[573] dass eine »angemessene Entschädigung« für den erlittenen Schaden zuerkannt werden soll bzw. dass der Ausgleich und Ersatz des Schadens in »angemessener Art und Weise« zu geschehen hat.

---

[567] ABl. EG L 303/16, Seite 17 vom 02.12.2000.
[568] ABl. EG L 180/22, Seite 23 vom 19.07.2000.
[569] ABl. EG L 373/37, Seite 39 vom 21.12.2004.
[570] ABl. EG L 269/15, Seite 17 vom 05.10.2002.
[571] ABl. EG L 269/15, Seite 17 f. vom 05.10.2002.
[572] ABl. EG L 39/40, vom 14.02.1976.
[573] ABl. EG L 373/37, Seite 41 vom 21.12.2004.

Damit ist auch ohne ausdrücklichen Hinweis in den Gesetzesmaterialien recht eindeutig: Bei der Erstellung des Gesetzes waren die unionsrechtlichen Vorgaben auch für den deutschen Gesetzeswortlaut *der* maßgebliche Faktor. Es wurde auf die traditionelle deutsche Umschreibung des immateriellen Schadensersatzes bei Rechtsverletzungen als »billige Entschädigung« zugunsten des in der deutschen Version der Richtlinien gebrauchten Terminus »angemessene Entschädigung« verzichtet.

Die Frage, die sich anschließt, ist, welche Auswirkungen dies auf die Auslegung und damit auch auf die Höhe der Entschädigungssumme hat.

Für diesen nächsten Schritt ist es auf der einen Seite wichtig, die Herkunft der Formulierung aus dem Unionsrecht zu berücksichtigen, auf der anderen Seite darf aber auch die deutsche Rechtssystematik, immerhin ist § 15 Abs. 2 AGG eine deutsche Rechtsnorm, nicht aus den Augen verloren werden.

Daher ist zunächst zu untersuchen, welche Kriterien bislang bei »angemessener Entschädigung« in anderen deutschen Gesetzen der Berechnung zugrunde gelegt wurden. Anschließend ist zu untersuchen, welche Kriterien bei einer »billigen Entschädigung« in anderen deutschen Gesetzen für die Berechnung maßgeblich sind. Außer diesen zwei Faktoren könnten auch die Maßstäbe zur Bemessung bei Entschädigungen wegen Persönlichkeitsrechtsverletzungen eine Rolle spielen. Schließlich sind auch die zu § 611a BGB a.F. gefundenen Maßstäbe zu berücksichtigen.

Die Auswirkungen der bei diesen Untersuchungen gefundenen Erkenntnisse auf die Auslegung der Rechtsfolge des § 15 Abs. 2 AGG ist im Anschluss darzustellen. Schließlich ist die Rechtsfolge konkret zu erörtern. An dieser Stelle ist es besonders wichtig, die unionsrechtlichen Vorgaben hinreichend zu berücksichtigen.

a. Die »angemessene Entschädigung« im deutschen Recht

aa. Einleitung

Es gibt zahlreiche Normen im deutschen Recht, deren Rechtsfolge eine angemessene Entschädigung ist, wenngleich sie, wie bereits festgestellt, eine andere Zielrichtung als § 15 Abs. 2 AGG haben. Nichtsdestotrotz ist es im Sinne einer kohärenten systematischen Auslegung interessant, welche Bemessungsgrundlagen diese Entschädigungen besitzen, um die nun gefundenen Erkenntnisse dann bei der Auslegung des § 15 Abs. 2 AGG berücksichtigen zu können.

Leider kann an dieser Stelle nur eine Auswahl von »angemessenen Entschädigungen« besprochen werden. Es gibt aktuell 106 Bundesnormen, bei denen es um eine »angemessene Entschädigung« geht und fast doppelt so viele, wenn auch die nicht mehr gültigen dazu gezählt werden.[574] Diese stammen aus den unterschiedlichsten Rechtsgebieten.[575]

67 verschiedene Gesetzbücher, Verordnungen und Verträge beinhalten die 106 Normen. An herausragender Stelle steht das BauGB mit neun Vorschriften, bei denen es um eine »angemessene Entschädigung« geht. Je fünf Vorschriften sind im BGB sowie im EinigVtr zu finden. Jeweils vier im AMG, BBiG und FStrG. Immerhin drei im BBergG und je zwei im AGG, AtG, BLG, BRAO, FluLärmG, FlurbG, HufBeschV, SoldGG, Spur-VerkErprG, VwVfG, WaStrG und WVG. Damit bleiben 49 »einzelne« Vorschriften.

Jedoch wurde nicht mit jeder »angemessenen Entschädigung« die Berechnungsmethode neu erfunden. Es lassen sich Fallgruppen ähnlicher Vorschriften bilden. Aus diesen werden im Folgenden exemplarisch eine oder mehrere Normen untersucht. Dies soll es ermöglichen, ein Gesamtbild der Anwendung des Begriffs »angemessene Entschädigung« im deutschen Bundesrecht zu zeichnen. Ausgenommen werden §§ 15, 21 AGG, sowie §§ 12, 18 SoldGG, welche alle mit dem Gesetz vom 14. August 2006[576] in Kraft getreten sind.

Die meisten »angemessenen Entschädigungen« gleichen behördliche Eingriffe rechtlicher Art (oft Verwaltungsakte) aus, welche den Bürger unangemessen belasten.[577] Sehr häufig gibt es bei der Wahrnehmung ehrenamtlicher Aufgaben eine »angemessene Entschädigung«.[578] Wird der Bürger von einer Behörde gezwungen, auf eigenem Grund und Boden vorübergehende Beeinträchtigungen wie Vermessungen, Bodenuntersuchungen oder Markierungen oder dauernde Beeinträchtigungen wie Leitungsführungen über das Grundstück zu dulden, so wird auch eine »an-

---

[574] Quelle: juris; Suche nach »angemessene Entschädigung« oder »angemessenen Entschädigung« ohne »Vorfälligkeitsentschädigung« und Stand heute und Option Bundesrecht (zuletzt aufgerufen am 13.06.2010).

[575] Arbeitsrecht; Bankrecht; Baurecht; Erbrecht; Europarecht; Familienrecht; Handels- und Gesellschaftsrecht; Insolvenzrecht; IT- und Medienrecht; Kosten- und Gebührenrecht; Medizinrecht; Miet- und Wohnungseigentumsrecht; Sozialrecht; Staats- und Verfassungsrecht; Steuerrecht; Strafrecht; Umweltrecht; Verkehrsrecht; Versicherungsrecht; Verwaltungsrecht; Wettbewerbs- und Immaterialgüterrecht; Zivil- und Zivilprozessrecht; Sonstige.

[576] BGBl. 2006 I, Seite 1897.

[577] §§ 9g, 18 AtG; §§ 39, 40, 41, 42, 179, 185 BauGB; § 109 BBergG; Anl. I Kap. V A II 2. 2., Anl. I Kap. XIV II 1. Abs. 1 9. EinigVtr; §§ 8, 9 FluLärmG; § 58 FlurbG; §§ 8a, 9, 9a FStrG; § 26b KrWaffKontrG; § 7 SpurVerkErprG; §§ 74, 75 VwVfG.

[578] § 17 BAPostSa*; §§ 40, 77, 82, 92 BBiG; § 75 BRAO; § 5 HAG; §§ 12, 19 HufBeschlV; § 34 HwO; § 55 JArbSchG; § 2 MiArbG; § 72 PAO; § 7 PTStiftG*; § 16 SMAusbV; Erläuterung zu * in Fn. 586.

gemessene Entschädigung« gezahlt.[579] Entsteht bei solchen Tätigkeiten, etwa dem Anbringen von Straßenschildern auf Grundstücken, ein unbeabsichtigter Schaden, so wird auch dieser über eine »angemessene Entschädigung« ausgeglichen.[580] Für gewisse zu Kontrollzwecken abgabepflichtige Sachen wird eine »angemessene Entschädigung« gewährt;[581] dies gilt auch bei einem Ausgleich für gesetzlich angeordneten Eigentumsübergang[582] oder anderweitige gesetzlich erzwungene Eigentumsverschiebungen.[583] Gewisse Verletzungen in einem Bereich, der mit »Schutz von geistigem Eigentum i.w.S.« überschieben werden könnte, haben ebenfalls die Zahlung einer »angemessenen Entschädigung« zur Folge.[584]

Weiter gibt es noch eine Vielzahl schwer kategorisierbarer Gesetze: Nach §§ 40, 41 AMG dürfen gewisse, schützenswerte Personengruppen nicht mehr als eine »angemessene Entschädigung« für Tests von neuen Medikamenten erhalten. Nach § 3 ArbPlSchG und § 4 EÜG müssen Arbeitnehmer für Werkwohnungen, für die kein substituierter Teil des Entgelts vereinbart wurde, für diese eine angemessene Entschädigung zahlen, während sie Wehrdienst leisten bzw. eine Eignungsübung machen. Nach dem BGB ist in einem sehr speziell gelagerten Verzugsfall (§ 642) und bei Rücktritt des Reisenden vor Reisebeginn (§ 651i) eine »angemessene Entschädigung« zu zahlen. § 651f BGB, der eine »angemessene Entschädigung« für nutzlos vertane Urlaubszeit zubilligt, ist gesondert zu behandeln.[585] Opfer von politisch motivierten Strafverfolgungsmaßnahmen des SED-Unrechts-Regimes sollen nach Art. 17 EinigVtr eine »angemessene Entschädigungsregelung«[586] bekommen. Mieter und Nutzer von gewissen Grundstücken auf dem Gebiet der ehemaligen DDR können

---

[579] § 17 AEG; § 209 BauGB; 125 BBergG; § 6 EEWärmeG; § 44 EnWG, § 16a FStrG; § 3 MBPlG; § 8 SpurVerkErprG; §§ 26, 27 WaStrG; §§ 12, 36 WVG.

[580] § 126 BauGB; § 11 DüngG*; § 35 FlurbG; § 19 LuftVG; § 5b StVG; Erläuterung zu * in Fn. 586.

[581] §§ 59b, 65 AMG; § 23 BtMG; § 16 EichG; § 26 MPG; § 59 SaatG; § 4 TierSG.

[582] § 3 AnpfEigentG; § 30 ErstrG; § 4 G Artikel 29 Abs. 7; § 1 MittelweserG; § 15 RSiedlG; § 12 SchBerG.

[583] Anh. EV BBergG; §§ 552, 591a BGB; § 42 BImSchG; § 11 BKleingG; § 14a EBKrG; Anl. I Kap. V D III 1. E) aa) EinigVtr; § 1 KultgSchKonvAG; § 10 KulturGüRückG; § 47 LwAnpG; § 32 PflSchG; § 7 RSiedlErgG 1935; § 14 WaStrÜbgVtr; § 41 WoEigG.

[584] § 6 HalblSchG; § 90a HGB; Art. II § 1 IntPatÜbkG; § 33 PatG.

[585] Siehe unten unter E.II.1.a.ee.

[586] Bei den in den Fußnoten 577 ff. mit einem * versehenen Normen ist ebenfalls ein zur »angemessenen Entschädigung« leicht abweichender Gesetzestext vorhanden, welcher inhaltlich aber ebenfalls auf eine »angemessene Entschädigung« zurückführbar ist.

nach Anl. II Kap. III B I 5. § 19 Abs. 1 EinigVtr ihnen zustehende »angemessene Entschädigungen« anmelden. Eine Begrenzung der Möglichkeit
zur Geltendmachung von Ansprüchen, die dem Recht eines anderen
Staates unterliegen, gibt es, sofern diese die »angemessene Entschädigung« übersteigen, Art. 40 EGBGB.[587] Im Verteidigungsfall gibt es für
bestimmte Leistungen, Leistungsvorbereitungen und Schäden eine »angemessene Entschädigung«.[588] Erwerbsfähige Hilfebedürftige, die Mehr-
aufwendungen im Rahmen einer Arbeitsgelegenheit haben, erhalten
hierfür eine »angemessene Entschädigung«, § 16d SGB II. Steuerfrei
nach § 4 UStG sind auch Tätigkeiten, für die nur eine »angemessene Entschädigung« für Zeitversäumnis besteht. Ebenfalls eine »angemessene
Entschädigung« gibt es nach § 3 BergMSldG und § 33b WpÜG für sehr
spezielle Zusammenhänge.

Schon an dieser Stelle kann aber festgehalten werden, dass der Terminus »angemessene Entschädigung« bis auf § 651f BGB und Art. 40
EGBGB nie als Umschreibung für immateriellen Schaden genutzt wird.

Was er im Einzelnen bedeutet, soll an einigen Beispielen exemplarisch
dargestellt werden.

bb. *BauGB*

Das BauGB benutzt den Terminus »angemessene Entschädigung« besonders häufig.

*§ 18 Abs. 1 Satz 1 BauGB: Dauert die Veränderungssperre länger als
vier Jahre über den Zeitpunkt ihres Beginns oder der ersten Zurückstel-
lung eines Baugesuchs nach § 15 Abs. 1 hinaus, ist den Betroffenen für
dadurch entstandene Vermögensnachteile eine* angemessene Entschädigung *in Geld zu leisten.*[589]

So gibt es in § 18 Abs. 1 Satz 1 BauGB eine Entschädigung als Ausgleich
für rechtmäßige (!) Veränderungssperren, die länger als vier Jahre an-
dauern. Wer deshalb nicht bauen kann, erhält für entstandene Vermögensnachteile eine angemessene Entschädigung. Ausgeglichen wird in
diesem Fall jedoch nur der Substanzverlust am Eingriffsobjekt selbst.[590]
Die angemessene Entschädigung stellt daher hier keinen echten, ausgleichenden Schadensersatz dar. Im Gegenzug muss sich der Benachteiligte
überdies Wertsteigerungen des Grundstückes, falls ein Verkauf in der

---

587 Siehe unten unter E.II.1.a.ee.
588 §§ 24, 76 BLG.
589 Hervorhebung durch Verfasser.
590 Battis/Krautzberger/Löhr-*Battis*, § 18 Rn. 9.

Zeit beabsichtigt, aber nicht möglich war, anrechnen lassen, ebenso wie etwaige ersparte Verluste bei verhinderter Vermietung.[591]

§ 39 Satz 1 BauGB: Haben Eigentümer oder in Ausübung ihrer Nutzungsrechte sonstige Nutzungsberechtigte im berechtigten Vertrauen auf den Bestand eines rechtsverbindlichen Bebauungsplans Vorbereitungen für die Verwirklichung von Nutzungsmöglichkeiten getroffen, die sich aus dem Bebauungsplan ergeben, können sie angemessene Entschädigung *in Geld verlangen, soweit die Aufwendungen durch die Änderung, Ergänzung oder Aufhebung des Bebauungsplans an Wert verlieren.*[592]

Eine weitere angemessene Entschädigung hält § 39 Satz 1 BauGB bereit. Deren Höhe bemisst sich nach den §§ 43 Abs. 2 Satz 3, 93 ff. BauGB.[593] Die schwierige Bestimmung der Entschädigungshöhe ist an dieser Stelle von vielen Faktoren geprägt, insbesondere von der Junktimklausel des GG, aber auch von Art. 1 des 1. Zusatzprotokolls zur EMRK.[594] Im Ergebnis kommt die von der Rechtsprechung angeführte herrschende Meinung dazu, dass die Entschädigung keinen vollen Ersatz darstellen muss, sondern betragsmäßig darunter anzusiedeln ist.[595] Neben diesem ohnehin nicht vollständigen Ersatz muss u.a. nach § 93 Abs. 3 Satz 1 BauGB eine Vorteilsausgleichung stattfinden und nach § 254 BGB analog wird ein eventuelles Mitverschulden anspruchsmindernd berücksichtigt.[596] Auch ein denkbarer entgangener Gewinn kann nicht ersetzt verlangt werden.[597]

Stellt sich die »angemessene Entschädigung« in diesem Zusammenhang als ein auf gewisse Teilaspekte abgespeckter Schadensersatz dar, so ist diese Vorstellung für andere Teilaspekte nicht ganz richtig. So sind etwa Folgeschäden oder ein bleibender merkantiler Minderwert weitestgehend voll zu ersetzen.[598]

§ 40 Abs. 3 Satz 1 BauGB: Dem Eigentümer ist eine angemessene Entschädigung *in Geld zu leisten, wenn und soweit Vorhaben nach § 32*

591 Battis/Krautzberger/Löhr-*Battis*, § 18 Rn. 9.
592 Hervorhebung durch Verfasser.
593 Battis/Krautzberger/Löhr-*Battis*, § 39 Rn. 13.
594 Battis/Krautzberger/Löhr-*Battis*, § 93 Rn. 2.
595 Battis/Krautzberger/Löhr-*Battis*, § 93 Rn. 2, 4; BVerfGE 24, 367, 421; EGMR NVwZ 1999, 1325.
596 Battis/Krautzberger/Löhr-*Battis*, § 93 Rn. 6 f.
597 BGHZ 37, 269, 278; Battis/Krautzberger/Löhr-*Battis*, § 93 Rn. 4.
598 Battis/Krautzberger/Löhr-*Battis*, § 93 Rn. 4.

*nicht ausgeführt werden dürfen und dadurch die bisherige Nutzung sei-
nes Grundstücks wirtschaftlich erschwert wird.*[599]
*§ 41 Abs. 2 BauGB: Sind im Bebauungsplan Bindungen für Bepflan-
zungen und für die Erhaltung von Bäumen, Sträuchern, sonstigen Bepflanzungen und Gewässern sowie das Anpflanzen von Bäumen, Sträuchern und sonstigen Bepflanzungen festgesetzt, ist dem Eigentümer eine
angemessene Entschädigung in Geld zu leisten, wenn und soweit infolge
dieser Festsetzungen*
*1. besondere Aufwendungen notwendig sind, die über das bei ord-
nungsgemäßer Bewirtschaftung erforderliche Maß hinausgehen, oder
2. eine wesentliche Wertminderung des Grundstücks eintritt.*[600]
Der Ansatz, bei der »angemessenen Entschädigung« eher von einem
verkürzten Schadensersatzanspruch auszugehen, findet sich auch in den
auf § 39 BauGB folgenden §§ 40, 41 BauGB:
Eine angemessene Entschädigung nach den oben dargestellten Berechnungsmethoden der §§ 93 ff. BauGB wird gemäß § 40 Abs. 3 Satz 1
BauGB i.V.m. § 32 BauGB geleistet, wenn Vorhaben auf künftigen Ge-
meinbedarfs-, Verkehrs-, Versorgungs- und Grünflächen nicht durchgeführt werden können.[601]
Bei Begründung von Geh-, Fahr- und Leitungsrechten nach § 41 BauGB
erhalten betroffene Grundstückseigentümer nie und bei Bindungen für
Bepflanzungen regelmäßig (mit Ausnahme der Fälle in § 41 Abs. 2
BauGB) keinen Ersatz.[602] Die Bemessung der Höhe des Ersatzes richtet
sich wiederum nach den §§ 43, 93 ff. BauGB, zu dessen Berechnung
schon oben Stellung genommen wurde.[603]
*§ 42 Abs. 1 BauGB: Wird die zulässige Nutzung eines Grundstücks
aufgehoben oder geändert und tritt dadurch eine nicht nur unwesentli-
che Wertminderung des Grundstücks ein, kann der Eigentümer nach
Maßgabe der folgenden Absätze eine angemessene Entschädigung in
Geld verlangen.*[604]
Bei Änderung oder Aufhebung der zulässigen Nutzung eines Grundstückes gibt es nach § 42 BauGB wiederum eine »angemessene Entschädigung«. Diese Entschädigung wird aber durch die folgenden Absätze als
Differenz zwischen dem Wert des Grundstückes bei der ausgeübten Nutzung und dem Wert des Grundstücks nach Aufhebung, Änderung oder

---

[599] Hervorhebung durch Verfasser.
[600] Hervorhebung durch Verfasser.
[601] Ernst/Zinkahn/Bielenberg/Krautzberger-*Bielenberg/Runkel*, § 40 Rn. 66.
[602] Battis/Krautzberger/Löhr-*Battis*, § 41 Rn. 2.
[603] Battis/Krautzberger/Löhr-*Battis*, § 41 Rn. 10.
[604] Hervorhebung durch Verfasser.

Beschränkung der Nutzbarkeit, § 42 Abs. 2, 3 Satz 2, Abs. 6, 7 Satz 1 BauGB, definiert. Diese Festlegung ähnelt stark der bei der Berechnung eines Schadensersatzes nach §§ 249 ff. BGB genutzten Differenzhypothese. Für beabsichtigte Vorhaben muss der Eigentümer des Grundstückes allerdings den vollen Nachweis erbringen, dass er dieses durchführen wollte und konnte, § 42 Abs. 8 BauGB.

§ 126 Abs. 2 Satz 1 BauGB: Der Erschließungsträger hat Schäden, die dem Eigentümer durch das Anbringen oder das Entfernen der in Absatz 1 bezeichneten Gegenstände entstehen, zu beseitigen; er kann statt dessen eine angemessene Entschädigung in Geld leisten.[605]

Ebenfalls im BauGB geregelt sind angemessene Entschädigungen, wenn auf einem Grundstück Vorrichtungen für die Straßenbeleuchtung und Ähnliches angebracht werden, sofern dabei dem Grundstückseigentümer ein Schaden entsteht. Hier muss die Entschädigung ebenfalls nicht so hoch bemessen sein, dass alle in Betracht kommenden Folgeschäden mit umfasst wären, § 126 Abs. 2 Satz 1 HS 2 BauGB.[606]

§ 209 Abs. 2 Satz 1 HS 1 BauGB: Entstehen durch eine nach Absatz 1 zulässige Maßnahme dem Eigentümer oder Besitzer unmittelbare Vermögensnachteile, so ist dafür von der Stelle, die den Auftrag erteilt hat, eine angemessene Entschädigung in Geld zu leisten;[607]

Sehr deutlich kommt die restriktive Tendenz der angemessenen Entschädigung bei § 209 Abs. 2 Satz 1 HS 1 BauGB zum Vorschein: nur unmittelbare, keine mittelbaren Schäden (etwa entgangener Gewinn), nur Vermögensschäden und keine immateriellen Schäden sind ersetzbar – diese aber auch nur unter gerechter Abwägung der Interessen der Allgemeinheit und der Betroffenen.[608]

Schon bei der Untersuchung der Fundstellen des Begriffs »angemessene Entschädigung« im BauGB zeigt sich, dass dieser Begriff auf die Erreichung eines ausgleichenden Abwägungsergebnisses zwischen den widerstreitenden Interessen abzielt. Im Ausgangspunkt steht stets die hypothetische Überlegung, wie die Vermögenslage ohne den Eintritt des zur Entschädigung verpflichtenden Zustandes wäre. Der Ausgleich findet dann aber regelmäßig nicht voll statt. Stattdessen wird von einer gewissen Opferpflicht des Betroffenen ausgegangen, so dass sich andere Interessen (der Allgemeinheit) negativ auf die Entschädigungshöhe auswirken. Nur für einige wenige Konstellationen wird der volle Ausgleich ge-

---

605 Hervorhebung durch Verfasser.
606 Battis/Krautzberger/Löhr-*Löhr*, § 126 Rn. 5.
607 Hervorhebung durch Verfasser.
608 Battis/Krautzberger/Löhr-*Battis*, § 209 Rn. 4.

schuldet. Man könnte hier von Ausnahmen sprechen, die die Regel bestätigen.

Ein maßgebender Faktor für die obigen Auslegungen ist Art. 14 Abs. 3 GG.[609] Die Entschädigungshöhe stellt sich nach dieser Vorschrift als das Ergebnis einer Abwägung der Interessen der Betroffenen und der Allgemeinheit dar. Da die oben genannten Maßnahmen rechtmäßig[610] sind, muss der Betroffene durch die Entschädigung eben nicht tatsächlich schadlos gestellt werden, wie es bei Schadensersatz aufgrund eines unrechtmäßigen Vorganges der Fall ist.[611] Der volle kompensatorische Ersatz der Einbuße stellt jedenfalls stets die Höchstgrenze dar.[612]

§ 15 Abs. 2 AGG hat freilich keinerlei Bezug zu Art. 14 GG, so dass die Auslegung der baurechtlichen Vorschriften keine direkte Aussagekraft für die Bemessung der Entschädigung in den hier zu untersuchenden Fällen haben kann. Die »angemessene Entschädigung« ist aber darüber hinaus eine durchaus übliche Umschreibung einer Ersatzpflicht und kann auch in anderen Gesetzen wiedergefunden werden:

cc. Ehrenamtliche Tätigkeiten

Eine »angemessene Entschädigung« wird auch im Zusammenhang mit ehrenamtlichen Tätigkeiten gewährt.

§ 75 Satz 2 BRAO: Sie erhalten jedoch eine angemessene Entschädigung *für den mit ihrer Tätigkeit verbundenen Aufwand sowie eine Reisekostenvergütung.*[613]

§ 75 BRAO sieht z.B. eine angemessene Entschädigung für die Aufwendungen der Mitglieder des Vorstandes der Rechtsanwaltskammer vor. Hier werden Auslagen und Fahrtkosten erstattet, darunter Kosten für Papier, Telefon, Schreibkräfte und Ähnliches, wobei teilweise mit Pauschalen gearbeitet werden kann.[614] Die Entschädigung bedeutet hier mithin den vollen Ersatz der entschädigungsfähigen Ausgaben. Freilich muss hierbei beachtet werden, dass das größte Opfer, nämlich die Arbeitskraft bzw. die Arbeitszeit der Vorstandsmitglieder, unvergütet bleibt.[615]

---

[609] So auch Battis/Krautzberger/Löhr-*Battis*, vor §§ 85 ff. Rn. 12.

[610] Auch bei § 126 BauGB handelt es sich zunächst um eine rechtmäßige Maßnahme. Lediglich die Schadenszufügung ist in Abgrenzung zu den anderen Tatbeständen hier so nicht beabsichtigt.

[611] Ebenso Maunz/Dürig-*Papier*, Art. 14 GG Rn. 594.

[612] Maunz/Dürig-*Papier*, Art. 14 GG Rn. 593.

[613] Hervorhebung durch Verfasser.

[614] Henssler/Prütting-*Hartung*, § 75 Rn. 2.

[615] Henssler/Prütting-*Hartung*, § 75 Rn. 2.

dd. Sonstige »angemessene Entschädigungen«

§ 3 AnpflEigentG: Erleidet der Nutzer infolge des Eigentumsübergangs nach § 2 einen Rechtsverlust, kann er vom Grundstückseigentümer bei mehrjährigen fruchttragenden Kulturen, insbesondere Obstbäumen, Beerensträuchern, Reb- und Hopfenstöcken, eine angemessene Entschädigung *in Geld verlangen.*[616]

Nochmals leicht abweichend wird die »angemessene Entschädigung« nach §§ 3, 4 AnpflEigentG berechnet. In dem Gesetz geht es um den Übergang von Sondereigentum an Nutzpflanzen landwirtschaftlicher Produktionsgemeinschaften der ehemaligen Deutschen Demokratischen Republik an den Grundstückseigentümer, auf dessen Grundstück sie wachsen. Hier wird der zu erwartende Gewinn der nächsten 15 Pachtjahre voll bei der Höhe der Entschädigung berücksichtigt, § 4 Satz 1 Anpfl-EigentG, hinzu kommt der Wert der Pflanzung zum Zeitpunkt des Eigentumsübergangs.[617]

§ 3 Abs. 3 Satz 2 ArbPlSchG: Ist kein bestimmter Betrag vereinbart, so hat der Arbeitnehmer eine angemessene Entschädigung *zu zahlen.*[618]

§ 3 Abs. 3 Satz 2 ArbPlSchG hält eine weitere Regelung bereit. Wenn die Überlassung von Wohnraum einen Teil des Arbeitsentgelts darstellt, so ist der Arbeitnehmer zur Zahlung einer angemessenen Entschädigung verpflichtet, wenn während des Grundwehrdienstes oder einer Wehrübung nach § 1 Abs. 1 ArbPlSchG das Arbeitsverhältnis ruht und kein bestimmter Betrag des Arbeitsentgelts vereinbart ist, welcher den Wohnraum substituiert. Hier liegt die Entschädigungshöhe regelmäßig unterhalb des objektiven Nutzungswerts der Wohnräume, da Werkswohnungen üblicherweise billiger abgegeben werden als Wohnungen auf dem freien Markt.[619] Wenn der Ehepartner die Arbeit übernimmt, die der Arbeitnehmer während des Militärdienstes nicht verrichten kann, so ist überhaupt keine Entschädigung zu zahlen.[620] Dabei ist die Arbeitsleistung bekanntlich regelmäßig höchstpersönlich geschuldet, § 613 Satz 1 BGB.

§ 40 Abs. 4 Nr. 5 AMG: Vorteile mit Ausnahme einer angemessenen Entschädigung *dürfen nicht gewährt werden.*[621]

Eine weitere Besonderheit weist die »angemessene Entschädigung« in § 40 Abs. 4 Nr. 5 AMG auf. Inhaltlich geht es darum, dass bei der klini-

---

[616] Hervorhebung durch Verfasser.
[617] Thiele/Krajewski/Röske-*Thiele*, § 4 AnpflEigentG Rn. 1 ff.
[618] Hervorhebung durch Verfasser.
[619] *Sahmer/Busemann*, § 3 ArbPlSchG Nr. 7.
[620] *Sahmer/Busemann*, § 3 ArbPlSchG Nr. 7.
[621] Hervorhebung durch Verfasser.

schen Prüfung eines Arzneimittels Minderjährigen bzw. deren gesetzlichen Vertretern keinerlei finanzieller Anreiz gegeben werden soll, um die Minderjährigen zur Teilnahme an dem Test zu bewegen. Daher steht hier die angemessene Entschädigung für eine niedrige Entschädigungshöchstgrenze; so sind etwa Fahrtkostenerstattungen erlaubt.[622] Die Besonderheit von § 40 AMG ist, dass es sich um die Umsetzung einer EU-Richtlinie handelt, in der es heißt: »[E]ine klinische Prüfung an Minderjährigen [darf] nur durchgeführt werden, wenn keine Anreize oder finanzielle Vergünstigungen mit Ausnahme einer Entschädigung gewährt werden.«[623] Hier spricht die Richtlinie leider nur von einer »Entschädigung«. Für die Differenzierung zwischen »angemessener« und »billiger« Entschädigung hilft daher auch ihr Ursprung im EU-Recht nicht weiter. Festzuhalten ist jedenfalls auch in diesem Fall, dass die »angemessene Entschädigung« wiederum vergleichsweise niedrig im Verhältnis zu einem vollständigen Ausgleich zu bemessen ist, insbesondere ist wiederum die aufgewendete Zeit nicht ersatzfähig.

§ 65 Abs. 3 AMG: Für Proben, die nicht bei dem pharmazeutischen Unternehmer entnommen werden, ist durch den pharmazeutischen Unternehmer eine angemessene Entschädigung *zu leisten, soweit nicht ausdrücklich darauf verzichtet wird.*[624]

In § 65 Abs. 3 AMG hat der Begriff noch einen weiteren Bedeutungsinhalt. Zur Überwachung der Arzneimittelhersteller ist unter bestimmten Voraussetzungen eine Probenentnahme von Inhaltsstoffen der Produkte möglich. Geschieht diese Probenentnahme nicht beim pharmazeutischen Hersteller, so ist durch diesen eine angemessene Entschädigung zu zahlen. Deren Höhe bemisst sich nicht nach dem voraussichtlichen Verkaufspreis, sondern nach dem allgemeinen Wert der Probe, mithin dem Einkaufspreis,[625] soweit das Arzneimittel nicht sowieso verdorben und daher wertlos ist.[626] Anders formuliert heißt das, dass sich die Entschädigungshöhe hier nach dem Einkaufspreis und ausnahmsweise nach dem Verkaufspreis bemisst, falls dieser niedriger sein sollte. Der Betrag wird somit möglichst gering gehalten.

---

[622] *Kloesel/Cyran*, Bd. 2, § 40 »Zu Absatz 4« – »Nummer 5«.

[623] Art. 4 lit. d Richtlinie 2001/20/EG vom 04.04.2001, ABl. EG L 121/34, zur Angleichung der Rechts- und Verwaltungsvorschriften der Mitgliedstaaten über die Anwendung der guten klinischen Praxis bei der Durchführung von klinischen Prüfungen mit Humanarzneimitteln.

[624] Hervorhebung durch Verfasser.

[625] *Kloesel/Cyran*, Bd. 2, § 65 Nr. 16.

[626] *Kloesel/Cyran*, Bd. 2, § 65 Nr. 16.

Diese (nicht vollständige) Aufzählung von verschiedenen Fundstellen des Begriffs »angemessene Entschädigung« im deutschen Bundesrecht zeigt eine deutliche Tendenz: Eine angemessene Entschädigung stellt keine Schadlosstellung dar, sondern soll nur dazu dienen, die Auswirkungen rechtmäßiger Eingriffe abzufangen (auch wenn, wie etwa bei der Aufstellung von Vorrichtungen für die Straßenbeleuchtung,[627] die Einbuße ungewollt war). Hin und wieder mag ihre Höhe zwar die des Schadensersatzes erreichen, aber dies ist regelmäßig nicht als Ergebnis intendiert. Insbesondere ist auch festzustellen, dass die angemessene Entschädigung in keinem dieser Fälle einen immateriellen Ersatz darstellen soll. Stets geht es um Ausgleich für materielle Einbußen, bei denen auch der echte Schadensersatz im Sinne der §§ 250, 251 BGB berechenbar wäre.

ee. *Sonderfall § 651f BGB und Art. 40 EGBGB*

Da sowohl § 651f BGB als auch Art. 40 EGBGB unter der »angemessenen Entschädigung« immateriellen Schadensersatz verstehen, soll hierauf näher eingegangen werden.

§ 651f Abs. 2 BGB: Wird die Reise vereitelt oder erheblich beeinträchtigt, so kann der Reisende auch wegen nutzlos aufgewendeter Urlaubszeit eine angemessene Entschädigung *in Geld verlangen.*[628]

Bei § 651f BGB sind alle Umstände des Einzelfalles zu berücksichtigen.[629] Dies sind u.a. die Kosten für einen zusätzlichen Urlaub, die Schwere der Beeinträchtigung und das Verschulden[630].[631] Nach Auffassung des BGH[632] hat sich die Berechnung dabei am Reisepreis und nicht am Einkommen des Reisenden auszurichten.[633] Denn dieser zeige, wie viel immateriellen Gewinn der Reisende aus der Reise zöge.[634] Damit sind ältere, anders lautende Urteile des BGH insoweit überholt,[635] was jedoch so nicht einheitlich gesehen wird.[636] Die Höchstgrenze einer Entschädigung nach § 651f Abs. 2 BGB ist nach dieser Bemessung der kom-

---

[627] § 126 Abs. 2 Satz 1 BauGB.

[628] Hervorhebung durch Verfasser.

[629] BT-Drucks. 8/2343, Seite 11; Schulze/Dörner/Ebert-*Ebert*, § 651f Rn. 8; Palandt-*Sprau*, § 651f Rn. 6; **a.A.** MükoBGB-*Tonner*, § 651f Rn. 65.

[630] **A.A.** Erman-*Seiler*, § 651f Rn. 9.

[631] Schulze/Dörner/Ebert-*Ebert*, § 651f Rn. 8.

[632] BGHZ 161, 389.

[633] MükoBGB-*Tonner*, § 651f Rn. 63.

[634] Prütting/Wegen/Weinreich-*Deppenkamper*, § 651f Rn. 12.

[635] So auch MükoBGB-*Tonner*, § 651 Rn. 65.

[636] Vgl. etwa Palandt-*Sprau*, § 651f Rn. 6; Jauernig-*Teichmann*, § 651f BGB Rn. 6.

plette Reisepreis,[637] wobei in Verbindung mit der Minderung die Berechnung auf eine Verdoppelung des Minderungsbetrages hinausläuft.[638]

Bei der Bemessung der Entschädigung muss beachtet werden, dass sie
keine Genugtuungs- oder Straffunktion hat.[639]

*Art. 40 Abs. 2 EGBGB: Ansprüche, die dem Recht eines anderen Staa-
tes unterliegen, können nicht geltend gemacht werden, soweit sie*

*1. wesentlich weiter gehen als zur angemessenen Entschädigung des
Verletzten erforderlich,*

*2. offensichtlich anderen Zwecken als einer angemessenen Entschädi-
gung des Verletzten dienen oder*

*3. haftungsrechtlichen Regelungen eines für die Bundesrepublik
Deutschland verbindlichen Übereinkommens widersprechen.*[640]

Bei Art. 40 Abs. 3 EGBGB handelt es sich um eine Regelung, die sich
praktisch in erster Linie gegen völlig überzogene Schadensersatzforde-
rungen aus dem US-amerikanischen Recht richten. »Multiple damages«,
»treble damages« und reine »punitive damages«, sowie überhöhte An-
waltshonorare, die in die Berechnung mit einfließen, sollen dadurch eine
Begrenzung erhalten.[641] Ausschlaggebend ist der deutsche ordre public.[642] Auf der anderen Seite soll aber auch nicht das deutsche Recht als
Obergrenze angesehen werden,[643] da es um Entschädigungen geht, die
»wesentlich weiter« oder »offensichtlich« anderen Zwecken als einer angemessenen Entschädigung dienen. Insbesondere können pönale Elemente über das europäische Recht durchaus auch Einzug in das deutsche
Recht erhalten,[644] so dass nur tatsächlich ausufernde Entschädigungen
zu kürzen sind. Dabei ist zu berücksichtigen, wenn die Parteien das an-
zuwendende Recht nach Art. 42 EGBGB selbst gewählt haben.[645]

---

[637] MükoBGB-*Tonner*, § 651f Rn. 63.

[638] Jauernig-*Teichmann*, § 651f Rn. 6; MükoBGB-*Tonner*, § 651f Rn. 64; Prütting/
Wegen/Weinreich-*Deppenkamper*, § 651f Rn. 12.

[639] *Müller*, Seite 164 f.; LG Frankfurt NJW-RR 1988, 1451, 1453; Erman-*Seiler*, § 651
BGB Rn. 9; **a.A.** OLG Düsseldorf NJW-RR 1986, 1175.

[640] Hervorhebung durch Verfasser.

[641] BT-Drucks 14/343, Seite 12; Spindler/Schuster-*Pfeiffer/Weller*, Art. 40 EGBGB
Rn. 29; Palandt-*Thorn*, Art. 40 EGBGB Rn. 14; Schulze/Dörner/Ebert-*Dörner*,
Art. 40 EGBGB Rn. 13; Prütting/Wegen/Weinreich-*Schaub*, Art. 40 EGBGB
Rn. 30; Erman-*Hohloch*, Art. 40 EGBGB Rn. 73.

[642] Erman-*Hohloch*, Art. 40 EGBGB Rn. 66.

[643] Palandt-*Thorn*, Art. 40 EGBGB Rn. 15; Erman-*Hohloch*, Art. 40 EGBGB Rn. 72.

[644] Prütting/Wegen/Weinreich-*Schaub*, Art. 40 EGBGB Rn. 30; MükoBGB-*Junker*,
Art. 40 EGBGB Rn. 214 m.w.N.; allgemeiner Spindler/Schuster-*Pfeiffer/Weller*,
Art. 40 EGBGB Rn. 29.

[645] MükoBGB-*Junker*, Art. 40 EGBGB Rn. 215.

b. Die »billige Entschädigung« im deutschen Recht

aa. Einleitung

Wie gerade gezeigt, ist der Begriff »angemessene Entschädigung« zwar durchaus häufig im bundesdeutschen Recht zu finden, wird jedoch nur in zwei von 102 Fällen[646] tatsächlich als Umschreibung für einen Ausgleich des immateriellen Schadens benutzt. Der Begriff »billige Entschädigung« wird nur in zehn Fällen im Bundesrecht verwendet, insbesondere in § 253 Abs. 2 BGB als Umschreibung des Ersatzes des immateriellen Schadens. In welchem Zusammenhang wird sie genau verwendet?

bb. § 253 Abs. 2 BGB

§ 253 Abs. 2 BGB: Ist wegen einer Verletzung des Körpers, der Gesundheit, der Freiheit oder der sexuellen Selbstbestimmung Schadensersatz zu leisten, kann auch wegen des Schadens, der nicht Vermögensschaden ist, eine billige Entschädigung *in Geld gefordert werden.*[647]

Die bekannteste und wohl auch die zentrale Norm, in der der Begriff der »billigen Entschädigung« enthalten ist, ist § 253 Abs. 2 BGB. Für die dort aufgeführten Verletzungen von Rechtsgütern kann wegen eines Nichtvermögensschadens eine »billige Entschädigung« in Geld gefordert werden. Dieser teilweise auch als »Schmerzensgeldanspruch«[648] bezeichnete Anspruch verfolgt zwei Ziele: Die erlittenen Schmerzen und Leiden sollen ausgeglichen werden (Ausgleichsfunktion); ferner hat er – insbesondere bei Vorsatztaten – eine Genugtuungsfunktion.[649] Diese können nicht voneinander getrennt werden, sondern sind miteinander die Basis für die Bestimmung der Entschädigungshöhe.[650] Teilweise wird dem Entschädigungsanspruch auch eine präventive Funktion zugesprochen.[651]

Die Entschädigungshöhe ist nach Billigkeitsmaßstäben zu bestimmen. Es sollen für ähnliche Verletzungen ähnliche Beträge festgesetzt werden, und zwar unabhängig vom Rechtsgrund, dessen Folge § 253 BGB be-

---

[646] Oder inkl. AGG und SoldGG in sechs von 106 Fällen.

[647] Hervorhebung durch Verfasser.

[648] MükoBGB-*Oetker*, § 253 BGB Rn. 4; Schulze/Dörner/Ebert-*Schulze*, § 253 BGB Rn. 13.

[649] MükoBGB-*Oetker*, § 253 BGB Rn. 10 ff.; Erman-*Ebert*, § 253 BGB Rn. 17; Schulze/Dörner/Ebert-*Schulze*, § 253 BGB Rn. 16; Palandt-*Grüneberg*, § 253 BGB Rn. 4; BGHZ (GS) 18, 149, 154, 157; BGHZ 128, 117, 120 ff.

[650] Erman-*Ebert*, § 253 BGB Rn. 17; MükoBGB-*Oetker*, § 253 BGB Rn. 11.

[651] MükoBGB-*Oetker*, § 253 BGB Rn. 14.

schreibt.[652] Die Ersatzansprüche, die aufgrund materieller Einbußen entstanden sind, sind bei der Bemessung der Entschädigungshöhe nicht zu berücksichtigen,[653] da sie andere Aspekte ausgleichen sollen als der immaterielle Schadensersatz. Ausgenommen sind absolute Bagatellfälle,[654] so dass Entschädigungsbeträge unter 50 € praktisch nicht vorkommen.[655] Dies ist nach historischer Auslegung überraschend, denn der Gesetzgeber hat, vor dieser Überlegung stehend, einen entsprechenden Passus gerade nicht in das Gesetz aufgenommen.[656] Interessant in diesem Zusammenhang ist die Formulierung von *Ebert*: »Andererseits haben derartige Formulierungen über lange Zeit dazu beigetragen, den Anspruch viel zu restriktiv auszulegen, so dass von einem auch nur entfernt angemessenen Ausgleich keine Rede sein konnte.«[657] Die Kritik wendet sich gegen die Formulierung »billige« Entschädigung. Dieser Wortlaut führt nach Meinung von *Ebert* zu einer zu restriktiven Auslegung in Rechtsprechung und Literatur mit der Folge, dass die »billige« Entschädigung nicht »angemessen« ausgleicht. Ein angemessener Ausgleich müsste also über dem Niveau der »billigen Entschädigung« liegen. Ein Ausgleich und eine Entschädigung sind freilich zwei unterschiedliche Kompensationsarten und daher nur bedingt vergleichbar. Dennoch bleibt im Ausgangspunkt folgender Ansatz: Während die Billigkeit die restriktive Auslegung der Entschädigung in § 253 Abs. 2 BGB fördert, entfällt dieser einschränkende Faktor in § 15 Abs. 2 AGG, da hier die Angemessenheit der Entschädigung bereits im Wortlaut angelegt ist.

Die umfangreiche Rechtsprechung und Literatur zu § 253 BGB ist in vielen Teilen für die Auslegung des § 15 Abs. 2 AGG von geringerer Bedeutung, da hier weniger die körperlichen Schmerzen als vielmehr die psychischen Belastungen in angemessener Art und Weise berücksichtigt werden müssen. Einige Aspekte können jedoch möglicherweise auch für das Allgemeine Gleichbehandlungsgesetz relevant sein, weshalb sie sogleich ausführlicher dargestellt werden. Daneben ist beispielsweise ein Fall einer sexuellen Belästigung auch im AGG entschädigungspflichtig,

---

[652] Palandt-*Grüneberg*, § 253 BGB Rn. 15; einschränkend Staudinger-*Schiemann*, 2005, § 253 BGB Rn. 26; MükoBGB-*Oetker*, § 253 BGB Rn. 37.

[653] Erman-*Ebert*, § 253 BGB Rn. 16; Palandt-*Heinrichs*, 68. Aufl., § 253 BGB Rn. 18.

[654] Erman-*Ebert*, § 253 BGB Rn. 18; anders für vorsätzliches Handeln *Benecke*, Rn. 253.

[655] Prütting/Wegen/Weinreich-*Medicus*, § 253 BGB Rn. 15; MükoBGB-*Oetker*, § 253 BGB Rn. 29.

[656] Staudinger-*Schiemann*, 2005, § 253 BGB Rn. 23; MükoBGB-*Oetker*, § 253 BGB Rn. 29.

[657] Erman-*Ebert*, § 253 BGB Rn. 18.

welcher Ähnlichkeiten mit Fällen sexueller Belästigung aufweist, die außerhalb von Beschäftigungsverhältnissen stattfinden. Zu berücksichtigen sind *auf Seiten des Verletzten* Ausmaß und Schwere der psychischen Störungen, Alter, Maß der Lebensbeeinträchtigung und die persönlichen Verhältnisse.[658] Einzubeziehen sind ferner die erlittenen Verletzungen, das Ausmaß der Wahrnehmung der Beeinträchtigung durch den Verletzten, die Dauer der Beeinträchtigung, die sich aus dem haftungsauslösenden Ereignis ergebenden zukünftigen gesundheitlichen Risiken sowie die Auswirkungen auf das berufliche und das private Leben des Geschädigten.[659] Ebenfalls dazu gehören verletzungsbedingte Depressionen.[660] Nicht nur der Heilungsverlauf, sondern auch die mit den körperlichen und psychischen Schäden verbundene Art und der Umfang der ärztlichen Behandlung sind berücksichtigungsfähig.[661]

Anspruchsmindernd ist eine individuelle Schadensgeneigtheit zu berücksichtigen.[662] Vorschäden des Verletzten sind ebenfalls anspruchsmindernd zu berücksichtigen, sofern sie nicht erst durch das haftungsauslösende Geschehen zum Vorschein gekommen sind.[663]

Nicht zu berücksichtigen sind die materiellen Lebensumstände des Geschädigten.[664]

Auf Seiten des Schädigers kann bei Vorsatz und grober Fahrlässigkeit (Leichtfertigkeit) der Grad des Verschuldens anspruchserhöhend berücksichtigt werden.[665] Die wirtschaftliche Leistungsfähigkeit des Schädigers ist ebenso einzubeziehen[666] wie die (Nicht-)Absicherung durch eine Haftpflichtversicherung.[667] Unangemessenes Verhalten des Schädigers oder auch das seiner Haftpflichtversicherung bei der Schadensregulierung verschlimmern die psychischen Folgen des Verletzten und sind somit bei der Bemessung ebenfalls in Rechnung zu stellen.[668]

---

[658] Schulze/Dörner/Ebert-*Schulze*, § 253 BGB Rn. 20; Palandt-*Heinrichs*, 68. Aufl., § 253 BGB Rn. 19.

[659] Xanke-*Schaefer*, § 253 BGB Rn. 4, 9.

[660] Staudinger-*Schiemann*, 2005, § 253 BGB Rn. 38.

[661] Erman-*Ebert*, § 253 BGB Rn. 24.

[662] Staudinger-*Schiemann*, 2005, § 253 BGB Rn. 38.

[663] Xanke-*Schaefer*, § 253 BGB Rn. 14.

[664] MükoBGB-*Oekter*, § 253 BGB Rn. 38; Palandt-*Grüneberg*, § 253 BGB Rn. 16.

[665] Palandt-*Grüneberg*, § 253 BGB Rn. 17; Staudinger-*Schiemann*, 2005, § 253 BGB Rn. 40.

[666] BGH NJW 1993, 1531.

[667] Schulze/Dörner/Ebert-*Schulze*, § 253 BGB Rn. 20; Palandt-*Heinrichs*, 68. Aufl., § 253 BGB Rn. 20.

[668] Erman-*Ebert*, § 253 BGB Rn. 28.

Bei der Höhe der Entschädigung nicht zu berücksichtigen ist die mangelnde wirtschaftliche Leistungsfähigkeit des Schuldners,[669] gerade auch in den Fällen grober Fahrlässigkeit und Vorsatz im Hinblick auf das haftungsauslösende Ereignis, sowie im Hinblick auf den leichtfertigen Verzicht auf einen Versicherungsschutz.[670] Insbesondere in Hinblick auf die Erfüllung der Genugtuungsfunktion ist ein mögliches Strafverfahren gegen den Schädiger und die dort verhängte Strafe nicht zu berücksichtigen.[671]

Anspruchsmindernd ist das Mitverschulden des Verletzten in Relation zu einem möglichen erhöhten Verschuldensgrad des Schädigers zu gewichten.[672] Strittig ist, ob hierbei, wie beim materiellen Schadensersatz, die Minderung in Form einer Quotelung der Entschädigung stattzufinden hat[673] oder als Teil einer umfassenden Abwägungsentscheidung, so dass schon überwiegendes Mitverschulden des Opfers zu einem Ausschluss des Schmerzensgeldes führen kann.[674]

Generell gilt für § 253 BGB, dass die Entschädigung als einmaliger Kapitalbetrag und/oder als dauernde Rente festzusetzen ist.[675] Ihre Höhe ist nach § 287 ZPO zu schätzen.[676]

cc. *§ 8 Satz 2 ProdHaftG, § 13 Satz 2 UmweltHG*

§ 8 Satz 2 ProdHaftG, § 13 Satz 2 UmweltHG, § 29 Abs. 2 AtomG; § 11 Satz 2 StVG, § 6 Satz 2 HaftPflG: Wegen des Schadens, der nicht Vermögensschaden ist, kann auch eine billige Entschädigung in Geld gefordert werden.[677]

In § 8 Satz 2 ProdHaftG wird für immaterielle Schäden eine billige Entschädigung in Geld gewährt. Hierin ist eine Wiederholung der bereits im

---

[669] BGHZ (GS) 18, 149, 167; MüKoBGB-*Oetker*, § 253 BGB Rn. 51; **a.A.** *Xanke-Schaefer*, § 253 BGB Rn. 25.

[670] Staudinger-*Schiemann*, § 253 BGB Rn. 41.

[671] BGHZ 128, 117, 122; Prütting/Wegen/Weinreich-*Medicus*, § 253 Rn. 18; *Xanke-Schaefer*, § 253 BGB Rn. 5; **a.A.** OLG Düsseldorf NJW 1974, 1289.

[672] Staudinger-*Schiemann*, 2005, § 253 BGB Rn. 40; Palandt-*Grüneberg*, § 253 Rn. 20.

[673] OLG Bremen NJW 1966, 781; OLG Nürnberg NJW 1967, 1516; unklar Prütting/Wegen/Weinreich-*Medicus*, § 253 BGB Rn. 20.

[674] Staudinger-*Schiemann*, 2005, § 253 BGB Rn. 40 m.w.N.

[675] Staudinger-*Schiemann*, 2005, § 253 BGB Rn. 45; Erman-*Ebert*, § 25 Rn. 31; Jauernig-*Teichmann*, § 253 Rn. 5.

[676] Burmann/Heß/Jahnke/Janker-*Jahnke*, § 253 BGB Rn. 10; MüKoBGB-*Oetker*, § 253 BGB Rn. 68, 36 ff.

[677] Hervorhebung durch Verfasser.

BGB aufgestellten Grundsätze zu sehen.[678] Da in diesem Fall der Entschädigungsanspruch aus Gefährdungshaftung resultiert, kommt allerdings alleine die Ausgleichsfunktion zum Tragen, nicht hingegen die Genugtuungsfunktion, weshalb die hiernach ausgeurteilten Ersatzsummen niedriger ausfallen können.[679]
Dies gilt gleichermaßen für § 13 Satz 2 UmweltHG.[680]

dd. § 29 Abs. 2 AtomG

Auch § 29 Abs. 2 AtomG gewährt einen Entschädigungsanspruch. Die hier erzielten Entschädigungssummen sind jedoch tendenziell unterhalb einer vergleichbaren Entschädigungssumme nach § 253 BGB anzusiedeln.[681] Hierbei handelt es sich nämlich ebenfalls um einen Gefährdungshaftungstatbestand; zudem ist die sog. Bagatellrechtsprechung[682] hier ausdrücklich im Gesetzgebungsverfahren angesprochen und als bei der Auslegung beachtlich genannt worden.[683]

ee. § 11 Satz 2 StVG

Der Entschädigungsanspruch nach § 11 Satz 2 StVG entspricht grundsätzlich § 253 Abs. 2 BGB.[684] Daher gelten auch hier die Überlegungen zur Genugtuungsfunktion eines Entschädigungsanspruchs, welche nur dann greifen können, wenn dem Schädiger mindestens ein grober Verkehrsverstoß (= grobe Fahrlässigkeit) nachgewiesen werden kann.[685] Einfaches Verschulden oder gar lediglich die Nichtwiderlegung der Verschuldensvermutung können nur zu einem geringen Entschädigungsanspruch führen, da zwar die Ausgleichsfunktion, nicht aber die Genugtuungsfunktion Berücksichtigung finden kann. Umstritten ist hier besonders die Behandlung von Bagatellverletzungen. Denn es wurde im Gesetzgebungsverfahren überlegt, ob eine Bagatellgrenze schriftlich fixiert werden sollte; hiervon wurde aber Abstand genommen.[686] Die Be-

---

[678] Erman-*Erman*, §§ 7-9 ProdHaftG Rn. 1 f.

[679] *Soergel*, 13. Aufl., §§ 7-9 ProdHaftG Rn. 3.

[680] *Soergel*, 13. Aufl., § 13 UmweltHG Rn. 2.

[681] Danner/Theobald-*Junker*, V AtomR B 18 Rn. 20.

[682] Ausschluss der Entschädigung bei geringfügigen Verletzungen ohne wesentliche Beeinträchtigung der Lebensführung und ohne Dauerfolgen, vgl. BGH NJW 1993, 2173, 2175 (insoweit nicht abgedruckt in BGHZ 122, 363).

[683] Posser/Schmans/Müller-*Dehn-Schmans*, § 29 Rn. 349 f.; BT-Drucks. 14/8780, Seite 20, 24.

[684] *Lütkes/Ferner/Kramer*, § 11 StVG Rn. 36.

[685] *Lütkes/Ferner/Kramer*, § 11 StVG Rn. 39; OLG Celle NJW 2004, 1185; *Lemcke*, ZfS 2002, 318, 325.

[686] BR-Drucks. 742/01, Seite 60 f.

gründung hierfür ist freilich nur teilweise zutreffend. Sofern davon ausgegangen wird, dass die Rechtsprechung diesen Bereich in eigener Regie
auszuformen hat, kann ihr zugestimmt werden.[687] Unzutreffend[688] ist jedoch die Vermutung, dass Entschädigungen unter 1.000 DM (heute
500 €) regelmäßig unerheblich sind,[689] etwa bei HWS-Traumata
1. Grades und leichten Schürf- und Schnittverletzungen. Dies heißt jedoch nicht, dass eine Bagtellgrenze nicht existieren würde, so etwa bei
einem nur ganz unerheblichen Unfallgeschehen.[690]

ff. § 6 Satz 2 HaftPflG

Dieselben Grundsätze gelten auch für § 6 Satz 2 HaftPflG.[691] Da der Entschädigungsanspruch verschuldensunabhängig ausgestaltet ist, tritt die
Genugtuungsfunktion hier ebenfalls zurück, sofern nicht ausnahmsweise
schwerwiegendes Verschulden nachgewiesen werden kann.[692] Die Problematik der Ausklammerung von Bagatellfällen stellt sich in dieser Konstellation ebenso. Der Gesetzgeber vertraut auch in diesem Fall auf die
Entwicklung einer vernünftigen Rechtsprechung und hat daher eine aus-
drückliche Begrenzung im Gesetzeswortlaut auf Fälle, deren Auswirkungen über Bagatellfälle hinaus gehen, nicht für nötig erachtet.[693]

gg. § 52 Abs. 2 BPolG

*§ 52 Abs. 2 BPolG: Bei einer Verletzung des Körpers, der Gesundheit
oder der Freiheit ist auch der Schaden, der nicht Vermögensschaden ist,
durch eine billige Entschädigung auszugleichen.*[694]

Die »billige Entschädigung« nach § 52 Abs. 2 BPolG soll den immateriell erlittenen Schaden »angemessen« (!) ausgleichen.[695] Dies ergibt sich
aus der Systematik dieses Gesetzes. Nach § 51 Abs. 1 BPolG ist ein angemessener Ausgleich für Schäden zu gewähren. Dieser ist in § 52 Abs. 1
BPolG näher umschrieben. Es soll kein voller Schadensausgleich sein,
aber mehr als nur eine billige Entschädigung in Geld.[696] Daraus folgt,
dass Absatz 2 eine »angemessene billige« Entschädigung gewährt. Also

---

[687] BR-Drucks. 742/01, Seite 60.
[688] *Hacks/Ring/Böhm*, Nr. 1 ff.
[689] So jedoch BR-Drucks. 742/01, Seite 61.
[690] Vgl. etwa OLG Nürnberg ZfS 2002, 524.
[691] *Filthaut*, § 6 Rn. 37.
[692] *Filthaut*, § 6 Rn. 37.
[693] *Filthaut*, § 6 Rn. 39, die darin zitierten BT-Drucksachen müssen richtigerweise
lauten: *13/10435, Seite 17 f., 14/7752, Seite 14 ff.*
[694] Hervorhebung durch Verfasser.
[695] *Fischer/Hitz/Laskowski/Walter*, § 52 Rn. 4.
[696] *Fischer/Hitz/Laskowski/Walter*, § 52 Rn. 9.

eine billige Entschädigung, die durch die Angemessenheit, welche aus § 51 Abs. 1 BPolG hier hineinwirkt, begrenzt und nicht erweitert wird.

hh. § 1300 Abs. 1 BGB a.f. (bis 1998)

§ 1300 Abs. 1 BGB a.f.: »*Hat eine unbescholtene Verlobte ihrem Verlobten die Beiwohnung gestattet, so kann sie, wenn die Voraussetzungen des § 1298 oder des § 1299 vorliegen, auch wegen des Schadens, der nicht Vermögensschaden ist, eine* billige Entschädigung *in Geld verlangen.*«

Um die Liste der billigen Entschädigungen abzurunden, soll noch ein Blick auf den nicht mehr existierenden § 1300 BGB a.f. (bis 1998) geworfen werden. Diese vorkonstitutionelle Norm lässt sehr schön erkennen, dass auch die billige Entschädigung in Geld einem Wertewandel unterliegt. Wurden 1910 noch 15.000 Goldmark (≈ 77.550 €[697]) ausgeurteilt, waren es 1957 bereits nur noch 500 DM (≈ 1.322 €[698]).[699] An diesem Extrembeispiel (nach 47 Jahren noch 0,66 % des einstmals ausgeurteilten Betrages) wird sehr deutlich, dass die billige Entschädigung in Geld auch immer etwas mit der jeweiligen Wertevorstellung zu tun hat, und der Entschädigungsbetrag sich ändern kann, je nachdem, welche Einbußen für schwerwiegender gehalten werden und welche für weniger schwerwiegend.

c. Zusammenfassung

Der Begriff der angemessenen Entschädigung wird in aller Regel nicht verwendet, um auszudrücken, dass ein immaterieller Schaden zu ersetzen ist. Vielmehr geht es im Ausgangspunkt um den Ersatz eines materiellen Schadens. Im Gegensatz zu der Standardformulierung »so kann der Gläubiger Ersatz des hierdurch entstehenden Schadens verlangen«, wie sie etwa in § 280 Abs. 1 Satz 1 BGB zu finden ist, wird durch die Formulierung »angemessene Entschädigung« deutlich gemacht, dass der Schaden gerade nicht vollständig zu ersetzen ist. Die Konstellationen, in denen eine angemessene Entschädigung entsteht, haben alle etwas gemeinsam: Die Handlung, die den Schaden verursacht, wird durch die Rechtsordnung gefordert oder jedenfalls hingenommen. Deswegen wird dem Entschädigungsgläubiger zugemutet, dies beim Ausgleich anzuerkennen und mitzutragen. Der Ausgleich erfolgt daher häufig nicht zu 100 %.

---

[697] Inflationsbereinigt: http://de.wikipedia.org/wiki/Goldmark#Allgemein (zuletzt aufgerufen am 13.06.2010).

[698] Inflationsbereinigt: http://fredriks.de/HVV/kaufkraft.htm (zuletzt aufgerufen am 13.06.2010) (500 × 5,17 ÷ 1,99583 ≈ 1322).

[699] Staudinger-*Strätz*, 12. Aufl., § 1300 BGB Rn. 21.

Lediglich in Art. 40 EGBGB wird die Formulierung »angemessene Entschädigung« für einen immateriellen Schadensausgleich herangezogen.
Sie wird verwendet, weil eben nicht nur eine »billige Entschädigung«,
sondern auch ein *höherer* Betrag immer noch »angemessen« sein kann.

Ausnahmehaft ist auch die Verwendung des Begriffs im Reisevertrags-
recht. Der Begriff »angemessene Entschädigung« für vertanen Urlaub
findet sich bereits im Regierungsentwurf eines Reisevertragsgesetzes
(§ 18 Abs. 2 Satz 1).[700] Eine Erklärung dafür, weshalb hier eine »angemessene Entschädigung« und nicht eine »billige Entschädigung« geschuldet wird, findet sich indes nicht. In den Gesetzgebungsmaterialien
wird sogar ausdrücklich auf eine Parallele zu § 847 BGB (a.F.)[701] verwiesen.[702] Die Begriffswahl kann möglicherweise damit erklärt werden, dass
in § 18 Abs. 2 Satz 2 RegE die zur Bemessung der Entschädigung berück-
sichtigungsfähigen Umstände näher erläutert sind und diese Erläuterung
nicht auf alle »billigen Entschädigungen« übertragen werden sollten. Da
es sich beim RegE jedoch um den Vorschlag für eine *lex specialis* handelte, wäre diese Sorge unbegründet gewesen, da nicht von der Auslegung
eines speziellen Gesetzes auf die eines allgemeinen geschlossen werden
kann. Das dem RegE zugrunde liegende Urteil[703] jedenfalls spricht zwar
von einer »Entschädigung«, es wird in diesem Zusammenhang aber weder der Ausdruck »angemessen« noch »billig« verwendet.

Für den Begriff billige Entschädigung lässt sich zusammenfassend feststellen, dass sich diese Entschädigung – in welchen Zusammenhang der
Begriff auch gestellt wird – stark an den Grundsätzen, die zu § 253 Abs. 2
BGB aufgestellt wurden, orientiert. Die billige Entschädigung in Geld
dient dabei dem Ausgleich immaterieller Schäden. Lässt sich auf Seiten
des Schädigers zudem ein Verschulden nachweisen, so ist darüber hinaus
die Genugtuungsfunktion der Entschädigung anspruchserhöhend in die
Abwägung miteinzustellen. Liegt auf Seiten des Geschädigten Mitver-

---

[700] BT-Drucks. 7/5141, Seite 7; *§ 18 Abs. 2 RegE:* ¹*Wird die Durchführung der Reise
vereitelt oder erheblich beeinträchtigt, so kann der Reisende eine* angemessene
Entschädigung *auch wegen des Schadens verlangen, der darin liegt, daß er für
die Durchführung der Reise Urlaubstage nutzlos aufgewendet hat.* ²*Die Höhe der
Entschädigung bestimmt sich nach den Umständen, besonders nach dem Ausmaß der Beeinträchtigung und der Schwere des Verschuldens.* (Hervorhebungen
vom Verfasser.)

[701] *§ 847 Abs. 1 BGB a.F.: Im Falle der Verletzung des Körpers oder der Gesundheit
sowie im Falle der Freiheitsentziehung kann der Verletzte auch wegen des Schadens, der nicht Vermögensschaden ist, eine* billige Entschädigung *in Geld verlangen.* (Hervorhebungen vom Verfasser.)

[702] BT-Drucks. 7/5141, Seite 30.

[703] BGHZ 63, 98.

schulden vor, so ist dies ebenfalls ein Abwägungsfaktor, jedoch kein mathematischer Quotelungsfaktor, wie man ihn von der Berechnung der materiellen Schadensersatzhöhe kennt. Vielmehr kann bei überwiegendem Verschulden der verletzten Person grundsätzlich eine billige Entschädigung komplett ausgeschlossen werden; der Anspruch wird nicht gekürzt. Dies wird von der Rechtsprechung allerdings nicht konsequent durchgehalten, geringe Entschädigungssummen werden häufig ausgeurteilt.[704]

Die Entschädigungsbeträge reichen von 0 € etwa bei Prellungen, Unfallschock und einfachen HWS-Schleudertraumata, aber ggf. auch beim sofortigen Unfalltod des Opfers,[705] bis zu 500.000 € plus 500 € Rente monatlich für eine Querschnittslähmung ab dem 1. Halswirbel abwärts bei einem 3 ½-jährigen Kind.[706]

2. Die Entschädigung bei Verletzung des allgemeinen Persönlichkeitsrechts

Nach diesem Überblick über den Bedeutungsgehalt der Begriffe »angemessene Entschädigung« und »billige Entschädigung« sollen nun die Folgen der Verletzung des allgemeinen Persönlichkeitsrechts untersucht werden. Dies spielt aus zwei Gründen bei der Auslegung des Begriffs »angemessene Entschädigung« in § 15 Abs. 2 AGG eine Rolle:

Zum einen muss nach herrschender Meinung die Handlung, die die Rechtsfolge des § 15 Abs. 2 AGG auslöst, gerade nicht die Schwelle der Verletzung des allgemeinen Persönlichkeitsrechts erreichen, was häufig betont wird.[707] Bei der »angemessenen Entschädigung« könnte daher die Untergrenze tiefer liegen, aber durchaus auch die Obergrenze erreicht werden, da nicht ausgeschlossen ist, dass die Handlung auch das allgemeine Persönlichkeitsrecht verletzt. Denkbarerweise könnte die Obergrenze sogar überschritten werden. Letzteres deshalb, weil es sich hier um einen (vor-)vertraglichen Anspruch handelt im Gegensatz zu dem Anspruch aus § 823 BGB i.V.m. Art. 1, 2 GG, der »nur« ein deliktischer Anspruch ist.

Zum zweiten ist die Höhe der »billigen Entschädigung« häufig am unteren Rand eines denkbaren Ausgleichs angesiedelt. Da in § 15 Abs. 2 AGG der Begriff »angemessene Entschädigung« gewählt wurde, können

---

[704] Etwa 80 % Mitverschulden: *Hacks/Ring/Böhm*, Nr. 21.

[705] *Hacks/Ring/Böhm*, Nr. 1 ff.

[706] *Hacks/Ring/Böhm*, Nr. 3053.

[707] *Meinel/Heyn/Herms*, § 15 Rn. 37; Däubler/Bertzbach-*Deinert*, § 15 Rn. 50; Schleusener/Suckow/Voigt-*Voigt*, § 15 Rn. 29; Rust/Falke-*Bücker*, § 15 Rn. 34.

hier abweichende Interpretationsregeln gelten. Die Regeln zur »angemessenen Entschädigung«, wie sie oben[708] dargestellt wurden, sind auf diesen Fall nicht übertragbar, da sie für völlig andere Fallgruppen gelten. Um also Erwägungen zu einer nicht am unteren Limit sitzenden »angemessenen Entschädigung« (die keine »abschreckende Wirkung« mehr hätte, wie dies das europäische Recht fordert) anstellen zu können, könnte die Entschlüsselung der Entschädigungsbemessung bei Persönlichkeitsrechtsverletzungen hilfreich sein. Diese Entschädigung ist, nicht zuletzt aufgrund des Caroline-von-Monaco-Urteils,[709] bekannt dafür, auch höhere Entschädigungssummen zu erreichen.

a. Historische Entwicklung

Ein Entschädigungsanspruch für Verletzungen des allgemeinen Persönlichkeitsrechts wurde nie ausdrücklich kodifiziert. Für den vor dem 2. Schadensersatzrechtsänderungsgesetz[710] geltenden § 847 BGB hatte der BGH[711] unter Zustimmung des BVerfG[712] ein direkt auf Art. 1, 2 GG gestütztes Ausgleichsbedürfnis für Verletzungen des allgemeinen Persönlichkeitsrechts hergeleitet. Der Anspruch wurde mangels einfachgesetzlicher Kodifizierung zunächst auf § 847 BGB analog gestützt.[713] Schon hier war freilich die Analogiefähigkeit der Norm zweifelhaft, da die Verfasser des BGB einen solchen Anspruch ausdrücklich nicht vorgesehen hatten und zudem § 253 BGB a.F.[714] ein Analogieverbot enthielt.[715] Dies wurde jedoch gerne übersehen.[716]

Nachdem § 847 BGB a.F. im Jahre 2002 aufgehoben wurde, entstand erneut Unklarheit bezüglich der Entschädigungsfähigkeit von Verletzungen des allgemeinen Persönlichkeitsrechts. Denn auch bei dieser Reform hat der Gesetzgeber absichtlich – er wollte ein »schlüssiges Gesamtkonzept«[717] für das allgemeine Persönlichkeitsrecht noch entwickeln – das allgemeine Persönlichkeitsrecht nicht geregelt. Lediglich die sexuelle Selbstbestimmung wurde als kleiner Teil des Persönlichkeitsrechts in § 253 Abs. 2 BGB aufgenommen. Damit ist es aber nach den allgemeinen

---

[708] Siehe oben unter E.II.1.a.
[709] BGHZ 131, 332.
[710] BGBl. 2002 I, Seite 2674.
[711] BGHZ 26, 349; BGHZ 35, 363; BGHZ 39, 124; BGH NJW 1965, 685.
[712] BVerfG NJW 1973, 1221.
[713] BGHZ 26, 349.
[714] Heute § 253 Abs. 1 BGB.
[715] Vgl. *Mugdan*, Seite 1297; Staudinger-*Schiemann*, 2005, § 253 BGB Rn. 51.
[716] Vgl. etwa Erman-*Ehmann*, Anh. § 12 BGB Rn. 51.
[717] BT-Drucks. 14/7752, Seite 55.

Auslegungsregeln wiederum nicht möglich, § 253 Abs. 2 BGB analog an-zuwenden, um eine Entschädigungspflicht zu erreichen. Schließlich ist die Gesetzeslücke gewollt,[718] freilich mit einer ungewöhnlichen Begrün-dung:»Dass Verletzungen des allgemeinen Persönlichkeitsrechts nicht ausdrücklich in die Aufzählung der Schmerzensgeldansprüche auslösen-den Rechtsgutsverletzungen aufgenommen sind, steht auch künftig einer Geldentschädigung bei nach § 823 BGB erheblichen Persönlichkeits-rechtsverletzungen nicht entgegen.«[719] Berücksichtigt man also den ge-setzgeberischen Willen, so ist weiterhin Entschädigung bei Persönlich-keitsrechtsverletzungen zu leisten, obgleich eine gewollte Gesetzeslücke existiert.

Ohnehin gibt es nach wie vor den grundgesetzlichen Auftrag aus Art. 1, 2 GG, das allgemeine Persönlichkeitsrecht zu schützen und für einen Ausgleich bei Verletzungen zu sorgen. Trotz massiver Kritik[720] insbeson-dere hinsichtlich Dogmatik und Methodik leiten die h.M. wie auch die Rechtsprechung eine Entschädigungspflicht nun direkt aus Art. 1, 2 GG ab.[721] Es handelt sich insoweit um einen eigenständigen Anspruch mit eigenständigen Voraussetzungen und Rechtsfolgen.[722]

b. Voraussetzungen

Was sind nun die Voraussetzungen für einen Entschädigungsanspruch wegen Verletzung des allgemeinen Persönlichkeitsrechts? Der BGH for-dert seit langem eine »schwere Verletzung« des allgemeinen Persönlich-keitsrechts, damit überhaupt eine Entschädigung zu leisten ist.[723] Ferner hält er die Zahlung für subsidiär, so dass sie nur dann zum Tragen kommt, wenn andere Mittel des Ausgleichs (z.B. Widerruf, Unterlas-sungsverpflichtung) nicht oder nur unvollständig den Eingriff in das Recht ausgleichen.[724] Da diese Schwelle erst einmal überwunden werden muss, sind geringe Entschädigungsbeträge ausgeschlossen.[725]

---

[718] BT-Drucks. 14/7752, Seite 24 f., 49, 55.

[719] BT-Drucks. 14/7752, Seite 24.

[720] Vgl. nur Staudinger-*Schiemann*, 2005, § 253 Rn. 51 ff., 56 ff. m.w.N.

[721] Erman-*Ehmann*, Anh. § 12 BGB Rn. 378.

[722] Bamberger/Roth-*Bamberger*, § 12 BGB Rn. 229.

[723] BGHZ 132, 13, 14, 27; ebenso BT-Drucks 14/7752, 24:»erhebliche Verletzung«; Bamberger/Roth-*Bamberger*, § 12 BGB Rn. 230:»objektiv erheblich ins Gewicht fallende« Verletzung.

[724] MükoBGB-*Rixecker*, Anh. zu § 12 BGB Rn. 221; **a.A.** Bamberger/Roth-*Bamber-ger*, § 12 BGB Rn. 231 m.w.N.

[725] Staudinger-*Schiemann*, 2005, § 253 BGB Rn. 60 schließt Beträge unter 1.000 € aus.

Neben der Frage nach der Subsidiarität des Anspruchs ist umstritten, ob auch ein gewisser Verschuldensgrad Voraussetzung für den Anspruch ist.[726] Dies wird überzeugend von *Rixecker* abgelehnt.[727] Eine schwere, nicht anders kompensationsfähige Verletzung des Persönlichkeitsrechts kann auch mit geringem Verschulden geschehen. Sofern deren Ausmaß erheblich ist, muss der Verletzte die Möglichkeit der Schadloshaltung – auch in immaterieller Hinsicht – erhalten.

c. Ziele

Die Entschädigungszahlung bei Verletzung des allgemeinen Persönlichkeitsrechts verfolgt, was allerdings teilweise umstritten ist, bis zu drei Ziele:

Unstreitig ist, dass die Entschädigungszahlung eine ausgleichende Funktion wahrnimmt.[728]

Die zweite Säule der Entschädigungszahlung ist die Genugtuungsfunktion.[729] Diese wird teilweise als »tragende zivilrechtliche Grundlage« dieses Anspruches angesehen.[730]

Schließlich nehmen der BGH[731] und viele Vertreter der Literatur eine Präventionsfunktion an, die den Entschädigungsanspruch ebenfalls charakterisieren sollen.[732]

d. Bemessungsgrundlagen

Die Bemessungsgrundlage für die Entschädigung unterscheidet sich von der des § 253 Abs. 2 BGB.[733] Im Gegensatz zu der Bemessung des Schadensersatzes nach § 253 BGB steht bei der Bemessung der Entschädigung des allgemeinen Persönlichkeitsrechts die Genugtuungsfunktion klar im Vordergrund.[734]

Für die Höhe der Entschädigungszahlung sind die Bedeutung und die Tragweite des Eingriffs entscheidend, weiter der Anlass und Beweggrund

---

[726] Dafür: BGH NJW 1985, 1617, 1619; BGH NJW-RR 1988, 733.

[727] MükoBGB-*Rixecker*, Anh. zu § 12 Rn. 226.

[728] Erman-*Ehmann*, Anh. zu § 12 Rn. 380; MükoBGB-*Rixecker*, Anh. zu § 12 BGB Rn. 223; BGHZ (GS) 18, 149.

[729] Palandt-*Sprau*, § 823 BGB Rn. 124; BGHZ (GS) 18, 149.

[730] Staudinger-*Schiemann*, 2005, § 253 BGB Rn. 51; ähnlich Bamberger/Roth-*Bamberger*, § 12 BGB Rn. 229.

[731] BGH NJW 1996, 984.

[732] Erman-*Ehmann*, Anh. zu § 12 Rn. 380 f.

[733] *Ebert*, Seite 496; Erman-*Ehmann*, Anh. § 12 BGB Rn. 381.

[734] BGHZ 128, 1, 15; Erman-*Ehmann*, Anh. § 12 BGB Rn. 381; MükoBGB-*Oetker*, § 253 BGB Rn. 14; **a.A.** MükoBGB-*Rixecker*, Anh. zu § 12 BGB Rn. 223.

des Verletzenden und schließlich der Grad seines Verschuldens.[735] Je bedeutender, je länger anhaltend und je weiter reichend die Beeinträchtigung ist, desto höher ist der immaterielle Schaden, der auszugleichen ist,[736] mithin die Intensität der Persönlichkeitsrechtsverletzung.[737] Dazu gehören auch die beruflichen Auswirkungen, die die Verletzung nach sich zieht,[738] und die Beständigkeit der Ruf- und Interessenschädigung.[739] Eine vorangegangene strafrechtliche Verurteilung soll den Anspruch mindern,[740] da diese bereits eine gewisse Genugtuung für das Opfer darstellt.

Umstritten ist, ob auch die Vermögensverhältnisse des Schädigers Berücksichtigung finden können.[741] Ein Problem bei der Berücksichtigung dieser Verhältnisse wird insbesondere darin gesehen, dass die Ausgleichsfunktion in den Hintergrund gedrängt würde und die Entschädigung den Charakter einer Strafe erhielte.[742] Da sich diese Frage in ganz ähnlicher Weise bei § 15 Abs. 2 AGG stellt, wird später noch darauf einzugehen sein.[743] Die Vermögensverhältnisse des Opfers jedenfalls finden keine Berücksichtigung.[744]

Der Grad des Verschuldens soll nach einigen Stimmen bei Vorsatztaten als generalpräventiver Gesichtspunkt in die Bemessung mit einfließen.[745]

Die Höhe der Ansprüche variiert bis zu Beträgen von 150.000 DM für eine einzelne Persönlichkeitsrechtsverletzung.[746] Allerdings wird erwogen, für besonders drastische und wiederholte Persönlichkeitsverletzungen, sowie bei solchen, die schon in der Vergangenheit gerichtlich verbo-

---

[735] MükoBGB-*Rixecker*, Anh. zu § 12 BGB Rn. 226; BGHZ 132, 13, 27; schon als Anspruchsvoraussetzung sieht dies Bamberger/Roth-*Bamberger*, § 12 BGB Rn. 229.

[736] Beispiele bei MükoBGB-*Rixecker*, Anh. zu § 12 BGB Rn. 227 ff.; einschränkend Erman-*Ebert*, § 253 BGB Rn. 19, der die Schwere des immateriellen Schadens nicht unbedingt (»kann«) berücksichtigen will.

[737] Palandt-*Sprau*, § 823 BGB Rn. 124.

[738] MükoBGB-*Rixecker*, Anh. zu § 12 BGB Rn. 229.

[739] Bamberger/Roth-*Bamberger*, § 12 BGB Rn. 230.

[740] Bamberger/Roth-*Bamberger*, § 12 BGB Rn. 232.

[741] Bejahend: LG Krefeld NJW-RR 1996, 984; Staudinger-Schiemann, 2005, § 253 BGB Rn. 60; Erman-*Ebert*, § 253 BGB Rn. 19; Verneinend: MükoBGB-*Rixecker*, Anh. zu § 12 BGB Rn. 229.

[742] *Gounalakis*, AfP 1998, 10, 15 f.

[743] Siehe unten unter E.II.7.b.

[744] Staudinger-*Schiemann*, 2005, § 253 BGB Rn. 60.

[745] Bamberger/Roth-*Bamberger*, § 12 BGB Rn. 232; BGH NJW 1996, 984, 985; *Smith*, ZEuP 1999, 303, 306.

[746] LG Hamburg ZUM 2002, 68 (150.000 DM); vgl. auch Erman-*Ehmann*, Anh. zu § 12 BGB Rn. 386; OLG Hamburg NJW 1996, 2870 (180.000 DM als Summe mehrerer Persönlichkeitsrechtsverletzungen, vgl. Tenor -juris-) – Caroline von Monaco.

ten wurden, den Betrag deutlich heraufzusetzen;[747] hierbei soll dann der Abschreckungseffekt und somit ein »echter Hemmungseffekt« deutlicher im Vordergrund stehen.[748] In der Literatur werden auch wesentlich höhere Summen vorgeschlagen (700.000 DM; 2,5 Millionen DM).[749]

3. Entschädigungspflicht bei geschlechtsbezogener Benachteiligung nach § 611a Abs. 2 BGB a.F.

Bereits die Vorgängernorm des § 15 Abs. 2 AGG enthielt eine Rechtsfolgenregelung, die eine »angemessene Entschädigung in Geld« vorsah. Die Norm inklusive der zu ihr ergangenen Rechtsprechung stand jedoch von Anfang an heftig unter Kritik.[750] Während zunächst nur das negative Interesse ohne Ersatz des immateriellen Schadens geschuldet war (»Porto-Paragraf«), ist seit 1994[751] eine angemessene Entschädigung zu zahlen, die zunächst auf drei Monatsgehälter begrenzt war und nur bei nachgewiesenem Vorsatz zu zahlen war. Später (ab 1998[752]) wurde dieser Anspruch verschuldensunabhängig ausgestaltet.[753] Lediglich für die Fälle, in denen die geschlechtsbezogene Diskriminierung nicht kausal für die Nichteinstellung bzw. Beförderung war, wurde die 3-Monats-Grenze beibehalten. Für die Berechnung der Entschädigungshöhe waren sowohl die materiellen als auch die immateriellen Einbußen sowie eine mögliche Sanktion zu berücksichtigen.[754] Dabei wurde das Verhältnis von immateriellem Schaden und Sanktion durchaus unterschiedlich beurteilt: Während die einen den immateriellen Schaden regelmäßig gegen null gehen ließen und die Sanktion als maßgeblichen Faktor ansahen,[755] fassten andere den Ausgleich für nicht-materielle Einbußen komplett unter den immateriellen Schaden und unterschieden nicht zwischen Ausgleich und Sanktion.[756] Interessant ist, dass vielfach die Frage der summenmäßigen Begrenzung für den Bestqualifizierten sehr konkret beantwortet wurde

---

[747] MükoBGB-*Rixecker*, Anh. zu § 12 BGB Rn. 231.
[748] Vgl. etwa OLG Hamm VersR 2005, 129; Erman-*Ehmann*, Anh. zu § 12 BGB Rn. 382.
[749] *Prinz*, NJW 1996, 953, 956.
[750] Siehe Gesetzgebungsgeschichte oben unter B.II.
[751] BGBl. 1994 I, Seite 1406.
[752] BGBl. 1998 I, Seite 1694.
[753] Palandt-*Weidenkaff*, 66. Aufl., § 611a BGB Rn. 17.
[754] Staudinger-*Annuß*, 2005, § 611a BGB Rn. 98; Henssler/Willemsen/Kalb-*Thüsing*, 2. Aufl., § 611a BGB Rn. 65; ähnlich ErfK-*Schlachter*, 7. Aufl., § 611a BGB Rn. 38.
[755] So Staudinger-*Annuß*, 2005, § 611a BGB Rn. 101 f.
[756] So Henssler/Willemsen/Kalb-*Thüsing*, 12. Aufl., § 611a BGB Rn. 67; ErfK-*Schlachter*, 7. Aufl., § 611a BGB Rn. 38.

(»12 Monatsgehälter«)[757]. Die Gesichtspunkte, welche auf die Höhe Einfluss nehmen sollten, wurden dabei eher kurz und oberflächlich behandelt. Im deutschen Strafrecht ist es zwar üblich, den Strafrahmen zu wählen und die Tat zwischen der Mindest- und Höchststrafe anzusiedeln. Im Schadensersatz- und Entschädigungsrecht hingegen werden bestimmende Gesichtspunkte benannt und im Anschluss daran wird aufgrund einer wertenden Betrachtung eine angemessene Summe gefunden. Erst im Rückblick ist es möglich, einen »Haftungsrahmen« zu bestimmen, wobei dieser dann auf Erfahrungswerten beruht und keine Grenze für künftige Fälle präjudiziert.[758]

Jedoch gibt es auch hier Gesichtspunkte, die immer wieder Berücksichtigung fanden. Art und Schwere der Beeinträchtigung, Beweggründe, Fortwirkung, Nachhaltigkeit,[759] Anlass und Beweggründe für das Handeln des Arbeitgebers, Interessen des Bewerbers,[760] sowie die finanzielle Situation der Beteiligten[761] stehen hierbei im Mittelpunkt. Daneben ist eine Erhöhung der Entschädigungszahlung für Wiederholungsfälle hervorzuheben.[762]

Damit gibt es auch hier einen Kanon von Anhaltspunkten, welcher auf die Höhe der Entschädigungszahlung Einfluss nimmt. Inwieweit dieser für die Auslegung von § 15 Abs. 2 AGG übernommen werden kann, wird im Folgenden erörtert.

4. Konsequenzen für die Bemessungsgrundlage der angemessenen Entschädigung nach § 15 Abs. 2 AGG

Letztlich bestimmt das erkennende Gericht die Höhe der Entschädigung nach eigenem Ermessen, § 287 Abs. 1 Satz 1 ZPO.[763] Dies gilt zwar für jeden einzelnen Fall. Die Faktoren, die zu berücksichtigen sind, können jedoch über den einzelnen Fall hinaus allgemein bestimmt werden.

§ 611a Abs. 2 BGB a.F.: [...] so kann der hierdurch benachteiligte Bewerber *eine angemessene Entschädigung in Geld verlangen;* [...][764]

---

757 MünchArbR-*Buchner*, 2. Aufl., § 40 Rn. 205.

758 I.E. ebenso Palandt-*Weidenkaff*, 65. Aufl., § 611a BGB Rn. 19.

759 ErfK-*Schlachter*, 6. Aufl., § 611a BGB Rn. 37.

760 Henssler/Willemsen/Kalb-*Thüsing*, 2. Aufl., § 611a BGB Rn. 68.

761 Staudinger-*Annuß*, 2005, § 611a BGB Rn. 102.

762 Henssler/Willemsen/Kalb-*Thüsing*, 2. Aufl., § 611a BGB Rn. 68; MükoBGB-*Müller-Glöge*, 4. Aufl., § 611a BGB Rn. 74; Staudinger-*Annuß*, 2005, § 611a BGB Rn. 100.

763 Schiek-*Kocher*, § 15 Rn. 30; *Thüsing*, Rn. 522.

764 Hervorhebungen vom Verfasser.

§ 15 Abs. 2 AGG: Wegen eines Schadens, der nicht Vermögensschaden ist, kann der oder die Beschäftigte *eine angemessene Entschädigung in Geld verlangen.* [...][765]
Auf den ersten Blick scheinen die Regelungen des § 611a Abs. 2 BGB a.f. und des heutigen § 15 Abs. 2 AGG auf der Rechtsfolgenseite identisch zu sein, so dass sich eine Übernahme der zur Bestimmung der Entschädigungshöhe entwickelten Kriterien anbietet. Der Gesetzentwurf der Bundesregierung sagt dazu: »Der aus § 611a BGB bekannte Grundgedanke wird hier auf alle Tatbestände einer Benachteiligung übertragen.«[766] Damit legt auch der Gesetzgeber diese Interpretationsmöglichkeit nahe. Die Überlegung, einige bekannte Elemente aus § 611a BGB zu übernehmen, ist sicher richtig.[767] Nicht aus den Augen verloren werden darf dabei jedoch, dass § 15 Abs. 2 AGG strukturell erstmals ganz ausdrücklich *nur* den immateriellen Schadensanteil ersetzen soll. Der materielle Schadensausgleich geschieht über § 15 Abs. 1 AGG. Er findet nur dort und zudem ungekürzt statt. Hingegen gab es über § 611a Abs. 2 BGB a.f. nur eine einheitliche Entschädigung für materielle und immaterielle Schäden.

Am Beispiel des benachteiligten, nicht-einzustellenden Bewerbers[768] wird der Unterschied besonders deutlich: Nach neuer Rechtslage erhält dieser den materiellen Schaden komplett nach Absatz 1 ersetzt. Zusätzlich erhält er eine angemessene Entschädigung für seine erlittenen immateriellen Einbußen von maximal drei Monatsgehältern. Nach der alten Rechtslage hingegen waren insgesamt maximal drei Monatsgehälter »Entschädigung« geschuldet. Bei dieser pauschalen Betrachtungsweise ist natürlich zweierlei zu beachten: zum einen ist der materielle Schaden regelmäßig nicht besonders hoch und zum anderen stellt die neue Rechtslage die Benachteiligten nur dann tatsächlich besser, wenn die Kriterien zur Bemessung der immateriellen Entschädigung vergleichbar mit denen vor der Neuregelung sind.

Schon diese systematischen Überlegungen zeigen, dass eine größere Änderung stattgefunden hat als die bloße Erweiterung des Tatbestandes auf sämtliche Benachteiligungsformen. Auch die Rechtsfolge hat sich geändert. Da eine Änderung vorliegt, gilt es, deren Inhalt wieder neu nach den allgemeinen Auslegungsregeln zu bestimmen. Ein ausführlicher

---

[765] Hervorhebungen vom Verfasser.
[766] BT-Drucks. 16/1780, Seite 38.
[767] Ähnlich *Jacobs*, RdA 2009, 193, 194; Wendeling-Schöder/Stein-*Stein*, § 15 Rn. 32.
[768] Definition siehe oben unter D.II.2.a.

Blick auf die verschiedenen auf die Norm einwirkenden Umstände erscheint somit unumgänglich.

Bereits ausführlich angesprochen wurde die untypische Formulierung
»angemessene Entschädigung«.[769] Der Gesetzgeber führte dazu aus:
»Die Höhe der Entschädigung muss angemessen sein. Dies entspricht
der bewährten Regelung des Schmerzensgeldes in § 253 BGB.«[770] Dies ist
schon angesichts des abweichenden Wortlauts von § 15 Abs. 2 AGG nicht
sehr überzeugend. Denn auch wenn offenkundig von der Wortwahl »billige Entschädigung« Abstand genommen wurde, so ließe sich eigentlich
§ 15 Abs. 2 AGG sehr gut in die entsprechende Normengruppe einfügen.[771]

Da jedoch der Wortlaut Ausgangspunkt einer jeden Subsumtion ist,
kann über ihn nicht einfach hinweg gesehen werden. Im Folgenden wird
daher eine möglichst treffende Interpretation von § 15 Abs. 2 AGG ge-
sucht. Für diese kann auch die insoweit eindeutige Gesetzesbegründung
nur einen Anhaltspunkt liefern; abschließende Verbindlichkeit hat sie
hingegen nicht.

Die These, dass die »angemessene Entschädigung« ähnlich zu bewerten
ist, wie andere »angemessene Entschädigungen« im deutschen Recht,
kann nach den hierzu gemachten Feststellungen[772] freilich nicht mehr
Ausgangspunkt für die Interpretation des § 15 Abs. 2 AGG sein. Schließlich decken die genannten Normen, die den Begriff »angemessene Entschädigung« enthalten, völlig andere Fallgruppen ab; die Entschädigungspflicht bezieht sich dort nicht auf immaterielle Schäden, sondern
auf materielle Schäden, die jedoch in diesen Fällen lediglich angemessen
zu entschädigen sind. Die oben zu den »angemessenen Entschädigungen« getätigten Überlegungen können daher nur in nachrangiger Weise
– wenn überhaupt – zu berücksichtigen sein.

So gelangt man zu folgender, etwas überraschenden Erkenntnis: Der
Begriff »billige Entschädigung« wurde während des Gesetzgebungsver-
fahrens in den Begriff »angemessene Entschädigung« abgeändert. Dieser
passt auf die hier geregelte Fallgruppe jedoch nicht. Denn wenn der
Wortlaut des § 15 Abs. 2 AGG eines unzweideutig aussagt, so ist dies,
dass immaterieller Schaden zu entschädigen ist: »Billig« war nicht gewollt – »angemessen« passt nicht. Da auf beide Fallgruppen nicht zurückgegriffen werden kann, bleibt daher nur, diesen Fall unabhängig, je-

---

[769] Siehe oben unter E.II.1.
[770] BT-Drucks. 16/1780, Seite 38.
[771] Hierzu ausführlich unter E.II.1.c.
[772] Siehe oben unter E.II.1.c.

denfalls eigenständig im Verhältnis zu den bisherigen Auslegungen der Begriffe zu interpretieren.

Dabei kann jedoch auf bekannte Elemente der übrigen Entschädigungsregelungen zurückgegriffen werden, insbesondere auf die zur Auslegung des § 611a Abs. 2 BGB a.f. herausgearbeitete Elemente. Wobei, wie erwähnt, der Unterschied zu berücksichtigen ist, dass § 611a Abs. 2 BGB a.f. mit »angemessener Entschädigung« sowohl den immateriellen wie auch den materiellen Schaden berücksichtigte, während § 15 Abs. 2 AGG ausschließlich den immateriellen Schaden erfasst. Andererseits können auch neue Elemente, die sich etwa aus dem Unionsrecht ergeben oder die zumindest aufgrund des Unionsrechts sinnvoll erscheinen, Berücksichtigung finden. Dies drängt sich geradezu auf, wenn die Erkenntnis, dass der Wortlaut dort seinen Ursprung fand, in die Überlegungen miteinbezogen wird.

Wie *Ebert* richtig erkennt, hat das Kriterium der »*billigen* Entschädigung« lange Zeit dazu beigetragen, dass von einem »auch nur entfernt *angemessenen* Ausgleich keine Rede« sein konnte (zu § 253 BGB).[773] Ist jedoch eine »billige« Entschädigung im unter(st)en Bereich des auslegungsbedürftigen Begriffs der Entschädigung angesiedelt, so kann davon ausgegangen werden, dass der Gesetzgeber mit der »angemessenen Entschädigung« jedenfalls nicht unter dieses Niveau gehen wollte. Diese Annahme wird bestätigt durch den unionsrechtlichen Ursprung des Ausdrucks »angemessene Entschädigung« in § 15 Abs. 2 AGG.[774] Schließlich muss die Rechtsfolge, die dem Arbeitgeber bei der Verletzung des Diskriminierungsverbots droht, abschreckend sein.[775] Diese abschreckende Wirkung wird grundsätzlich umso höher, je höher die drohende Entschädigungszahlung liegt.

Da der Gesetzeswortlaut einen angemessenen Schadensausgleich verlangt, ist darunter also im Zweifel stets mindestens ein billiger Ausgleich zu verstehen. Hinsichtlich der absoluten Höhe der Entschädigungszahlung können die Ergebnisse der hierzu ergangenen Rechtsprechung somit zumindest als Untergrenze aufgefasst werden; dies gilt für Urteile in umso stärkerem Maße, je weiter sie in der Vergangenheit liegen, da diese im Allgemeinen sehr restriktiv hinsichtlich der Höhe der Entschädigungszahlungen verfuhren, welche heute großzügiger gehandhabt werden.

---

773 Erman-*Ebert*, § 253 BGB Rn. 18; siehe auch oben unter E.II.1.b.bb.
774 Siehe oben unter E.II.1.
775 EuGH (Urteil vom 10.04.1984 – Rs. C-14/83), Slg. 1984, 1891, Tenor 3 – Colson und Kamann; Art. 6 RL 2002/73/EG; Wendeling-Schöder/Stein-*Stein*, § 15 Rn. 39; Henssler/Willemsen/Kalb-*Annuß/Rupp*, § 15 AGG Rn. 8.

Die einzelnen Faktoren hingegen, die die »billige Entschädigung« in ihrer Bemessung prägen, können bei der »angemessenen Entschädigung« in § 15 Abs. 2 AGG Berücksichtigung finden. Dies ergibt sich daraus, dass jedenfalls die Untergrenze von diesen Faktoren abhängig ist. Folgt man dieser Auffassung, so bietet sich der Schluss an, dass auch weiter oben angesiedelte Beträge nicht frei von diesen Kriterien[776] bestimmt werden können.

Die Erkenntnisse zur Bestimmung der Entschädigungshöhe bei der Verletzung des allgemeinen Persönlichkeitsrechts sind ebenfalls geeignet, einen Anhaltspunkt für die Entschädigungshöhe nach § 15 Abs. 2 AGG zu liefern. Hier ist zu beachten, dass für eine Bejahung der Voraussetzungen von § 15 Abs. 2 AGG die Verletzungshandlung nicht die Intensität einer Persönlichkeitsrechtsverletzung zu haben braucht.[777] Deswegen können Abstriche von den bei Persönlichkeitsrechtsverletzungen gefundenen Beträgen gemacht werden. Bei groben Verletzungen hingegen kann eine Persönlichkeitsrechtverletzung vorliegen, so dass das Niveau der Entschädigungen bei Persönlichkeitsrechtsverletzungen erreicht werden kann. Da es sich bei § 15 Abs. 2 AGG um eine vertragliche bzw. vorvertragliche Haftung und nicht lediglich um eine deliktische handelt, kann sich die Gewichtung der einzelnen Faktoren, welche die Entschädigungshöhe beeinflussen sogar zugunsten des Benachteiligten verschieben, da die Beziehung zu einem (potenziellen) Vertragspartner enger ist als zu einem deliktisch Haftenden.

Diese systematischen Überlegungen müssen freilich noch im unionsrechtlichen Kontext beurteilt werden. § 15 Abs. 2 AGG dient der Umsetzung mehrerer Richtlinien. Daher können diese ebenfalls Einfluss auf die Entschädigungshöhe haben.

In einer Grafik lässt sich dieses Ergebnis wie folgt darstellen:

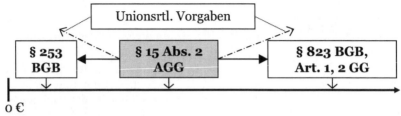

Grafik 2: Stellung des § 15 AGG

---

[776] Zu den Faktoren der »billigen Entschädigung« siehe oben unter E.II.1.b. insbesondere bb.

[777] BAG NZA 2009, 945; *Jacobs*, RdA 2009, 193, 195; *Meinel/Heyn/Herms*, § 15 Rn. 37; Däubler/Bertzbach-*Deinert*, § 15 Rn. 50; Schleusener/Suckow/Voigt-*Voigt*, § 15 Rn. 29; Rust/Falke-*Bücker*, § 15 Rn. 34.

§ 611a Abs. 2 BGB a.F. hingegen stellt keine Begrenzung in Bezug auf § 15 Abs. 2 AGG dar. Durch die Trennung von materiellem und immateriellem Schadensersatz hat der Gesetzgeber nicht nur die Position des materiellen Schadensersatzes gestärkt, der nun vollständig zu ersetzen ist. Auch der immaterielle Anteil der Entschädigungszahlung hat eine Stärkung erfahren. In die Bemessung der Entschädigung nach § 15 Abs. 2 AGG ist der materielle Schadensersatz nicht miteinzubeziehen.

Im Übrigen können Rückschlüsse auf das Verhältnis des Teils der Entschädigung von § 611a Abs. 2 BGB, der die immaterielle Einbuße berücksichtigt, zu der Entschädigung nach § 15 Abs. 2 AGG nur bedingt gezogen werden. Mit Einführung des AGG ist die rechtliche Bedeutung einer nicht-benachteiligenden Arbeitswelt insgesamt gestiegen. Nunmehr kann nicht mehr nur wegen einer Benachteiligung aufgrund des Geschlechts oder einer Behinderung eine Entschädigung verlangt werden. Auch zeigt die Einführung eines neuen »Allgemeinen Gleichbehandlungsgesetzes« gegenüber zwei sich in großen Gesetzeswerken verlierenden Vorschriften, dass die rechtliche Missbilligung der Benachteiligung gestiegen ist. Während es vorstellbar ist, dass eine Benachteiligung aus einem neu hinzugekommenen Grund im Einzelfall mit einer weniger hohen Entschädigungszahlung »angemessen« entschädigt wird, ist insgesamt aus den genannten Gründen eher von höheren Entschädigungen auszugehen.

5. § 15 Abs. 2 AGG: Ausgleichsfunktion

a. Allgemeine Grundsätze

Zunächst muss es über § 15 Abs. 2 AGG möglich sein, den immateriell erlittenen Schaden auszugleichen. Innerhalb der verschiedenen Funktionen der immateriellen Entschädigung nach § 15 Abs. 2 AGG kommt der Ausgleichsfunktion eine herausragende Stellung zu.[778] Schließlich verlangte bereits § 611a Abs. 2 BGB, die immateriellen Einbußen zu berücksichtigen.[779] Da dieser wie gezeigt eine Untergrenze für den Entschädigungsanspruch darstellt, ist diese Funktion also schon aus historischer und systematischer Sicht unverzichtbar.

Auch aus unionsrechtlicher Sicht ist zwingend und zentral ein Ausgleich für den immateriellen Schaden zu schaffen, wenn das Diskriminierungs-

---

[778] *Adomeit/Mohr*, § 15 Rn. 44 f.; Schiek-*Kocher*, § 15 Rn. 30, 37; einschränkend *Sprenger*, Seite 177.

[779] Siehe oben unter E.II.3.; Staudinger-*Annuß*, 2005, § 611a BGB Rn. 98; Henssler/Willemsen/Kalb-*Thüsing*, 2. Aufl., § 611a BGB Rn. 65; ähnlich ErfK-*Schlachter*, 7. Aufl., § 611a BGB Rn. 38.

verbot im Rahmen einer zivilrechtlichen Haftungsregelung kodifiziert wird. Der EuGH verlangt in seiner Rechtsprechung, dass der Verstoß gegen das Gleichbehandlungsgebot einen vollen Schadensausgleich mit sich bringen muss.[780] Dieser ist nur gewährleistet, wenn auch der Schaden kompensiert wird, der immateriell erlitten wurde.

aa. Faktoren

Die Faktoren, die zu berücksichtigen sind, sind vielfältig. Sie zielen alle darauf ab, den nicht in Geld messbaren, erlittenen Schaden abzuschätzen und vergleichbar zu machen. Es ist Aufgabe des Gerichts, den Grad der individuellen Betroffenheit festzustellen und als Faktor in die Bestimmung der Entschädigungszahlung mit einfließen zu lassen. Ohne Berücksichtigung des Einzelfalles pauschale Beträge oder Regelsätze je nach Benachteiligung zu zahlen, ist hingegen unangemessen.[781]

Die durch die Benachteiligung hervorgerufenen seelischen und psychischen Verletzungen und Leiden sind durch die Entschädigung auszugleichen. Je größer und je stärker die Einbußen bzw. Verletzungen sind, desto höher fällt die Entschädigung aus.[782] Bei einer sexuellen Belästigung ist sie regelmäßig besonders hoch.[783] Das Inklusionsinteresse, also das Interesse an gesellschaftlicher und beruflicher Integration, ist dabei umso größer, je bedeutsamer der Nichterhalt des Ausbildungsplatzes, Arbeitsplatzes etc. für den Benachteiligten ist.[784]

So kann eine Benachteiligung, welche vor Publikum oder sonst einem Kreis von Menschen geschieht, die sie direkt oder indirekt miterleben, das Opfer schwerer treffen als eine gleich geartete Benachteiligung, die ohne Publikum geschieht. Freilich kann auch eine Benachteiligung in einer 4-Augen-Situation großen Schaden anrichten. Allgemein sind daher Art und Schwere der Benachteiligung,[785] sowie Nachhaltigkeit und Fort-

---

[780] EuGH (Urteil vom 08.11.1990 – Rs. C-177/88), Slg. 1990, I-3941, Tenor 3 – Dekker.

[781] Wendeling-Schöder/Stein-*Stein*, § 15 Rn. 42; **a.A.** Kittner/Däubler/Zwanziger-*Zwanziger*, § 15 AGG Rn. 12 f.

[782] Wendeling-Schröder/Stein-*Stein*, § 15 Rn. 39; *Adomeit/Mohr*, § 15 Rn. 44; *Meinel/Heyn/Herms*, § 15 Rn. 44; Däubler/Bertzbach-*Deinert*, § 15 Rn. 72.

[783] Schiek-*Kocher*, § 15 Rn. 32.

[784] Schiek-*Kocher*, § 15 Rn. 33; Wendeling-Schöder/Stein-*Stein*, § 15 Rn. 39.

[785] BAG NZA 2009, 945, 952; *Monen*, Seite 173; Henssler/Willemsen/Kalb-*Annuß*/*Rupp*, § 15 AGG Rn. 8; MükoBGB-*Thüsing*, § 15 AGG Rn. 13; *Thüsing*, Rn. 524; Prütting/Wegen/Weinreich-*Lingemann*, § 15 AGG Rn. 7; BAG NZA 2007, 508, 512; Jauernig-*Mansel*, § 15 AGG Rn. 4; *von Roetteken*, § 15 Rn. 59.

dauer der Interessenschädigung zu berücksichtigen.[786] Die wiederholte Benachteiligung kann für die betroffene Person größeres Leid bedeuten als die erstmalige Benachteiligung. Eine direkte Benachteiligung kann schwerer wiegen als eine indirekte.

Aber auch bei einer indirekten Benachteiligung, etwa bei ungleicher Entlohnung von Teilzeitkräften gegenüber Vollzeitkräften, was regelmäßig überwiegend Frauen benachteiligt[787] und somit diskriminierend ist, ist eine vorhandene immaterielle Einbuße zu entschädigen.[788] Dies ist auch konsequent und richtig: Wird auf Tatbestandsseite festgestellt, dass eine Benachteiligung vorliegt, so ist der daraus resultierende Schaden, auch der immaterielle, zu ersetzen. Wenn bei gleichem Sachverhalt im Gegensatz dazu bei der Verletzung des allgemeinen Persönlichkeitsrechts nach Art. 1, 2 GG keine Entschädigung zu zahlen ist, liegt dies an der hohen Hürde auf dessen Tatbestandsseite: »*schwere* Verletzung des allgemeinen Persönlichkeitsrechts«.[789] Der Unterschied zwischen diesen zwei Anspruchsgrundlagen liegt also in der unterschiedlichen Gestaltung des Verletzungstatbestandes.

Fraglich ist hingegen, ob die Benachteiligung aufgrund mehrerer Merkmale einen größeren Ausgleich fordert, als die Benachteiligung aufgrund »nur« eines Merkmals. Dies wird allgemein bejaht.[790] Das hieße aber, dass eine Benachteiligung aufgrund mehrerer Merkmale stärker spürbar ist und größere immaterielle Schäden hervorruft als Benachteiligungen aufgrund eines Merkmals.[791] So dies im Einzelfall tatsächlich der Fall ist, etwa wenn der Benachteiligende ausdrücklich darauf hinweist, dass er wegen mehrerer Merkmale benachteiligt, mag dieser Gedanke zutreffen. M.E. muss dieser Faktor zwar bei der Berechnung berücksichtigt werden, jedoch unter dem Gesichtspunkt der Straffunktion, da hier lediglich das verwirklichte Unrecht höher ist, nicht jedoch die Einbuße des Benachteiligten.[792]

---

[786] BAG NZA 2009, 945, 952; Erman-*Belling*, § 15 AGG Rn. 9; MükoBGB-*Thüsing*, § 15 AGG Rn. 13; *Thüsing*, Rn. 524; ErfK-*Schlachter*, § 15 AGG Rn. 8; Jauernig-*Mansel*, § 15 AGG Rn. 4.

[787] Siehe Fußnote 172.

[788] *Meinel/Heyn/Herms*, § 15 Rn. 54, 56; **a.A.** *Adomeit/Mohr*, § 15 Rn. 39; Däubler/Bertzbach-*Deinert*, § 15 Rn. 69.

[789] Siehe oben unter E.II.2.b.; BGHZ 132, 13, 14, 27.

[790] *Adomeit/Mohr*, § 15 Rn. 45; *Monen*, Seite 173; *Meinel/Heyn/Herms*, § 15 Rn. 44; Erman-*Belling*, § 15 AGG Rn. 9; Däubler/Bertzbach-*Deinert*, § 15 Rn. 73; BT-Drucks. 16/1780, Seite 38; Jauernig-*Mansel*, § 15 AGG Rn. 4; MükoBGB-*Thüsing*, § 15 AGG Rn. 13.

[791] Vgl. auch Schiek-*Kocher*, § 15 Rn. 35.

[792] So auch Däubler/Bertzbach-*Deinert*, § 15 Rn. 73; siehe unten unter E.II.7.b.

Keine Rolle bei der Bemessung der Entschädigungszahlung kann hingegen spielen, ob neben der immateriellen Einbuße weitere materielle Einbußen entstanden sind.[793] Denn anders als bei § 611 Abs. 2 BGB a.F. ist § 15 Abs. 2 AGG ausschließlich dem immaterielle Schadensersatz gewidmet und besitzt somit einen völlig anderen Ausgangspunkt.[794] Zum vollständigen Ausgleich des materiellen Schadens ist der Arbeitgeber nach Absatz 1 verpflichtet. Selbstverständlich hat er diesen Ausgleich zu zahlen. Wieso er dann durch die Begleichung seiner Schuld aus Absatz 1 einen »Bonus« auf die Entschädigungszahlung erhalten soll, ist indes nicht ersichtlich.

Ebenfalls keine Rolle kann es spielen, ob der Arbeitgeber selbst handelt oder ob ihm das Verhalten Anderer zugerechnet wird.[795] Schließlich wird ihm das Verhalten des Anderen in seiner Gesamtheit zugerechnet, so dass ein Abzug hier nicht einleuchten mag.

Auch kann die wirtschaftliche Leistungsfähigkeit des Benachteiligten nicht berücksichtigt werden.[796] Ein erhöhter Wohlstand mindert seine Einbußen nicht. Dass ein wohlhabenderer Benachteiligter sich von seinem Vermögen generell mehr Ablenkung und sonstigen Ausgleich leisten kann, ist irrelevant. Denn gerade die Entschädigung soll den Ausgleich für den erlittenen immateriellen Schaden sicherstellen. Auch in Hinblick auf die Genugtuungs-, die Präventions- und die Straffunktion ergeben sich keine Anhaltspunkte dafür, dass eine Benachteiligung wohlhabenderer Arbeitnehmer für den Arbeitgeber weniger spürbar sein sollte als die Benachteiligung weniger wohlhabender Arbeitnehmer.

Freilich sind auch Faktoren, die zugunsten des Handelnden in Erscheinung treten, zu berücksichtigen. Ein Mitverschulden des Benachteiligten ist stets zu berücksichtigen.[797] Jedoch kann im Gegensatz zu § 253 Abs. 2 BGB hier auch ein überwiegendes Mitverschulden (so es überhaupt

---

[793] *Meinel/Heyn/Herms*, § 15 Rn. 54; Wendeling-Schöder/Stein-*Stein*, § 15 Rn. 41; **a.A.** *Adomeit/Mohr*, § 15 Rn. 37; Däubler/Bertzbach-*Deinert*, § 15 Rn. 69; Prütting/Wegen/Weinreich-*Lingemann*, § 15 AGG Rn. 8; *Bauer/Göpfert/Krieger*, § 15 Rn. 36; *Nollert-Borasio/Perreng*, § 15 Rn. 11; *Sprenger*, Seite 178; *Walker*, NZA 2009, 5, 9.

[794] *Von Roetteken*, § 15 Rn. 54.

[795] **A.A.** *Adomeit/Mohr*, § 15 Rn. 46.

[796] Wendeling-Schöder/Stein-*Stein*, § 15 Rn. 39; Däubler/Bertzbach-*Deinert*, § 15 Rn. 76; **a.A.** MükoBGB-*Thüsing*, § 15 AGG Rn. 13; Henssler/Willemsen/Kalb-*Annuß/Rupp*, § 15 AGG Rn. 8.

[797] Däubler/Bertzbach-*Deinert*, § 15 Rn. 68; Wendeling-Schröder/Stein-*Stein*, § 15 Rn. 39; MükoBGB-*Thüsing*, § 15 AGG Rn. 13 und *Thüsing*, Rn. 524 (Obliegenheit zur Schadensminderung); *Sprenger*, Seite 178.

denkbar erscheint)[798], den Anspruch nicht auf Null sinken lassen. Schließlich ist auch ohne jedes Verschulden des Benachteiligenden eine Entschädigung zu zahlen.[799] Den erlittenen immateriellen Schaden zumindest teilweise kompensieren kann etwa eine Entschuldigung[800] oder eine Wiedergutmachung,[801] weshalb dies auf der Ebene der Ausgleichsfunktion berücksichtigt werden kann. Die Präventions- und die Straffunktion hingegen sind von einer Entschuldigung nicht betroffen, denn die Entschuldigung beeinflusst weder die beabsichtigte Präventionswirkung des § 15 Abs. 2 noch seine Strafwirkung.

bb. *Bemessungsgrundlage*

Auf welcher Grundlage ist die Bemessung zu ermitteln? Die Höchstgrenze in § 15 Abs. 2 Satz 2 AGG wird in Monatsgehältern ausgedrückt. Daher könnte ein Monatsverdienst als Grundlage geeignet sein. Dies würde jedoch bedeuten, dass ein Geringverdiener im Vergleich zu einem besser Verdienenden weniger für denselben erlittenen psychischen und seelischen Schaden erhält. Dies ist nur schwer begründbar.[802] Wie schwer den Einzelnen eine Benachteiligung trifft, ist individuell verschieden und völlig unabhängig vom Einkommen. Daher ist es konsequent, wenn die Ausgleichsfunktion unabhängig vom Einkommen bemessen wird und größer bei stärkerer Betroffenheit und kleiner bei weniger starker Betroffenheit ausfällt.

Im Gegensatz dazu sind die anderen Funktionen, die die Entschädigungszahlung beeinflussen, nicht mehr in erster Linie dadurch geprägt, welche Einbußen der Benachteiligte hat. Sie drücken allgemein aus, was die Entschädigung(ssumme) verkörpert. Sie soll Genugtuung verschaffen, sie soll präventiv wirken. Und sie soll eventuell sogar bestrafend wirken. Hier ist das Monatsgehalt des Benachteiligten ein Faktor, der als Bemessungsgrundlage durchaus zutreffend sein kann. Die Gehaltshöhe bestimmt typischerweise maßgeblich den Lebenswandel einer Person. Daher ist es nicht fernliegend anzunehmen, dass das x-fache eines Monatsgehalts bei zwei unterschiedlichen Personen das gleiche Gefühl voll-

---

[798] In Betracht könnten etwa provozierte Benachteiligungen kommen.
[799] Siehe auch sogleich unter E.II.5.cc.
[800] Wendeling-Schröder/Stein-*Stein*, § 15 Rn. 39.
[801] BAG NZA 2009, 945, 952; Prütting/Wegen/Weinreich-*Lingemann*, § 15 AGG Rn. 7.
[802] So auch *Meinel/Heyn/Herms*, § 15 Rn. 46; *Adomeit/Mohr*, § 15 Rn. 47; Erman-*Belling*, § 15 AGG Rn. 9; Däubler/Bertzbach-*Deinert*, § 15 Rn. 85; ArbG Düsseldorf NZA-RR 2008, 511; differenzierend: BAG NZA 2009, 945, 953.

ständiger Zufriedenheit (dies bedeutet Genugtuung)[803] bewirkt. Auch hinsichtlich der Präventionsfunktion ist es verständlich, wenn auf das monatliche Einkommen abgestellt wird: Es erscheint nicht unlogisch, dass ein Bruchteil oder ein Vielfaches der monatlichen Ausgaben für einen bestimmten Beschäftigten als Mehraufwand für eine Benachteiligung jeweils eine ähnlich große präventive Wirkung zeigen. Dies gilt ebenso für die Straffunktion.

Bei der Berücksichtigung all dieser Faktoren ist im Endeffekt darauf abzustellen, welchem Faktor welches Gewicht im konkreten Einzelfall zukommt. Ist die Ausgleichsfunktion der bestimmende Faktor für die konkrete Entschädigung, so werden tendenziell unabhängig vom monatlichen Einkommen gleich große immaterielle Einbußen, die bei der Bestimmung der Entschädigungshöhe zu berücksichtigen sind, dominieren und somit im Ergebnis zu ähnlichen Entschädigungshöhen führen.[804] Dominiert hingegen nicht die Ausgleichsfunktion die Entschädigungszahlung, so wird ein ähnlicher Verstoß häufig durch eine ähnliche Anzahl Monatsgehälter[805] zu entschädigen sein.[806]

Das Gesetz definiert nicht, was unter einem Monatsgehalt zu verstehen ist. Nach allgemeiner Auffassung stellt jedoch ein Monatsgehalt den finanziellen Wert der Bezüge (sowohl Geld als auch Sachbezüge) in einem Monat dar.[807] Bei Bewerbern ist hierbei auf den ersten Beschäftigungsmonat abzustellen.[808] Diese Auslegung entspricht im Übrigen auch der des »Monatsverdiensts« in § 611a Abs. 3 Satz 2 BGB a.F.[809]

b. Bagatellgrenze

Fraglich ist, ob eine irgendwie geartete Bagatellgrenze hinsichtlich erlittener immaterieller Schäden überschritten werden muss, wenn ein aus-

---

[803] Vgl. http://de.wikipedia.org/wiki/Genugtuung (zuletzt aufgerufen am 13.06. 2010).

[804] So ähnlich für sexuelle Belästigungen Schiek-*Kocher*, § 15 Rn. 42; *Walker*, NZA 2009, 5, 9.

[805] Zur Höhe eines Monatsgehaltes siehe unten unter E.II.8.

[806] **A.A.** BAG NZA 2009, 945, 953, welcher nur bei Nichteinstellungen und Entlassungen überhaupt ein Monatsgehalt als Größe Bezug nehmen will; Wendeling-Schöder/Stein-*Stein*, § 15 Rn. 39, 44, der nur bei einer vergeblichen Bewerbung auf ein Monatsgehalt als Größe Bezug nehmen will.

[807] Wendeling-Schöder/Stein-*Stein*, § 15 Rn. 45; Schiek-*Kocher*, § 15 Rn. 49; vgl. auch Art. 2 Abs. 1 lit. e RL 2006/54/EG.

[808] *Meinel/Heyn/Herms*, § 15 Rn. 45; Kittner/Däubler/Zwanziger-*Zwanziger*, § 15 AGG Rn. 10.

[809] Schiek-*Kocher*, § 15 Rn. 49; Däubler/Bertzbach-*Deinert*, § 15 Rn. 61; Wendeling-Schröder/Stein-*Stein*, § 15 Rn. 45; *Meinel/Heyn/Herms*, § 15 Rn. 45.

zugleichender immaterieller Schaden bejaht werden soll. Dies wird etwa im Rahmen von § 253 Abs. 2 BGB höchstrichterlich gefordert.[810] Im Rahmen des § 15 Abs. 2 AGG dürfte dies grundsätzlich selten vorkommen, da ein bagatellartiger Verstoß gegen das Benachteiligungsverbot kaum vorstellbar ist. Der EU-Richtliniengeber selbst hat die Voraussetzungen aufgestellt, unter denen eine Benachteiligung in den einzelnen Mitgliedsstaaten zu sanktionieren ist:

— »Opfer von Diskriminierung wegen der Religion oder Weltanschauung, einer Behinderung, des Alters oder der sexuellen Ausrichtung sollten über einen angemessenen Rechtsschutz verfügen.«[811]

— »Opfer von Diskriminierung aus Gründen der Rasse oder der ethnischen Herkunft sollten über einen angemessenen Rechtsschutz verfügen.«[812]

— »Opfer von Diskriminierungen aufgrund des Geschlechts sollten über einen angemessenen Rechtsschutz verfügen.«[813]

Der deutsche Gesetzgeber hat dies mit dem AGG umgesetzt. Liegt eine solche Diskriminierung vor, so dürfte diese jedenfalls nach unionsrechtskonformer Auslegung nie so unerheblich sein,[814] dass sie ein qualitatives Weniger an Rechtsfolgen – nämlich eine unangemessen geringe oder keine Entschädigung – zur Folge hätte. Eine Benachteiligung ist im Gegenteil nach den Richtlinien stets mit einem angemessenen Rechtsschutz zu versehen. Teil des Rechtsschutzes ist die angemessene Entschädigung. Wird die Schwelle der Diskriminierung erreicht, so ist stets der immateriell erlittene Schaden zu entschädigen.[815]

Eine Bagatelle, die keine angemessene, ausgleichende Entschädigung verlangt, ist daher grundsätzlich nur vorstellbar, soweit das nationale deutsche Recht ein höheres Schutzniveau hat als das unionsrechtlich geforderte. Der Gesetzgeber möchte mit dem AGG das Schutzniveau der Richtlinien erreichen, nicht jedoch Sachverhalte mit § 1 AGG erfassen, die nicht auch unter die Richtlinien fallen würden.[816] Damit wäre das Benachteiligungsverbot in § 7 Abs. 1 AGG, welches die Benachteiligung we-

[810] BGH NJW 1992, 1043; BGH NJW 1993, 2173, 2174 f.; differenzierend: Staudinger-*Schiemann*, 2005, § 253 Rn. 23 ff.
[811] Erwägungsgrund 29, Art. 1 RL 2000/78/EG.
[812] Erwägungsgrund 16, Art. 1 RL 2000/43/EG.
[813] Erwägungsgrund 21, Art. 1 RL 2004/113/EG.
[814] **A.A.** Prütting/Wegen/Weinreich-*Lingemann*, § 15 AGG Rn. 10.
[815] BAG NZA 2009, 945; wohl auch Schleusener/Suckow/Voigt-*Voigt*, § 15 Rn. 48.
[816] BT-Drucks. 16/1780, Seite 30.

gen eines in § 1 AGG genannten Merkmals verbietet, genau das, was als Richtlinienumsetzung gefordert war und ginge nicht über diese hinaus.[817] Dieses Ziel hat der Gesetzgeber nicht erreicht. Tatbestandlich sind von § 15 AGG etwa Männer umfasst, die einer Teilzeitbeschäftigung nachgehen und dabei verhältnismäßig weniger Gehalt bekommen als Vollzeitkräfte, wobei von dieser Regelung typischerweise überproportional Frauen betroffen sind.[818] Dieser Sachverhalt unterfällt beispielsweise nicht den EU-Richtlinien. Damit ist in so gelagerten Fällen auch eine Bagatellbenachteiligung grundsätzlich vorstellbar.[819]

Für Benachteiligungen, die von den Richtlinien verboten sind, ist es also ausgeschlossen, dass es sich um eine Bagatellbenachteiligung handelt. Für Benachteiligungen, die zwar vom AGG, nicht aber von den Richtlinien verboten sind, ist eine untere Bagatellgrenze dagegen nicht ausgeschlossen.

c. Schäden bei mittelbarer Diskriminierung

Bei mittelbarer Diskriminierung ist es besonders schwer, einen angemessenen Ausgleich zu finden. Sie liegt vor, wenn dem Anschein nach neutrale Vorschriften, Kriterien oder Verfahren Personen wegen eines in § 1 AGG genannten Grundes gegenüber anderen Personen in besonderer Weise benachteiligen können (§ 3 Abs. 2 AGG). Im Grundsatz sind die mittelbar Benachteiligten genau so zu behandeln wie unmittelbar Benachteiligte. Schließlich machen außer der Definition in § 3 Abs. 1 und 2 AGG weder § 1, noch § 7 oder § 15 AGG einen Unterschied zwischen diesen beiden Gruppen. Daher ist auch ihr immaterieller Schaden voll auszugleichen.[820] *Stein* betont zu Recht, dass lediglich die Zahlung der üblichen Vergütung, die noch nicht einmal als Schadensersatz im Sinne des Absatzes 1 zu bewerten ist, eine Ungleichbehandlung geradezu herausfordere.[821] Daher ist hier eine immaterielle Entschädigung besonders gefordert.

Bei mittelbarer Diskriminierung ist ein besonderes Augenmerk auf die Benachteiligten, die gerade nicht zu der geschützten Personengruppe gehören, zu richten.[822] Seelische und psychische Verletzungen, die auszu-

---

[817] *Meinel/Heyn/Herms*, § 7 Rn. 2; **a.A.** *Bauer/Göpfert/Krieger*, § 7 Rn. 2; *Adomeit/Mohr*, § 7 Rn. 6.

[818] Siehe oben unter D.I.4.b.

[819] Offen gelassen von BAG NZA 2009, 945, 952.

[820] Wendeling-Schöder/Stein-*Stein*, § 15 Rn. 34; Däubler/Bertzbach-*Deinert*, § 15 Rn. 69.

[821] Wendeling-Schöder/Stein-*Stein*, § 15 Rn. 34.

[822] Siehe oben unter D.I.4.b.

gleichen wären, sind hier grundsätzlich nicht so ausgeprägt, da der Benachteiligte das Merkmal (z.b. Geschlecht Mann) der an sich »geförderten« Gruppe trägt. Somit kann er sich hinsichtlich des verbotenen Diskriminierungsmerkmals, wenn überhaupt, »positiv benachteiligt«, also gefördert sehen. Bei dieser Personengruppe ist dennoch nicht ausgeschlossen, dass ein immaterieller Schaden durch die Diskriminierung entstanden ist.[823] Er wird regelmäßig geringer ausfallen als bei einer unmittelbaren Benachteiligung oder einer mittelbaren Benachteiligung bei Merkmalsträgern der benachteiligten Gruppe. Zu weit geht es aber, wenn man hier generell einen Nichtvermögensschaden verneint.[824] Schließlich handelt es sich nach wie vor um eine vom Gesetzgeber verbotene Zurücksetzung. Mag auch der soziale Geltungsanspruch[825] nicht beschnitten sein, so gibt es doch weitere auszugleichende Aspekte, wie etwa das Inklusionsinteresse.[826]

Richtigerweise gilt daher, dass stets im Einzelfall sämtliche Faktoren zu berücksichtigen sind und nicht generell bestimmte Fallgruppen von der Entschädigung pauschal ausgenommen werden können. Dies gilt auch vor dem Hintergrund, dass die Entschädigung noch weitere Funktionen neben der des Ausgleichs erfüllt, die nicht von der Einbuße beim Benachteiligten abhängig sind.

6. § 15 Abs. 2 AGG: Genugtuungsfunktion

a. Allgemeine Grundsätze

Die nach § 253 BGB zu zahlende Entschädigung soll weiter Genugtuungsfunktion haben. Auch die nach § 15 Abs. 2 AGG zu zahlende Entschädigung soll diese Funktion erfüllen.

Den Gedanken der Genugtuung als Aspekt einer immateriellen Entschädigung hat der BGH in einer Entscheidung des Großen Senats für Zivilsachen erstmals im Jahr 1955 grundlegend bejaht.[827] Über die Genugtuungsfunktion wird das ausgeglichen, was der Schädiger dem Ge-

---

[823] Kittner/Däubler/Zwanziger-*Zwanziger*, § 15 AGG Rn. 7; Däubler/Bertzbach-*Deinert*, § 15 AGG Rn. 69; *Meinel/Heyn/Herms*, § 15 Rn. 54.

[824] So aber *Monen*, Seite 175; *Thüsing*, Rn. 519 und MükoBGB-*Thüsing*, § 15 AGG Rn. 10, der offensichtlich eine Verletzung des allgemeinen Persönlichkeitsrechts als untere Schwelle ansieht. Eine solch schwere Verletzung ist aber für § 15 (Abs. 2) AGG nicht Voraussetzung; ebenfalls so Henssler/Willemsen/Kalb-*Annuß/Rupp*, § 15 AGG Rn. 6 ohne weitere Begründung.

[825] So *Thüsing*, Rn. 521.

[826] Siehe oben unter E.II.5.a.aa.

[827] BGHZ (GS) 18, 149.

schädigten angetan hat.[828] Sie sei ein Relikt vergangener Rechtsordnungen, so der BGH,[829] da das Schmerzensgeld seinen Ursprung im Strafrecht habe und »seine strafrechtliche Herkunft noch teilweise nachwirkt«. Die Genugtuungsfunktion stellt dabei die Person des Geschädigten in den Mittelpunkt, dessen beeinträchtigtes Selbstgefühl wieder herzustellen ist,[830] und möchte das verletzte Rechtsgefühl besänftigen.[831]

Der aus dem allgemeinen Schadensersatzrecht kommende Gedanke der Genugtuung muss in § 15 Abs. 2 AGG fortgeführt werden. Solange sich der immaterielle Schadensersatzanspruch auf die Ausgleichsfunktion beschränkt, stellt sich das Problem, dass ein wirklicher Ausgleich kaum herbeiführbar ist. Bei immateriellen Schäden lässt sich nur sehr schwer ein Äquivalent in Geld finden, welches tatsächlich diese Schäden ausgleicht.[832] Dies liegt in der Natur der Sache, da es sich gerade um nichtmaterielle Schäden handelt. Ferner gibt es auch Fälle, bei denen der Ausgleichsgedanke gar nicht zielführend ist, etwa wenn psychische Störungen zurückbleiben, die auch mit etwaigen Freuden, die man sich durch die erhaltene Entschädigung gönnen kann, nicht zu kompensieren sind. Aber auch in diesen Fällen muss sich die Entschädigung in sinnvollen Größenordnungen bewegen. Die zurechenbare Verursachung einer psychischen Störung wird im Rahmen des § 15 AGG freilich nur bei wenigen, extrem gelagerten Ausnahmefällen zu bejahen sein.

Der EuGH fordert sachliche Regeln, wie sie bei anderen Verstößen ähnlicher Art im nationalen Recht vorhanden sind.[833] Andere Verstöße, welche immaterielle Schadensersatzpflichten nach sich ziehen, werden nicht nur ausgeglichen, sondern auch über die Genugtuungsfunktion kompensiert.[834] Dies gilt auch, wie etwa im Rahmen des § 11 Satz 2 StVG, bei Gefährdungshaftungstatbeständen.[835] Es würde daher zu einem Bruch mit anderen deutschen Entschädigungsverpflichtungen führen, würde man die Genugtuungsfunktion hier nicht mit einfließen lassen. Darüber hinaus ist – wie festgestellt[836] – die »billige Entschädigung« nach § 253 Abs. 2 BGB als untere Grenze des Entschädigungsanspruches anzusehen.

---

[828] BGHZ (GS) 18, 149, 154.
[829] BGHZ (GS) 18, 149, 155; ebenso *Jülch*, Seite 132.
[830] *Lange/Schiemann*, Seite 436; ähnlich *Jülch*, Seite 133 f.
[831] *Jülch*, Seite 133 f.
[832] *Jülch*, Seite 126 f.
[833] EuGH (Urteil vom 22.04.1997 – Rs. C-180/95), Slg. 1997, I-2195, Rz. 29 – Draempaehl.
[834] *Lange/Schiemann*, Seite 442; *Jülch*, Seite 184 f.
[835] Siehe oben unter E.II.1.b.ee.
[836] Siehe oben unter E.II.4.

Da dort nach wie vor die Genugtuungsfunktion Berücksichtigung findet, ist sie hier ebenfalls nicht vernachlässigbar. *Sprenger* sieht neben der Präventionsfunktion hierin sogar die Kernfunktion der Entschädigung nach § 15 Abs. 2 AGG.[837]

Treffend führt der BGH aus, dass ein durch leichte Fährlässigkeit Verletzter in der Regel weniger verbittert sein wird als einer, dem die Verletzung aufgrund grober Fahrlässigkeit oder gar Vorsatz zugefügt wurde.[838] Die Problematik rund um die Verbitterung bzw. den Betroffenheitsgrad des Benachteiligten liegt hier parallel zu der, welche in Fällen des § 253 Abs. 2 BGB vorgefunden wird. Geschieht eine Benachteiligung vorsätzlich, so ist dies gleichsam ein weiterer Schlag in das Gesicht des Benachteiligten. Die seelische und psychische Betroffenheit wächst. Soweit ersichtlich wird daher nicht bestritten, dass der Entschädigungsanspruch auch aufgrund festgestellten Verschuldens des Benachteiligenden höher ausfallen kann.[839] Andererseits ist der Benachteiligte, der lediglich aufgrund der Anwendung von unionsrechtswidrigem deutschem Recht benachteiligt wurde, weniger verbittert bzw. betroffen, weshalb hier die Entschädigungsbeträge deutlich niedriger anzusetzen sind.[840]

Auf der Ebene der Genugtuung kann zugunsten des Arbeitgebers eine etwaige Sanktionierung des unmittelbar Benachteiligenden berücksichtigt werden, sofern der Arbeitgeber nicht selbst gehandelt hat.[841] Denn damit sinkt das Genugtuungsbedürfnis des Benachteiligten.

Nicht berücksichtigbar hingegen ist in diesem Rahmen eine etwaige strafrechtliche Verurteilung.[842]

b.   Sonderregelung des § 15 Abs. 3 AGG

§ 15 Abs. 3 AGG regelt, dass ein Arbeitgeber bei der Anwendung kollektivrechtlicher Vereinbarungen nur dann zur Entschädigung verpflichtet ist, wenn er vorsätzlich oder grob fahrlässig handelt. Diese Regelung birgt mehrere Probleme in sich.

---

[837] *Sprenger*, Seite 177.

[838] BGHZ (GS) 18, 149, 157 f.; ebenso *Lange/Schiemann*, Seite 438 f.

[839] BAG NZA 2009, 945, 952; Wendeling-Schröder/Stein-*Stein*, § 15 Rn. 39; *Meinel/Heyn/Herms*, § 15 Rn. 44; Däubler/Bertzbach-*Deinert*, § 15 Rn. 72; Erman-*Belling*, § 15 AGG Rn. 9; *Thüsing*, Rn. 524; MükoBGB-*Thüsing*, § 15 AGG Rn. 13; *Adomeit/Mohr*, § 15 Rn. 44, 46; Prütting/Wegen/Weinreich-*Lingemann*, § 15 AGG Rn. 7; BAG NZA 2007, 508, 510; ErfK-*Schlachter*, § 15 AGG Rn. 8; *Sprenger*, Seite 177 f.; *Gaul/Koehler*, BB 2010, 503, 505.

[840] *Gaul/Koehler*, BB 2010, 503, 505.

[841] Prütting/Wegen/Weinreich-*Lingemann*, § 15 AGG Rn. 7.

[842] BGHZ 128, 117, 122; Prütting/Wegen/Weinreich-*Medicus*, § 253 Rn. 18; Xanke-*Schaefer*, § 253 BGB Rn. 5; **a.A.** OLG Düsseldorf NJW 1974, 1289.

Zunächst ist sie evident unionsrechtswidrig.[843] Alleine der Verstoß gegen den Gleichbehandlungsgrundsatz muss ausreichen, die volle Haftung des Arbeitgebers auszulösen.[844] Auch wenn sich der Arbeitgeber an kollektivrechtliche Vereinbarungen hält, deren »höhere Richtigkeitsgewähr«[845] hier nicht bestritten werden soll,[846] müsste er nach unionsrechtlichen Vorgaben unabhängig vom Verschuldensgrad voll haften.[847] Dies ist aber nach § 15 Abs. 3 AGG bei mittlerer Fahrlässigkeit und bei noch geringerem Verschulden ausgeschlossen.

Ohne die Wortlautgrenze des § 15 Abs. 3 AGG zu missachten, bleibt jedoch kein Spielraum für eine unionsrechtskonforme Auslegung, die freilich anzustreben ist. Parallel zu derselben Problematik im Rahmen des vermuteten Verschuldens in § 15 Abs. 1 Satz 2 AGG[848] ist die Vorschrift richtigerweise nicht anzuwenden.

Unabhängig davon ist auch der Wortlaut unglücklich gewählt. Absatz 3 spricht nur von »Entschädigung«. Entschädigung ist aber nur die Rechtsfolge von Absatz 2. Absatz 1 hingegen gewährt Schadensersatz. Diesen Wortlaut verwendet der Gesetzgeber bewusst in der Gesetzesbegründung. Zu § 15 Abs. 2 AGG führt er aus: »Damit wird klargestellt, dass der materielle *Schadensersatz*anspruch – anders als bei der *Entschädigung* – nur entsteht, wenn der Arbeitgeber die Pflichtverletzung zu vertreten hat.«[849] Zu Absatz 3 steht dann geschrieben: »Erfolgen Benachteiligungen im Betrieb oder in der Dienststelle durch die Anwendung kollektivrechtlicher Vereinbarungen, trifft den Arbeitgeber eine *Entschädigungspflicht* nur, wenn er vorsätzlich oder grob fahrlässig handelt.«[850] Grobe Fahrlässigkeit liegt dann vor, wenn es sich dem Arbeitgeber aufdrängen muss, dass die Norm gegen das AGG verstößt und

---

[843] *Meinel/Heyn/Herms*, § 15 Rn. 59; *Thüsing*, Rn. 551; *von Roetteken*, § 15 Rn. 68; Schiek-*Kocher*, § 15 Rn. 52; HK-ArbR-*Berg*, § 15 AGG Rn. 10; *Adomeit/Mohr*, § 15 Rn. 64, 67; Erman-*Belling*, § 15 AGG Rn. 11; Bauer/Thüsing/Schunder-*Thüsing*, NZA 2005, 32, 35; Henssler/Willemsen/Kalb-*Annuß/Rupp*, § 15 AGG Rn. 11; *Kamanabrou*, RdA 2006, 321, 337 f.; *Wagner/Potsch*, JZ 2006, 1085, 1091; *Walker*, NZA 2009, 5, 6; Wendeling-Schöder/Stein-*Stein*, § 15 Rn. 57; zweifelnd: Rust/Falke-*Bücker*, § 15 Rn. 46.

[844] EuGH (Urteil vom 08.11.1990 – Rs. C-177/88), Slg. 1990, I-3941 – Dekker; EuGH (Urteil vom 22.04.1997 – Rs. C-180/95), Slg. 1997, I-2195 – Draempaehl; siehe auch unten unter D.I.5.a.

[845] BT-Drucks. 16/1780, Seite 38.

[846] Diff.: Schiek-*Kocher*, § 15 Rn. 53; HK-ArbR-*Berg*, § 15 AGG Rn. 10; **a.A.** Walker, NZA 2009, 5, 6; Däubler/Bertzbach-*Deinert*, § 15 Rn. 89.

[847] Dazu schon oben unter D.I.5.

[848] Siehe hierzu oben unter D.I.5.c.

[849] BT-Drucks. 16/1780, Seite 38 (Hervorhebung durch Verfasser).

[850] BT-Drucks. 16/1780, Seite 38.

er dies außer Acht gelassen hat.[851] Die Auslegung nach dem Wortlaut und nach der Historie, der Auffassung des Gesetzgebers, ergibt damit, was zunächst verwundert, dass die Einschränkung nicht für Absatz 1 gilt. Nur Absatz 2 ist grundsätzlich verschuldensunabhängig gestaltet. Geht man entgegen der hier vertretenen Ansicht mit dem Gesetzgeber davon aus, dass § 15 Abs. 1 Satz 2 und Abs. 3 AGG anwendbar sind und liegen die Voraussetzungen von Absatz 3 vor, so sind die Verschuldensvoraussetzungen für die Entschädigung also enger als für den materiellen Schadensersatz.[852]

Auch wenn die Norm wegen Unionsrechtswidrigkeit nicht anzuwenden ist, basiert sie auf einer zutreffenden These. Der Gesetzgeber normiert hier den Gedanken, dass die Benachteiligung durch einen Arbeitgeber, der sich im Rahmen von kollektivrechtlichen Vereinbarungen bewegt, weniger schwer wiegt. Dies kann im Rahmen der Genugtuungsfunktion Berücksichtigung finden. Ein Gefühl vollständiger Zufriedenheit stellt sich beim Benachteiligten hier schneller ein als bei einem Benachteiligten, bei dem der Arbeitgeber ohne Anwendung von kollektivrechtlichen Vereinbarungen benachteiligt hat. Auch wiegt sein Verschulden hier grundsätzlich weniger schwer. Insofern kann die Entschädigungssumme niedriger angesetzt werden.[853] Dies stünde auch nicht im Widerspruch zu den unionsrechtlichen Vorgaben. Schließlich richtet sich die »volle Haftung« auch nach den konkreten Umständen des Einzelfalles und nach den Einbußen auf Seiten des Benachteiligten. Ist die Kränkung in einem Fall größer und in einem anderen Fall weniger groß, so ist es unionsrechtskonform, wenn in dem ersteren Fall eine höhere und in letzterem eine weniger hohe Entschädigung zu zahlen ist. In beiden Fällen würde es sich jeweils um die volle Haftung handeln.

[851] Däubler/Bertzbach-*Deinert*, § 15 Rn. 95; *Adomeit/Mohr*, § 15 Rn. 66; *Thüsing*, Rn. 546; Rust/Falke-*Bücker*, § 15 Rn. 47; *Boemke/Danko*, § 9 Rn. 65; HK-ArbR-*Berg*, § 15 AGG Rn. 11.
[852] So auch *von Roetteken*, § 15 Rn. 67; *Thüsing*, Rn. 550; Däubler/Bertzbach-*Deinert*, § 15 Rn. 92; HK-ArbR-*Berg*, § 15 AGG Rn. 10; Schiek-*Kocher*, § 15 Rn. 51; Wendeling-Schöder/Stein-*Stein*, § 15 Rn. 58; zweifelnd: *Adomeit/Mohr*, § 15 Rn. 62; **a.A.** Bauer/Göpfert/Krieger, § 15 Rn. 45; *Annuß*, BB 2006, 1629, 1635; Bauer/Evers, NZA 2006, 893, 897; Jauernig-*Mansel*, § 15 AGG Rn. 5.
[853] Schiek-*Kocher*, § 15 Rn. 53; Wendeling-Schröder/Stein-*Stein*, § 15 Rn. 65; HK-ArbR-*Berg*, § 15 AGG Rn. 10.

7. § 15 Abs. 2 AGG: Abschreckungsfunktion

Die »billige Entschädigung« nach § 253 Abs. 2 BGB belässt es bei der Ausgleichs- und der Genugtuungsfunktion. Durch beide Funktionen wird der Blick, wie soeben gesehen, auf den Geschädigten gerichtet.

Die Richtlinien müssen jedoch so umgesetzt werden, dass die Sanktionen derart ausgestaltet sind, dass sie eine angemessene Wiedergutmachung darstellen und für den Arbeitgeber ein ernst zu nehmendes Druckmittel sind.[854] Aber darüber hinaus muss die Entschädigung die Wirksamkeit des Verbots sicher stellen und eine abschreckende Wirung haben.[855] Alleine über die Ausgleichsfunktion und den materiellen Schadensersatz können diese Vorgaben jedoch nicht sicher erreicht werden. Der materielle Schaden kann äußerst gering ausfallen[856] und auch die immaterielle Einbuße (das von der Ausgleichsfunktion zu kompensierende Minus) kann je nach den Umständen des Einzelfalles gering sein.

Die Genugtuungsfunktion hat den Benachteiligten als Maßstab. Eine abschreckende Wirkung zielt aber auf den Täter oder hier konkret auf den benachteiligenden Arbeitgeber. Es muss daher neben dem materiellen Schadensersatz und der immateriellen Entschädigung (Ausgleichs- und Genugtuungsfunktion) noch eine weitere Funktion geben, die dazu beiträgt, eine abschreckende Wirkung zu entfalten. Diese könnte als »Abschreckungsfunktion« bezeichnet werden.

Sowohl, wenn der bereits früher Benachteiligende von weiteren Benachteiligungen abgehalten werden soll, als auch, wenn potenziell Benachteiligende von der erstmaligen Benachteiligung abgehalten werden sollen, kann man von »Prävention« (Spezial- bzw. Generalprävention) sprechen: Prävention bedeutet Vorbeugung, Verhütung, Zuvorkommen.[857] Freilich hat jedwede Erhöhung eines zu zahlenden Geldbetrages eine Präventionswirkung. Eine Zahlungspflicht ist stets unliebsam und somit vom Arbeitgeber tendenziell zu vermeiden. Daher kann die Abschreckungsfunktion nicht getrennt von Ausgleichs- und Genugtuungsfunktion betrachtet werden. Erst im Zusammenspiel mit den anderen

---

[854] EuGH (Urteil vom 10.04.1984 – Rs. C-14/83), Slg. 1984, 1891, Rz. 14 – Colson und Kamann.

[855] EuGH (Urteil vom 10.04.1984 – Rs. C-14/83), Slg. 1984, 1891, Tenor 3 – Colson und Kamann; Art. 6 RL 2002/73/EG; Wendeling-Schöder/Stein-*Stein*, § 15 Rn. 39; Henssler/Willemsen/Kalb-*Annuß/Rupp*, § 15 AGG Rn. 8.

[856] Sofern lediglich das negative Interesse geschuldet ist, ist es je nach Einzelfall immer noch möglich, dass sich § 15 Abs. 1 AGG auf den Ersatz der Portokosten beschränkt oder auch gar kein Schaden entstanden ist.

[857] *Kraif*, Seite 1093.

Funktionen kann die abschreckende Wirkung richtig eingeordnet werden.

Prävention bedeutet dabei auch »Abschreckung künftiger Verbrecher durch Maßnahmen der Strafe« etc.[858] Daher ist es auch überlegenswert, ob einen Schritt weiter gegangen werden und eine Straffunktion in die Abschreckungsfunktion hineininterpretiert werden kann.

a. Präventionsfunktion

Die Prävention stellt ein weiteres Element bei der Bemessung des in § 15 Abs. 2 AGG geregelten immateriellen Schadensersatzes dar.[859] Der EuGH schreibt vor, dass die Entschädigung abschreckende und somit präventive Wirkung haben muss.[860] Dies hat mittlerweile auch das BAG bekräftigt.[861]

Die Präventionsfunktion stellt ein verhaltenssteuerndes Element der Entschädigung dar[862] und hat Einfluss auf die Entschädigungshöhe.[863] Die Entschädigung muss geeignet sein, Arbeitgeber generell und auch speziell diesen Arbeitgeber von Benachteiligungen abzuhalten.[864] Daher sind die hierbei zu berücksichtigenden Umstände in der Sphäre des Benachteiligenden zu suchen.

Der wiederholte Verstoß des Benachteiligenden kann die Entschädigungssumme erhöhen.[865] Schließlich gewinnt die Präventionskomponente mit zunehmender Höhe der Entschädigungszahlung an Gewicht. Wiederholte Verstöße können ihre Ursache auch darin haben, dass die Entschädigungszahlung in einem früheren Fall wegen geringerer Höhe nicht abschreckend genug war, um etwa Schulungen der Mitarbeiter oder andere Präventionsmaßnahmen voranzutreiben.

---

[858] *Kraif*, Seite 1093.

[859] *Sprenger*, Seite 177; *Monen*, Seite 110.

[860] EuGH (Urteil vom 10.04.1984 – Rs. C-14/83), Slg. 1984, 1891, Rz. 23, Tenor 3 – Colson und Kamann.

[861] BAG NZA 2009, 945, 952.

[862] Rust/Falke-*Bücker*, § 15 Rn. 34; Henssler/Willemsen/Kalb-*Annuß/Rupp*, § 15 AGG Rn. 8; Prütting/Wegen/Weinreich-*Lingemann*, § 15 AGG Rn. 7.

[863] Wendeling-Schröder/Stein-*Stein*, § 15 Rn. 39.

[864] Zur Generalprävention: Däubler/Bertzbach-*Deinert*, § 15 Rn. 79.

[865] BAG NZA 2009, 945, 952; *Meinel/Heyn/Herms*, § 15 Rn. 44; Erman-*Belling*, § 15 AGG Rn. 9; ErfK-*Schlachter*, § 15 AGG Rn. 8; Henssler/Willemsen/Kalb-*Annuß/Rupp*, § 15 AGG Rn. 8; Däubler/Bertzbach-*Deinert*, § 15 Rn. 78: »deutliche Heraufsetzung«; MükoBGB-*Thüsing*, § 15 AGG Rn. 13: »deutlich höher«.

Die Motivation des Benachteiligenden ist ebenfalls zu berücksichtigen.[866] Seine Motivation, entgegen den Bestimmungen des AGG zu handeln, ist umso geringer, je effektiver die Prävention dagegen stattfindet. Die Präventionswirkung muss die Aufgabe haben, die Motivationslage umzukehren, so dass ein Anreiz gegeben wird, in Zukunft gesetzeskonform zu handeln.

Der Präventionsgesichtspunkt ist bei der sexuellen Belästigung (§ 3 Abs. 4 AGG) von großer Bedeutung.[867] Hier ist es besonders wichtig, dass die Entschädigungssumme eine Höhe erreicht, die unerwünschtes sexuelles Verhalten verhindern kann.

Dort, wo der Arbeitgeber hingegen Schutzmaßnahmen, etwa Schulungen zur Verhinderung von Benachteiligungen, durchgeführt hat, können diese entschädigungsmindernd berücksichtigt werden.[868] Schließlich ist dies das erklärte Ziel der Prävention. Soweit sich der Arbeitgeber um diese schon bemüht und kümmert, muss dieser Anreiz nicht von der Entschädigungssumme gefördert werden. Freilich ist dabei zu berücksichtigen, wie groß die entsprechenden Bemühungen sind und ob sie für ein Unternehmen dieser Art und Größe angemessen und ausreichend sind.

b.   Straffunktion (Sanktionsfunktion)

aa. Faktoren

Während sich einige Autoren intensiver mit dem Thema Strafschaden befassen und durchaus positive Ansätze darin sehen,[869] nimmt die große Mehrheit im Schrifttum an, dass es sich bei § 15 Abs. 2 AGG nicht um »Strafschadensersatz« handelt.[870] Dennoch verlangen viele, dass bei der Bestimmung der Entschädigungshöhe Faktoren berücksichtigt werden, die ihrer Funktion nach dazu dienen können, den Arbeitgeber zu bestrafen. Die folgenden Faktoren gehören nicht zur Ausgleichsfunktion, da nicht das Benachteiligungsopfer in den Blick genommen wird. Aus diesem Grunde berühren sie auch nicht die Genugtuungsfunktion.

Die hier genannten Faktoren sollen in erster Linie bewirken, dass der Arbeitgeber »spürt«, dass gegen das AGG verstoßen worden ist. Daher

---

[866] BAG NZA 2009, 945, 952; MükoBGB-*Thüsing*, § 15 AGG Rn. 13; Wendeling-Schröder/Stein-*Stein*, § 15 Rn. 39; Prütting/Wegen/Weinreich-*Lingemann*, § 15 AGG Rn. 7; Jauernig-*Mansel*, § 15 AGG Rn. 4; *Thüsing*, Rn. 524; *von Roetteken*, § 15 Rn. 59.

[867] ErfK-*Schlachter*, § 15 AGG Rn. 8.

[868] MükoBGB-*Thüsing*, § 15 AGG Rn. 13.

[869] *Schiek*, Seite 425.

[870] Siehe unten unter E.II.7.b.bb.

wird gut nachvollziehbar eine Straffunktion bejaht.[871] *Rösch* beschreibt die Entschädigung sogar als einen »stark abgemilderter ›Strafschadensersatz‹«.[872] Geht man hingegen mit der wohl überwiegenden Meinung davon aus, dem Zivilrecht eine »Straffunktion« generell abzusprechen, so sind die folgenden Faktoren auch dann vertretbar zu berücksichtigen, indem man schlicht den Gesichtspunkt der Prävention weit auslegt. Schließlich hat auch eine Strafe präventive Wirkung.

Grundsätzlich gilt, dass ohne Verschulden eine Strafe nicht sinnvoll sein kann.[873] Erst mit Überschreitung der Verschuldensgrenze liegt eine Handlung vor, die bestraft werden kann. Nur dann kann noch von einer *angemessenen* Entschädigung gesprochen werden. Werden die folgenden Faktoren daher zur Auslegung der Entschädigungshöhe genutzt, muss vorher das Maß des Verschuldens festgestellt werden.

Folgt man der Ansicht, dass die Straffunktion kein Element des § 15 Abs. 2 AGG ist, aber der eine oder andere Gesichtspunkt dennoch, etwa unter dem Präventionsaspekt, zu berücksichtigen ist, so gilt die Einschränkung in dieser Form nicht. Hier gilt es nur, in der Gesamtbetrachtung aller Faktoren eine »angemessene« Entschädigung zu bestimmen. Bei der Gesamtbetrachtung ist dann das (fehlende) Verschulden ebenso wie die folgenden Faktoren in die Abwägung mit einzustellen:

Die wirtschaftlichen Verhältnisse des Arbeitgebers sind zu berücksichtigen.[874] Dabei darf die Entschädigung aber keine Höhe erreichen, die das Unternehmen etwa zur Einstellung seines Geschäftsbetriebes zwingen würde.[875] Die Ausgleichsfunktion muss jedoch stets voll berücksichtigt werden, so dass insoweit hiervon eine (möglicherweise eher theoretische) Ausnahme zu machen ist,[876] wenn alleine die Ausgleichsfunktion eine Entschädigungshöhe gebietet, die die Einstellung des Geschäftsbe-

---

871 BAG NZA 2009, 945, 952; *Böhm*, DB 2008, 2193; Schiek-*Kocher*, § 15 Rn. 38; bereits zu § 611a BGB a.F.: *Schäfer*, AcP 202 (2002), 397, 410; unklar *Monen*, Seite 110.

872 *Rösch*, Seite 100.

873 *Schäfer*, AcP 202 (2002), 397, 405.

874 Wendeling-Schröder/Stein-*Stein*, § 15 Rn. 39; *Meinel/Heyn/Herms*, § 15 Rn. 44; *Herms/Meinel*, DB 2004, 2370, 2373; *Adomeit/Mohr*, § 15 Rn. 44, 48; Hennsler/Willemsen/Kalb-*Annuß/Rupp*, § 15 AGG Rn. 8; auch Däubler/Bertzbach-*Deinert*, § 15 Rn. 74, der dies allerdings unter dem Gesichtspunkt der Spezialprävention betrachtet; Erman-*Belling*, § 15 AGG Rn. 9; Prütting/Wegen/Weinreich-*Lingemann*, § 15 AGG Rn. 7; Jauernig-*Mansel*, § 15 AGG Rn. 4; MükoBGB-*Thüsing*, § 15 AGG Rn. 13; *Sprenger*, Seite 178 (Größe des Unternehmens); **a.A.** *von Roetteken*, § 15 Rn. 59.

875 Schiek-*Kocher*, § 15 Rn. 41; ErfK-*Schlachter*, § 15 AGG Rn. 8.

876 Däubler/Bertzbach-*Deinert*, § 15 Rn. 75; **a.A.** *Walker*, NZA 2009, 5, 7.

triebes erzwingt. Die abschreckende Wirkung wird bei kleinen Unternehmen im Allgemeinen bereits bei einer geringeren Entschädigungshöhe eintreten, als dies bei größeren Unternehmen der Fall ist.[877] Hier kann berücksichtigt werden, ab welcher Höhe die Benachteiligung für den Arbeitgeber beginnt unwirtschaftlich zu werden.[878]

Die Differenzierung danach, ob gegen ein oder gegen mehrere Merkmale verstoßen worden ist, wurde bereits oben angesprochen.[879] Obwohl für sich genommen allein aufgrund der Anzahl der Merkmale, gegen die verstoßen wurde, kein größerer immaterielle Schaden entsteht, erscheint es doch sinnvoll, einen mehrfachen Verstoß zu berücksichtigen. Der Benachteiligende entfernt sich mit jedem weiteren Merkmal, wegen dessen er ungleich behandelt hat, weiter von der Rechtsordnung. Dies kann hier Berücksichtigung finden.

bb. *Überkompensatorischer Ersatz / Strafschadensersatz im deutschen Zivilrecht*

Wie noch zu zeigen ist,[880] haben die Gerichte möglicherweise gewisse Hemmungen davor, hohe Entschädigungszahlungen auszuurteilen, weil sie befürchten, dass diese überkompensatorisch sein könnten, also vom bewährten Ausgleichsprinzip abweichen und sich in Richtung Strafschadensersatz – auch unter dem Begriff *punitive damages* bekannt – entwickeln. Diesen Hemmungen kann entgegengetreten werden.

»Die Entwicklung des Zivilrechts läuft in Deutschland seit der Frührezeption auf die Abstoßung aller strafrechtlichen Elemente hinaus.«[881] Diese Schlussfolgerung aus dem Jahre 1963 stimmt heute nicht mehr. Im Folgenden soll gezeigt werden, dass die deutschen Zivilgesetze sich schon jetzt nicht konsequent am Grundsatz des Ausgleichs und der Schadloshaltung orientieren. Im weiteren Verlauf ist dann aufzuzeigen, welche Eigenschaften des Strafschadensersatzes dem deutschen Recht zuwider laufen (insbesondere nach den Maßstäben der Rechtsprechung). Schließlich sind die gefundenen Erkenntnisse auf den hier untersuchten Fall des § 15 Abs. 2 Satz 2 AGG zu übertragen und es ist zu fragen, ob sich hierdurch Änderungen bei der Auslegung ergeben können, ob sich der Rahmen des Ermessens möglicherweise nach oben erweitern kann.

---

[877] *Herms/Meinel*, DB 2004, 2370, 2373.
[878] Schiek-*Kocher*, § 15 Rn. 39.
[879] Hierzu siehe schon oben unter E.5.a.aa.
[880] Siehe unten unter E.III.
[881] *Kaufmann*, AcP 162 (1963), 421, 437.

a. Überkompensatorische Vorschriften im deutschen Zivilrecht

Die Suche nach einer überkompensatorischen Vorschrift im deutschen Zivilrecht könnte sich als einfach erweisen: Ist vielleicht § 15 Abs. 2 AGG nach der herrschenden Meinung bereits eine solche Vorschrift?

Strafschaden wird gerne ohne weitere Begründung plakativ als negativ herausgestellt, ohne dass eine eingehende Befassung mit diesem Institut erfolgt.[882] Ganz bezeichnend dafür sind auch die Kommentierungen, die zu § 15 Abs. 2 AGG erschienen sind. Deren Autoren beeilen sich, nachdrücklich zu beteuern, dass es sich selbstverständlich *nicht* um einen Strafschadensersatz handelt.[883]

Jedoch gibt es auch weniger konservative Kommentierungen,[884] die zwar Strafschadensersatz als für das deutsche Recht untypisch halten, jedoch in § 15 Abs. 2 AGG immerhin einen entsprechenden Ansatz erkennen können.[885]

Vor der Beantwortung der Frage, welche Ansicht vorzugswürdig ist, erscheint ein Blick auf das Zivilrecht jenseits des AGG angebracht. Schon

---

[882] Etwa *Walker*, NZA 2009, 5, 7.

[883] Beispiele hierzu:
- »Die Entschädigung ist kein ›Strafschadensersatz‹.« (*Meinel/Heyn/Herms*, § 15 Rn. 42)
- »Die Entschädigung nach § 15 Abs. 2 [AGG] ist kein Strafschadensersatz.« (Wortgleich: *Thüsing*, Rn. 526 und MükoBGB-*Thüsing*, § 15 AGG Rn. 14)
- »So begründet die Genugtuungsfunktion keinen unmittelbaren Strafcharakter des Schmerzensgeldes.« (*Adomeit/Mohr*, § 15 Rn. 55)
- »Unzutreffend ist es, wenn insoweit von einem Strafschadensersatz gesprochen wird.« (Däubler/Bertzbach-*Deinert*, § 15 Rn. 14)
- »§ 15 II wird dadurch nicht zu einer Regelung über Strafschadensersatz.« (Henssler/Willemsen/Kalb-*Annuß/Rupp*, § 15 AGG Rn. 8)
- »Diese Schadensersatzregelung ist trotz des von der Rspr. betonten Sanktionszwecks weder [...] noch als Strafschadensersatz angelegt.« (ErfK-*Schlachter*, § 15 AGG Rn. 1).

[884] Bereits zu § 611a BGB: Staudinger-*Annuß*, 2005, § 611a BGB Rn. 19.

[885] Beispiele hierzu:
- »[...] der amerikanische ›punitive damages‹-Ansatz [...] [darf] nicht im Vordergrund stehen.« (*Bauer/Göpfert/Krieger*, § 15 Rn. 4)
- »Die Vorschrift hat nicht lediglich Strafcharakter. Es besteht offenbar Einigkeit darüber, dass der Gedanke der Abschreckung nicht in der Weise im Vordergrund zu stehen hat, wie die bei der US-amerikanischen Vorstellung von den ›punitive damages‹ der Fall ist.« (Wendeling-Schöder/Stein-*Stein*, § 15 Rn. 31)
- »Die Berücksichtigung des Sanktionsinteresses ist auch nicht wegen einer etwaigen Unzulässigkeit von ›punitive damages‹ im deutschen Recht ausgeschlossen.« (Schiek-*Kocher*, § 15 Rn. 38).

das BGB zeigt, dass dem deutschen Recht der Strafcharakter zivilrechtlicher Vorschriften nicht völlig fremd ist. Bei der Auslegung der folgenden Vorschriften ist im Ergebnis jeweils umstritten, ob sie einen Strafcharakter besitzen. Dabei kann, wie gezeigt,[886] die »Straffunktion« auch als »Präventionsfunktion« interpretiert werden. Im Folgenden wird versucht, die Straffunktion jeweils deutlich zu machen.

(1) § 817 BGB

Bereits im BGB des Jahres 1900 war § 817 BGB normiert. Sowohl dessen Satz 1, als auch vor allem Satz 2 kann mit guten Gründen als Strafvorschrift aufgefasst werden.[887] Satz 1 bestimmt, dass der Leistende seine Leistung zurückfordern darf, wenn der Empfänger mit der Annahme gegen ein gesetzliches Verbot oder die guten Sitten verstoßen hat. Satz 2 bestimmt, dass der Leistende grundsätzlich dieses Recht verliert, sofern ihm gleichfalls ein solcher Verstoß zur Last fällt.

Insbesondere bei Satz 2 ist es schwierig, die Vorschrift zu deuten, ohne den Strafcharakter zu bejahen. Die Auslegung wird versucht, indem betont wird, dass der Gesetzgeber für die hier einschlägigen Fälle rechtlichen Schutz verweigern will.[888] Eine Privilegierung eines gegen das Gesetz verstoßenden Empfängers gegenüber einem ebenfalls widerrechtlich Leistenden ergibt wenig Sinn. Dies kann also nicht das Ziel der Vorschrift sein. Betrachtet man die Situation aus einem anderen Blickwinkel, so kann der widerrechtlich Leistende sich nicht des deutschen Rechtsapparates bedienen, um seine Leistung zurückzuerlangen. Der eine durfte nicht leisten, der andere nicht annehmen. Dieser Zwickmühle wird entgangen, indem die Situation belassen wird, wie sie ist. Dem Leistenden wird ein Anspruch entzogen, der ihm ohne Gesetzesverstoß zugestanden hätte. Es bestehen keine Forderungen, zu kompensierende Vermögenseinbußen oder andere rechtliche Verbindungen, mit denen das Behaltendürfen des Empfängers erklärbar wäre. Die Rechtsschutzverweigerung ist daher nichts Anderes als eine Bestrafung des Leistenden für sein Verhalten.[889] Die Rechtsschutzverweigerungstheorie befriedigt

---

[886] Siehe oben unter E.II.7.b.

[887] Motive II, Seite 849; Erman-*Westermann/Buck-Heeb*, § 817 BGB Rn. 4; nur Satz 2: *Schäfer*, AcP 202 (2002), 397, 406; ähnlich *Lorenz*, in FS Lorenz, 193, 200.

[888] BGHZ 9, 333, 336; BGH NJW 2005, 1490, 1491; BAG NZA 2005, 1409, 1411.

[889] RGZ 105, 270, 271 f.; RGZ 161, 52, 60; BGH, Urteil vom 25.09.1967, Az.: VII ZR 42/65 -juris- (Entscheidungsgründe nur dort) (später offen gelassen in BGHZ 28, 16); *Salje*, NJW 1985, 998, 1002; *Schäfer*, AcP 202 (2002), 397, 406 ff.; *Heck*, AcP 124 (1925), 1, 17; **a.A.** Soergel-*Mühl/Hadding*, 12. Aufl., § 817 Rn. 8, 10 f.; Schulze/Dörner/Ebert-*Schulze*, § 817 BGB Rn. 6; MükoBGB-*Schwab*, § 817 BGB Rn. 9.

für sich genommen nicht,[890] wenn nicht der Aspekt der Strafe hinzuge-
nommen wird.

(2)   § 288 BGB

Nun mögen Kritiker des Strafgedankens § 817 BGB entgegen halten wollen, dass es sich dabei um einen sehr alten Paragrafen handelt, der nicht
mehr zeitgemäß ist.

Aber auch in jüngerer Zeit werden Strafaspekte in das BGB getragen.
§ 288 BGB bestimmt, dass der Verzugszins fünf Prozentpunkte über dem
Basiszinssatz liegt. Wenn kein Verbraucher beteiligt ist, dann beläuft er
sich sogar auf acht Prozentpunkte über dem Basiszinssatz. Hierbei handelt es sich um weit mehr als den Ausgleich des bloßen Zinsverlustes. Der
Gläubiger, so er tatsächlich einen höheren Schaden erlitten hat, könnte
diesen nach § 288 Abs. 3 BGB geltend machen. Auch hier drängt sich die
Frage nach dem Zweck der Vorschrift auf. Wieso nimmt der Gesetzgeber
einen Verzugszins in dieser Höhe als Untergrenze an? Handelt es sich
etwa um einen statistischen Mittelwert, der den Verlust auf Seiten des
Gläubigers ausgleichen soll? Zunächst ist freilich zuzugeben, dass die
Vorschrift in der heutigen Fassung auch der Umsetzung einer EU-
Richtlinie gilt.[891] Dennoch handelt es sich um deutsches Recht. Tatsächlich orientiert sich die Zinshöhe nicht an einem statistischen Mittelwert
oder Ähnlichem, was dem Ausgleichsgedanken entsprechen würde. Teilweise wird im Schrifttum vertreten, es handele sich um eine Vorteilsab-
schöpfung beim Schuldner.[892] Dies ist jedoch wenig überzeugend, da die
Vertreter dieser Meinung die Erklärung dafür schuldig bleiben, wieso der
Vorteil genau oder wenigstens typischerweise für sämtliche Schulden
fünf bzw. acht Prozentpunkte über dem (variablen) Basiszinssatz ausmachen soll. Wieso soll der Vorteil höher sein, wenn kein Verbraucher in-
volviert ist? Wieso kann der Schuldner nicht einen Gegenbeweis für einen tatsächlich geringeren Schaden beim Gläubiger antreten?

Vielmehr ist überzeugend, dass der in Verzug geratene Schuldner hier
mit einer pönalen Regelung konfrontiert werden soll. Der hohe Zinssatz
soll den Schuldner, der in Verzug geraten ist, bestrafen.[893] In diese Richtung, allerdings nicht weit genug, geht auch die Ansicht, dass sich hinter
der Norm (insbesondere Absatz 2) ein »generalpräventiver Abschre-

890 So Staudinger-*Lorenz*, § 817 Rn. 5.
891 Richtlinie 2000/35/EG vom 29. Juni 2000, ABl. EG L 200/35, zur Bekämpfung
   von Zahlungsverzug im Geschäftsverkehr.
892 MükoBGB-*Ernst*, § 288 BGB Rn. 4; Jauernig-*Stadler*, § 288 BGB Rn. 1; BT-
   Drucks. 14/1246, Seite 5; für Absatz 1: Erman-*Hager*, § 288 BGB Rn. 3.
893 *Honsell*, ZIP 2008, 621, 627; *Schäfer*, AcP 202 (2002), 397, 413.

ckungsgedanke« verbirgt[894] oder der Zinssatz den Gläubiger einem hohen Druck zur prompten Zahlung aussetzen will.[895]

(3) § 241a BGB

Mit § 241a BGB ist ein Paragraf in das BGB eingefügt worden, der den
Unternehmer, der einem Verbraucher unbestellte Sachen liefert oder
unbestellte Leistungen erbringt, weitestgehend rechtlos stellt. Auch hier
ist es nicht fernliegend, die Vorschrift als »Strafe« aufzufassen. Viele
Rechte als Eigentümer, etwa die aus § 985 BGB, werden ihm entzogen.[896]
Es ist nicht etwa so, dass der Empfänger der unbestellten Sache oder
Leistung gegen Erstattung seiner Unkosten zur Herausgabe verpflichtet
wäre, wie es üblicherweise im BGB geregelt ist.

Eine »Bestrafungswirkung«[897] oder vorsichtiger formuliert, der Sanktionscharakter[898] der Norm ist kaum zu leugnen. Sie ist eine rechtspolitisch und dogmatisch dem § 817 Satz 2 BGB verwandte Norm.[899]

Auch hier ist festzustellen, dass § 241a BGB zur Umsetzung einer EU-
Richtline[900] in das deutsche Recht aufgenommen wurde.

(4) § 661a BGB

§ 661a BGB bestimmt, dass ein Unternehmer, der nach dem äußeren Er-
scheinungsbild Gewinnzusagen an Verbraucher verschickt, verpflichtet
ist, diese Zusagen auch zu leisten. Dies geschieht völlig unabhängig davon, ob der Verbraucher bemerkt, dass es sich hierbei möglicherweise
um ein nicht ernst gemeintes Angebot handelt oder durch die Lektüre
der (rechtswidrigen) AGB den wahren Hintergedanken der Gewinnzusa-
ge entdeckt.[901] Es wird also nicht das Vertrauen des Verbrauchers in die
Richtigkeit der Zusage geschützt (mit der Konsequenz, dass ggf. Schadensersatz zu zahlen wäre). Vielmehr geht es auch hierbei lediglich darum, den wettbewerbswidrig handelnden Unternehmer zu sanktionie-

---

[894] Für Absatz 2: Erman-*Hager*, § 288 BGB Rn. 4; Jauernig-*Stadler*, § 288 BGB Rn. 1;
Prütting/Wegen/Weinreich-*Schmidt-Kessel*, § 288 BGB Rn. 1; Palandt-*Grüneberg*, § 288 BGB Rn. 3.

[895] Staudinger-*Löwisch/Feldmann*, 2009, § 288 BGB Rn. 4.

[896] Erman-*Saenger*, § 241a BGB Rn. 2.

[897] Erman-*Saenger*, § 241a BGB Rn. 1a.

[898] Staudinger-*Olzen*, 2005, § 241a BGB Rn. 1; Jauernig-*Mansel*, § 241a BGB Rn. 1, 5.

[899] *Lorenz*, in FS Lorenz, 193, 201.

[900] Art. 9 Richtlinie 97/7/EG vom 20.05.1997, ABl. EG L 144/19, über den Verbrau-
cherschutz bei Vertragsabschlüssen im Fernabsatz.

[901] Prütting/Wegen/Weinreich-*Mörsdorf-Schulte*, § 661a BGB Rn. 2; Palandt-*Sprau*,
§ 661a BGB Rn. 2.

ren[902] – oder eben zu bestrafen.[903] Es geht nicht um einen Ausgleich oder eine Abwägung der widerstreitenden Interessen.

In Abgrenzung zu § 241a BGB handelt es sich nicht um die Umsetzung von Unionsrecht.[904]

β. *Punitive damages und ihre Kritik im Vergleich mit § 15 AGG*

Der BGH hat ein zentrales Urteil zu punitive damages und ihrer Vereinbarkeit mit dem deutschen ordre-public-Grundsatz gefällt.[905] Die Unterschiede zwischen dem anglo-amerikanischen Strafschadensersatz und der Straffunktion des § 15 Abs. 2 AGG sollen hier herausgearbeitet werden. Auch die Literatur[906] betrachtet die punitive damages sehr kritisch.[907] Es werden Bilder von unverhältnismäßig großen Schadensersatzsummen gezeichnet, wobei undifferenziert auf den gesamten anglo-amerikanischen Rechtsraum verwiesen wird.[908] Punitive damages gelten als geradezu typisches Beispiel für eine Rechtsfigur, die gegen den deutschen ordre-public-Grundsatz aus Art. 6 EGBGB verstößt.[909]

Dafür müssen sie mit den Grundrechten oder sonst offensichtlich mit wesentlichen Grundsätzen des deutschen Rechts unvereinbar sein.[910] Dabei geht es nicht darum, dass die Schadensersatzsumme an sich sehr groß werden kann und auch das in Deutschland übliche um ein Vielfaches übersteigt, was die Hinnahme von (lediglich zu erwartenden) 150.000 $ für Heilungskosten, ohne Rücksicht darauf, ob der Verletzte gegenwärtig die bestimmte Absicht hat, sich der Heilbehandlung zu unterziehen, als gemäß dem deutschen ordre public zeigt.[911] Dass der Rechtsanwalt der Klägerin ein Erfolgshonorar in Höhe von 40 % aller eingehenden Gelder erhält, widerspricht ebenfalls nicht dem deutschen ordre public,[912] obwohl in Deutschland Erfolgshonorare für Rechtsanwälte generell und insbesondere in dieser Höhe nicht erlaubt sind.

---

[902] MükoBGB-*Seiler*, § 661a BGB Rn. 1; Erman-*Ehmann*, § 611a BGB Rn. 1; OLG Dresden IPRax 2002, 421, 423.

[903] **A.A.** Staudinger-*Bergmann*, 2006, § 661a BGB Rn. 8; Jauernig-*Mansel*, § 661a BGB Rn. 1; BGH NJW 2003, 3620.

[904] MükoBGB-*Seiler*, § 661a BGB Rn. 2.

[905] BGHZ 118, 312.

[906] Etwa *Medicus/Lorenz*, Rn. 620.

[907] Siehe dazu auch *Schiek*, Seite 423.

[908] So etwa *Schubert*, JR 2008, 138 f.

[909] BGHZ 118, 312; **a.A.** Staudinger-*Annuß*, 2005, § 611a BGB Rn. 20 f.

[910] BGHZ 118, 312, 320 f.

[911] BGHZ 118, 312, 327, 331.

[912] BGHZ 118, 312, 332 ff.

Die »exemplary and punitive damages« hingegen, welche in Höhe von
400.000 $ nach amerikanischem Recht zuerkannt wurden, verstießen
hingegen gegen den deutschen ordre-public-Grundsatz.[913] Dabei ist zu
beachten, dass das Schmerzensgeld (»pain and suffering«) bereits besonders ausgewiesen war und auch vom BGH als ordre public konform
angesehen wurde.[914] Insgesamt war also der Strafschadensersatz in diesem Fall von nicht unerheblicher Höhe und er wurde über den Ausgleich
erlittener materieller und immaterieller Schäden hinaus pauschal zuerkannt.[915]

Auf der anderen Seite findet man bei »punitive damages« Faktoren
mitberücksichtigt, die das BAG ausdrücklich auch für § 15 Abs. 2 AGG
gebilligt hat: der Charakter der Verletzungshandlung, die Art und das
Ausmaß der Beeinträchtigung für den Kläger.[916] Die Vermögensverhältnisse des Schädigers wurden immerhin von einem Berufungsgericht[917]
berücksichtigt; dies wird auch in der Literatur weitgehend anerkannt.[918]

Ferner ist, jedenfalls bei § 15 Abs. 2 AGG, der »Strafschaden« nicht als
selbstständiger Schadensersatz zu zahlen. Die Straffunktion wäre unter
den vielen Funktionen, die die immaterielle Entschädigung inne hat, lediglich eine. Es handelt sich, ähnlich wie bei § 253 Abs. 2 BGB, um einen
einheitlichen Anspruch.[919] Die Entschädigung dient insgesamt nicht
»wesentlich«[920] dem Interesse der Allgemeinheit, wie es bei punitive
damages der Fall ist. Es handelt sich bei § 15 Abs. 2 AGG auch nicht um
einen Strafschaden von nicht unerheblicher Höhe, da er sich in einem
Gefüge mit den anderen Faktoren befindet und die Entschädigung insgesamt angemessen sein muss.[921] Eben diese Verhältnismäßigkeit fehlte
dem BGH im genannten Urteil.[922] Während der US-amerikanische Strafschadensersatz geprägt ist von Bestrafung und Abschreckung,[923] zeichnet
sich die immaterielle Entschädigung nach § 15 Abs. 2 AGG hierdurch
nicht aus. Die Straffunktion richtet sich nicht wie im amerikanischen

---

[913] BGHZ 118, 312, 334 ff.
[914] BGHZ 118, 312, 340.
[915] BGHZ 118, 312, 334.
[916] BGHZ 118, 312, 336; BAG NZA 2009, 1087, 1091.
[917] BGHZ 118, 312, 336; LAG Hamm, Urteil vom 26.02.2009, Az.: 17 Sa 923/08
-juris- [nicht rechtskräftig].
[918] Vgl. Fußnote 874.
[919] Zu § 253 Abs. 2: BGHZ 128, 117, 121.
[920] BGHZ 118, 312, 344.
[921] Siehe oben unter E.II.7.
[922] BGHZ 118, 312, 343 f.
[923] BGHZ 118, 312, 343.

Recht nach dem gesteigerten Schuldvorwurf; dieser ist lediglich Voraussetzung.

Auch hat der Benachteiligte – anders als bei den punitive damages im amerikanischen Recht – einen Anspruch auf die Zahlung.[924]

Es ist daher im Gegensatz zu dem Urteil des BGH bei § 15 AGG so, dass nicht materieller Schadensersatz, immaterielle Entschädigung und Strafschadensersatz nebeneinander stehen. Auf diese Besonderheit des US-Urteils stellt der BGH besonders ab.[925] Ferner handelt es sich nicht um eine »pauschale« Zuerkennung, sondern um eine Bemessung im Einzelfall.

Die Überlegungen des BGH, dass es im Zivilrecht keine Vorschriften mit generalpräventiver Wirkung gäbe, haben sich überholt, seitdem nach und nach mehr derartige Vorschriften oder nach anderer Auffassung sogar Vorschriften mit Straffunktionen in das BGB Einzug gehalten haben.[926]

γ. *Folgen für § 15 Abs. 2 Satz 2 AGG*

Wie gezeigt, gibt es selbst im BGB, dem zentralen Regelwerk des Zivilrechts, einige Normen, die einen Strafcharakter besitzen. Der Charakterzug ist jedoch bei jeder einzelnen Norm umstritten. So lassen sich in jedem einzelnen Fall Gründe finden, den Strafcharakter abzulehnen. Dennoch bleibt es dabei, dass bei allen Normen der Begünstigte im Saldo besser steht, als er ohne den Kontakt mit dem Anderen stünde. Daher wird auch jeweils vom Sanktionscharakter der Norm gesprochen. Diese Sanktionsfunktion ist im deutschen Zivilrecht trotz Bedenken hinsichtlich Art. 103 GG nach überwiegender Auffassung zulässig.[927]

Der historische Gesetzgeber des § 817 BGB ist von einer Straffunktionen ausgegangen; in jüngerer Zeit finden öfter derartige Normen Eingang in das Zivilrecht.[928]

Weshalb sollte also § 15 Abs. 2 AGG restriktiv auszulegen sein? Auch andere Vorschriften verfolgen die Tendenz überkompensatorisch zu wirken. Selbst der EuGH spricht von einer »Sanktion«.[929] Der Begriff *sanctio* aus dem Lateinischen bedeutet »Strafgesetz« und das entspre-

---

[924] BGHZ 118, 312, 343.
[925] BGHZ 118, 312, 340.
[926] Siehe oben unter E.IV.1.
[927] *Stoffels*, RdA 2009, 204, 206; zu § 15 Abs. 2 AGG etwa Schiek-*Kocher*, § 15 Rn. 38.
[928] *Schäfer*, AcP 202 (2002), 397, 398 f.
[929] EuGH (Urteil vom 10.04.1984 – Rs. C-14/83), Slg. 1984, 1891, Rz. 14 – Colson und Kamann.

chende Verb *sancire* »bei Strafe verbieten«.[930] Nicht überschritten werden darf freilich die Grenze nach Art. 103 GG, da es sich nicht um eine Bestrafung i.e.S. handeln darf.

Unter diesen Voraussetzungen ist eine restriktive Rechtsprechung zu § 15 Abs. 2 AGG nicht opportun. Das heute von den Gerichten zugesprochene Entschädigungsniveau ist zu niedrig, um die gewünschte Wirkung zu erzielen.[931] Eine Sanktion darf bei der Bemessung mitberücksichtigt werden.[932] Der EuGH sagt ausdrücklich, eine abschreckende Wirkung muss vorhanden sein.

Amerikanische Verhältnisse sind, so führt der BGH zu Recht aus, nicht ordre-public-konform. Hier bestünden auch durchgreifende Bedenken in Hinblick auf Art. 103 GG. Sie sind im Übrigen auch nicht erstrebenswert. Es muss jedoch gesehen werden, dass die Rechtsprechung von solchen Urteilen noch sehr weit entfernt ist.[933] Alleine die Abkehr von einer restriktiven Haltung bedeutet noch nicht die Hinwendung zu ausufernden Urteilen. Es stimmt, wie *Rösch* schreibt, dass »[...] auch eine wirksame und abschreckende präventive Sanktion des Verhaltens im Sinne eines stark abgemilderten ›Strafschadensersatzes‹ bezweckt wird.«[934]

8. Kausalität

Schließlich ist zu fragen, inwieweit Kausalität zwischen Benachteiligung und Entschädigung bestehen muss. Diese Frage wird in Schrifttum und Literatur nicht eindeutig beantwortet.[935]

Auch hier sollte zwischen den verschiedenen Funktionen differenziert werden. Bemüht man die Begriffe der haftungsbegründenden und der haftungsausfüllenden Kausalität, so kann in der Tat nur bei der Ausgleichsfunktion beides gefunden werden. Hier ist die Benachteiligung für den (immateriellen) Schaden kausal. Weiter ist auch der Schaden für die Entschädigungshöhe kausal.

Bei der Genugtuungsfunktion, wie bei der Präventions- und Straffunktion ist zwar ebenfalls Kausalität insofern vorhanden, dass ohne die Benachteiligung diese Faktoren keine Berücksichtigung gefunden hätten,

---

[930] *Kraif*, Seite 1208.

[931] Bereits früher festgestellt: *Gounalakis*, AfP 1998, 10, 16; zum allgemeinen Persönlichkeitsrecht: *Foerste*, NJW 1999, 2951, 2952.

[932] Bereits zu § 611a BGB: Staudinger-*Annuß*, 2005, § 611a BGB Rn. 19.

[933] *Kasper*, NZA-RR 2003, 1, 5.

[934] *Rösch*, Seite 100.

[935] Für Kausalität: Schiek-*Kocher*, § 15 Rn. 40; LAG Düsseldorf NZA-RR 2002, 345, 346; gegen Kausalität: *Meinel/Heyn/Herms*, § 15 Rn. 38; Däubler/Bertzbach-*Deinert*, § 15 Rn. 51; Staudinger-*Annuß*, 2005, § 611a BGB Rn. 90.

weil es dann nicht zu einer Entschädigungspflicht gekommen wäre. Da diese Funktionen wie gesehen aber nicht bei dem erlittenen Schaden ansetzen, sondern andere Gesichtspunkte berücksichtigen, kann insoweit nicht von einer haftungsbegründenden und haftungsausfüllenden Kausalität die Rede sein. Jedoch sind die Gesamtumstände der Tat, wie sie durch die jeweiligen Faktoren[936] Berücksichtigung finden, kausal für die angemessene Entschädigung insgesamt. Damit gemeint ist aber lediglich, dass es sich nicht um eine willkürliche Festsetzung des Entschädigungsbetrages handelt, sondern nachvollziehbar der gegebene Sachverhalt die Grundlage für die Festsetzung der Entschädigungshöhe sein muss.

9. Höchstgrenze in § 15 Abs. 2 Satz 2 AGG

§ 15 Abs. 2 Satz 2 AGG schreibt vor, dass die immaterielle Entschädigung bei einer Nichteinstellung drei Monatsgehältern nicht übersteigen darf, sofern es sich nicht um den einzustellenden Bewerber handelt. Dies wurde vom EuGH als unionsrechtskonform angesehen.[937]

Das BAG nimmt an, dass die Vorschrift einen »Höchstrahmen von drei Monatsgehältern« festschreibt.[938]

Thüsing möchte die Ausnahme für den einzustellenden Bewerber vollständig unberücksichtigt lassen.[939] Dem ist nicht zuzustimmen. Es ist richtig, dass der einzustellende, wie der nicht-einzustellende Bewerber im Grundsatz lediglich unterschiedliche materielle Schadenspositionen haben. Jedoch ist Satz 2 nicht so zu lesen, dass das Gericht für den nicht-einzustellenden Bewerber einen Rahmen von null bis drei Monatsgehältern vorgibt und in diesem Rahmen zwischen »leichten« und »schweren« Fällen zu differenzieren ist. Vielmehr muss wie folgt vorgegangen werden:

Das Gericht bemisst den immateriellen Schaden stets alleine nach § 15 Abs. 2 Satz 1 AGG; dann kappt es den Anspruch gegebenenfalls nach Satz 2.[940] Vor der Kappung können daher nach § 15 Abs. 2 Satz 1 AGG ähnlich (denn es kommt natürlich auf den konkreten Einzelfall an) hohe Entschädigungszahlungen zu bestimmen sein wie bei den einzustellenden Bewerbern. Tatsächlich kann ohne die Kappung die Grenze deutlich

---

936 Siehe oben unter E.II.6. und E.II.7.

937 EuGH (Urteil vom 22.04.1997 – Rs. C-180/95), Slg. 1997, I-2195, Tenor 2 – Draempaehl; nun auch in Art. 18 RL 2006/54/EG vorgesehen.

938 BAG NZA 2009, 1087, 1091.

939 *Thüsing*, Rn. 522.

940 So auch u.a. *Wagner/Potsch*, JZ 2006, 1085, 1094; ArbG Düsseldorf NZA-RR 2008, 511, 513.

überschritten werden[941] und zwar auch bei dem nicht-einzustellenden Bewerber.

Dies lässt sich dogmatisch erklären: Es handelt sich bei der Höchstgrenze um eine Einwendung des Arbeitgebers.[942] Dieser muss beweisen, dass er den Bewerber nicht eingestellt hätte. Auf den ersten Blick mag dies nicht ganz eindeutig erscheinen.[943] Nimmt man allerdings den allgemeinen Grundsatz zur Hilfe, dass jeder die ihm günstigen Tatsachen beweisen muss, so kommt man schon nach der Wortlautauslegung zu dem Ergebnis, dass der Arbeitgeber beweispflichtig sein muss. Für das Vorliegen der Voraussetzungen von § 15 Abs. 2 Satz 1 AGG ist danach der Arbeitnehmer bzw. der Bewerber beweispflichtig (hier gilt jedoch die Sonderreglung des § 22 AGG).[944] Hat der Arbeitnehmer diesen Beweis erbracht, so ist der Arbeitgeber zunächst summenmäßig unbegrenzt für den immateriellen Schaden entschädigungspflichtig. Satz 2 ist eine dem Arbeitgeber günstige Regelung, die die Entschädigungszahlung nach oben hin begrenzt. Die neutrale Formulierung kann darüber nicht hinwegtäuschen. Hätte der deutsche Gesetzgeber etwas Anderes regeln wollen, so hätte er schon Satz 1 auf drei Monatsgehälter begrenzen müssen, um dann in Satz 2 zu regeln, dass der einzustellende Bewerber auch eine darüber hinausgehende Entschädigung verlangen kann.

Leider lässt sich diese Überlegung den Gesetzesmaterialien nicht eindeutig entnehmen, die neutral formulieren: »Lediglich für den bestqualifizierten Bewerber entfällt die Begrenzung der Entschädigungshöhe auf höchstens drei Monatsverdienste.«[945]

Hingegen ist, wie nicht anders zu erwarten war, der europäische Richtliniengeber eindeutig in seiner Formulierung. Denn dort heißt es: »[...] dabei darf [...] eine solche Entschädigung nur in den Fällen durch eine im Voraus festgelegte Höchstgrenze begrenzt werden, in denen der Arbeitgeber nachweisen kann, dass der einem/einer Bewerber/in durch die Diskriminierung [...] entstandene Schaden allein darin besteht, dass die Berücksichtigung seiner/ihrer Bewerbung verweigert wird.«[946] Dies geht auf das Draempaehl-Urteil des EuGH[947] zurück, in dem der Gerichtshof

[941] Wendeling-Schröder/Stein-*Stein*, § 15 Rn. 42; ArbG Düsseldorf NZA-RR 2008, 511, 513.

[942] Schiek-*Kocher*, § 15 Rn. 48.

[943] Däubler/Bertzbach-*Deinert*, § 15 Rn. 161.

[944] Wendeling-Schöder/Stein-*Stein*, § 15 Rn. 53; *Rühl/Schmid/Viethen*, Seite 84.

[945] BT-Drucks. 13/10242, Seite 8, auf die BT-Drucks. 16/1780, Seite 38 verweist.

[946] Art. 1 Nr. 5 Abs. 2 HS 2 RL 2002/73/EG.

[947] EuGH (Urteil vom 22.04.1997 – Rs. C-180/95), Slg. 1997, I-2195, Tenor 2 – Draempaehl.

ausführt: »Die Richtlinie 76/207 steht einer innerstaatlichen gesetzlichen Regelung nicht entgegen, die für den Schadensersatz, den ein Bewerber verlangen kann, eine Höchstgrenze von drei Monatsgehältern vorgibt, wenn der Arbeitgeber beweisen kann, daß der Bewerber die zu besetzende Position wegen der besseren Qualifikation des eingestellten Bewerbers auch bei diskriminierungsfreier Auswahl nicht erhalten hätte.«

Daher ist spätestens bei richtlinienkonformer Auslegung unzweifelhaft, dass der Arbeitgeber diesen Beweis zu erbringen hat.[948]

Versäumt ein Arbeitgeber, dies im Prozess geltend zu machen oder kann er die Voraussetzungen nicht beweisen, so ist auch dem nicht-einzustellenden Bewerber eine Entschädigung ohne Kappungsgrenze zu zahlen. Das hat auch schon der EuGH in der schon mehrmals angesprochenen *Draempaehl*-Entscheidung klargestellt.[949] Andere Stimmen in der Literatur, die dies ablehnen, verkennen daher zumindest die Pflicht zur unionsrechtsfreundlichen Auslegung.[950] Gleiches galt auch schon für § 611a BGB a.F.[951] Ob die Kappungsgrenze »faktisch weitgehend ausnahmslose Regel« ist, bleibt also abzuwarten.[952] Es gibt jedenfalls unter den wenigen veröffentlichten Urteilen zu § 15 Abs. 2 AGG einige Urteile, die davon ausgehen, dass der Kläger der einzustellende Bewerber war.[953]

Darf sich der Arbeitgeber auch gegenüber dem nicht-beförderten Bewerber auf die Grenze berufen? Von vielen Stimmen wird befürwortet, die Grenze auch für diese zu übernehmen.[954] Der Wortlaut der Vorschrift legt dies jedoch nicht nahe. Vielmehr handelt es sich um eine Spezialregelung zulasten der Bewerber. Hätte der Gesetzgeber eine Ausweitung gewollt, hätte er sie aufnehmen können. Im Übrigen ist die Situation auch nicht vergleichbar. Bewerber auf eine Stelle kommen regelmäßig von außerhalb des Unternehmens. Hingegen sind Bewerber auf eine Beförderungsposition firmeninterne Mitarbeiter. Ihnen gegenüber ist der Arbeitgeber mehr verpflichtet; ihr Verhältnis ist durch die bestehende vertragliche Beziehung enger. Ein Fehlverhalten des Arbeitgebers ist daher nach anderen Maßstäben zu beurteilen. Eine Übertragung der 3-

---

948 So auch Däubler/Bertzbach-*Deinert*, § 15 Rn. 161; *von Roetteken*, § 15 Rn. 63.

949 EuGH (Urteil vom 22.04.1997 – Rs. C-180/95), Slg. 1997, I-2195, Rz. 37 – Draempaehl.

950 Staudinger-*Annuß*, 2005, § 611a BGB Rn. 115 m.w.N.

951 Soergel-*Raab*, § 611a Rn. 83.

952 So Wendeling-Schöder/Stein-*Stein*, § 15 Rn. 46.

953 Siehe unten unter E.III.3.

954 *Walker*, NZA 2009, 5, 9; Däubler/Bertzbach-*Deinert*, § 15 Rn. 65; *Meinel/Heyn/Herms*, § 15 Rn. 52.

Monats-Höchstgrenze aus § 15 Abs. 2 Satz 2 AGG scheitert daher auch daran, dass für eine Analogie keine Vergleichbarkeit der beiden Situationen gegeben ist.[955]

10. Verhältnis der Funktionen untereinander

Die verschiedenen Funktionen, die die Entschädigungssumme beeinflussen, müssen untereinander gewichtet werden. Je nach Konstellation kann daher in einem Fall die eine Funktion und in einem anderen Fall eine andere Funktion prägender sein. Es handelt sich jedoch stets um denselben immateriellen Schadensersatzanspruch, weshalb die Funktionen als sich ergänzend zu betrachten und nicht im Einzelnen voneinander abzugrenzen sind.[956]

III. Rechtsprechung zu § 15 AGG (und seinen Vorläufern)

Seit In-Kraft-Treten des AGG sind nunmehr vier Jahre verstrichen. Dementsprechend sind auch bereits einige Urteile veröffentlicht. Die hier gefundenen Auslegungsregeln sollen im Folgenden mit der erschienenen Rechtsprechung verglichen werden. Weiter soll nachgeprüft werden, ob die Rechtsprechung die Vorgaben, insbesondere die der EU-Richtlinien, verwirklicht.

Bei der Sichtung der Urteile ist zunächst auffällig (und freilich auch richtig), dass die Gerichte immer wieder Querulanten, den sog. »AGG-Hoppern«[957], die sich auf die Stellen nur bewerben, um später Entschädigungszahlungen zu kassieren, keinen Anspruch zubilligen. Allerdings zeigen die Urteile – auch schon vor der Zeit des AGG – ebenso, dass es sich nicht immer als einfach erweist, den Klägern nachzuweisen, dass sie sich nur beworben haben, um nach der Ablehnung der Bewerbung auf Entschädigung zu klagen.[958] Während bei Bewerbern, die offensichtlich für die freie Arbeitsstelle über- bzw. unterqualifiziert sind, hieraus ein erster Anhaltspunkt entnommen werden kann, ist häufig der Qualifikati-

---

[955] So im Ergebnis auch Wendeling-Schöder/Stein-*Stein*, § 15 Rn. 48.

[956] So bereits für Ausgleichs- und Genugtuungsfunktion: *Lange/Schiemann*, Seite 436.

[957] Siehe oben unter D.I.2.b.

[958] Beispielsweise sei das Urteil des LAG Berlin NZA-RR 2005, 124, angesprochen, welches über 20 Verfahren aufgelistet, welche dieselbe Klägerin aus (vermeintlichen?) Diskriminierungsgründen angestrebt hat (fast alle im Jahr 2001) und bei denen sie sich mit den Arbeitgebern auf insgesamt mehrere tausend Euro verglichen hat. Oder auch das Urteil des ArbG Dortmund AuR 2008, 360, welches vom LAG Hamm LAGE § 15 AGG Nr. 5 aufzuheben war.

ons- oder auch der Gehaltsunterschied zur Vorbeschäftigung nicht so aussagekräftig, dass hieraus direkt auf einen Missbrauch geschlossen werden kann.

Bei den veröffentlichten Urteilen zeigt sich in der Tendenz, dass die im Gesetz vorgesehene Kappungsgrenze von drei Monatsgehältern häufig herangezogen wird. Allerdings gilt diese Grenze nur für den Nicht-Einzustellenden; und zwar nicht nur im Rahmen des § 15 Abs. 2 AGG, sondern auch schon bei § 611a BGB a.f. (1998)[959] und bei § 81 SGB IX a.f. (2001)[960]. Häufig werden vom Kläger mehr als drei Monatsgehälter Entschädigung gefordert bzw. eine angemessene Entschädigung, deren Höhe in das Ermessen des Gerichtes gestellt wird, so dass die Urteile durchaus über die Grenze hinaus gehen könnten. In einem Fall hat das ArbG Berlin sogar trotz Bejahung der Qualifikation nur drei Monatsgehälter Entschädigung zugesprochen.[961] Leider geht aus vielen Urteilen nicht hervor, ob der Bewerber der Einzustellende gewesen wäre.

1. Grundsatzurteil des BAG vom 22.01.2009, Az.: 8 AZR 906/07

a. Inhalt

Das BAG hat im Jahr 2009 ein Grundsatzurteil zu § 15 Abs. 2 AGG verkündet.[962] Dabei hat es festgestellt, dass der Anspruch aus § 15 Abs. 2 AGG verschuldensunabhängig ist.[963] Ein Anspruch kann nur gegeben sein, wenn der Verstoß dem Arbeitgeber zurechenbar ist.[964] Ferner hat es festgestellt, dass kein Verstoß gegen das allgemeine Persönlichkeitsrecht vorliegen muss, damit ein solcher Anspruch gegeben ist.[965] Richtigerweise hat es auch bejaht, dass regelmäßig ein immaterieller Schaden anzunehmen ist,[966] wobei es offen gelassen hat, ob nun in besonders gelagerten Fällen ausnahmsweise ein solcher Anspruch entfallen kann.

Für die Entschädigungshöhe ausschlaggebende Faktoren sind nach der Ansicht des BAG »Art und Schwere der Benachteiligung, ihre Dauer und Folgen, der Anlass und der Beweggrund des Handelns, der Grad der Verantwortlichkeit des Arbeitgebers, etwa geleistete Wiedergutmachung

---

959 BGBl. 1998 I, Seite 1694.
960 BGBl. 2001 I, Seite 1046.
961 ArbG Berlin PersR 2004, 280 f.
962 BAG NZA 2009, 945.
963 Vgl. oben E.I.1.
964 BAG NZA 2009, 945, 951; vgl. oben E.I.1.
965 Vgl. oben E.I.1.
966 Vgl. oben E.

oder erhaltene Genugtuung und das Vorliegen eines Wiederholungsfalls. [...] Ferner ist der Sanktionszweck der Norm zu berücksichtigen, so dass die Höhe auch danach zu bemessen ist, was zur Erzielung einer abschreckenden Wirkung erforderlich ist.«[967] Außerdem müsse die Entschädigungssumme in einem angemessenen Verhältnis zum erlittenen Schaden stehen.

Im vorliegenden Fall hielt das BAG die Höhe des Bruttomonatsentgeltes für unerheblich, da es nur im Zusammenhang mit der im Fall nicht gegebenen Nichteinstellung oder Entlassung auf das Monatsgehalt ankommen könne. Es bestätigte die vom LAG festgesetzte Entschädigungssumme i.H.v. 1.000 € dafür, dass eine Arbeitnehmerin unter diskriminierender Berücksichtigung ihres Alters einem Personalüberhang zugeordnet wurde.

b. Stellungnahme

Das BAG hat ein erfreulich unionsrechtsfreundliches Urteil gefällt. Es betont die Verschuldensunabhängigkeit des Anspruchs, außerdem betont es die abschreckende Wirkung, die die Entschädigung auf den Arbeitgeber ausüben soll. Auch ist es erfreulich, dass es sich von der strikten Orientierung an den (Brutto-)Monatsgehältern löst, da nach der hier vertretenen Ansicht die Ausgleichsfunktion davon unabhängig zu bemessen ist.

Allerdings lässt es an manchen Stellen die Herleitung seiner Auffassung etwas im Dunkeln. Insbesondere klärt es nicht darüber auf, wieso das Bruttomonatsgehalt nach seiner Auffassung nur bei Nichteinstellungen und Entlassungen berücksichtigt werden kann. Daneben ist die Aufzählung der Faktoren, die es für die Bemessung der Entschädigungshöhe als wichtig erachtet, in dieser Form nicht nachvollziehbar. Im Ergebnis kann dem BAG hier zwar beigepflichtet werden, denn die meisten Faktoren, die oben[968] für berücksichtigungsfähig erklärt wurden, hat auch das BAG genannt. Allerdings sind diese so vielfältig, dass eine Gruppierung in verschiedene Kategorien (»Funktionen«) wünschenswert gewesen wäre. So sind dem Rechtsanwender nur einzelne Stichworte genannt worden, ohne dass ihr innerer Zusammenhang erkennbar würde.

Da die Festsetzung der Höhe auf 1.000 € nur eingeschränkt revisionsrechtlich überprüfbar ist, hat sich das BAG zu der konkreten Höhe nicht äußern können. Das LAG hat ausweislich des Urteils neben den Umständen des Einzelfalles ebenfalls Art und Schwere der Beeinträchtigung, das Verschulden (hier Fahrlässigkeit) und die abschreckende Wirkung mit

---

967 BAG NZA 2009, 945, 952.
968 Siehe oben unter E.II.5. ff.

berücksichtigt.[969] BAG und LAG sind, entgegen der hier vertretenen Meinung,[970] der Auffassung, dass auch die abschreckende Wirkung unabhängig von der Höhe des Monatsgehalt zu bestimmen ist. Jedoch kann gerade dieses Fallbeispiel zeigen, dass die Berücksichtigungsfähigkeit eines Monatsgehalts hierfür als Grundlage nicht ungeeignet ist.

Die konkrete Arbeitnehmerin verdiente 2.396,14 € brutto im Monat. Damit beläuft sich die Höhe der Entschädigung auf ca. 42 % eines Bruttomonatsverdienstes. Über das Jahr gesehen muss der Arbeitgeber für diese Arbeitnehmerin gerade einmal 3,5 %[971] des Jahresbruttoverdienstes an Entschädigung zahlen. Ob hiermit wirklich eine abschreckende Wirkung erzielt werden kann, ist fraglich. Etwaige präventive Schulungsmaßnahmen der Mitarbeiter können deutlich mehr kosten. Daraus könnte geschlossen werden, dass es sich um eine äußerst »leichte« Diskriminierung handelte. Tatsächlich hat aber das LAG ausdrücklich offen gelassen, ob die Entschädigungspflicht nur für Entschädigungen einer gewissen Erheblichkeit existiert, da es hier jedenfalls die Erheblichkeit bejaht hat.[972] Ob der EuGH diesen Ansatz bei der Zumessung der Entschädigungshöhe als unionsrechtskonform ansieht, bleibt abzuwarten.

2. Weitere Urteile des BAG

a. Urteil des BAG vom 21.07.2009, Az.: 9 AZR 431/08

Das BAG hat in dieser Entscheidung ein Urteil des LAG Niedersachsen aufgehoben und zurückverwiesen.[973] Das LAG hatte fälschlicherweise die Voraussetzungen des § 15 AGG bei einem schwerbehinderten benachteiligten Bewerber verneint. Das BAG betonte dabei unter Verweis auf seine soeben dargestellte Rechtsprechung, dass die Art und die Schwere des Verstoßes sowie die Folgen für den Benachteiligten bei der Höhe der Entschädigungssumme zu berücksichtigen sind.[974]

b. Urteil des BAG vom 16.09.2008, Az.: 9 AZR 791/07

In einem weiteren Urteil hat das BAG eine Entscheidung des LAG Sachsen bestätigt, in der einem schwerbehinderten benachteiligten Bewerber eine Entschädigung in Höhe von 2.037,92 € (ein Bruttomonatsgehalt)

---

969 LAG Berlin-Brandenburg, Urteil vom 19.09.2007, Az: 15 Sa 1144/07 -juris-, Rn. 52.
970 Siehe oben unter E.5.a.bb.
971 Rechenweg: (12 × 2.396,14 € + 1.000 €) ÷ (12 × 2.396,14 €).
972 LAG Berlin-Brandenburg, Urteil vom 19.09.2007, Az: 15 Sa 1144/07 -juris-, Rz. 51.
973 BAG NZA 2009, 1987.
974 BAG NZA 2009, 1087, 1091.

zugesprochen wurde.[975] Schon nach alter Rechtslage (hier § 81 Abs. 2 Nr. 2 SGB IX a.f.) waren Art und die Schwere des Verstoßes sowie die Bedeutung für den Benachteiligten bei der Höhe der Entschädigungssumme zu berücksichtigen, wie das BAG festgestellt hat.[976] Bei diesem Urteil war die Höchstgrenze von drei Monatsgehältern nach § 81 Abs. 2 Nr. 3 Satz 1 SGB IX a.f. zu beachten, da der Bewerber auch ohne Benachteiligung nicht eingestellt worden wäre.

3. Urteile von weiteren, nicht höchstinstanzlichen Gerichten

An dieser Stelle folgt eine Zusammenfassung weiterer Urteile, die sich entweder mit der Höhe oder den bestimmenden Merkmalen einer Entschädigungszahlung auseinandersetzen.[977]

a. Urteil des LAG Hessen vom 28.08.2009, Az.: 19/3 Sa 2136/08 u.a.

Das LAG Hessen hat in drei Urteilen[978] festgestellt, dass nach den Grundsätzen des oben besprochenen BAG-Urteils[979] einem schwerbehinderten Bewerber, der benachteiligend nicht zu Bewerbungsgesprächen eingeladen wurde, eine Entschädigung in Höhe eines Bruttomonatsgehaltes (2.037,26 €, 1.984,68 € und 3.318 €) zu zahlen ist. Aus den ersten zwei Urteilen geht zwar nicht ausdrücklich hervor, dass der Benachteiligte auch ohne die Benachteiligung nicht eingestellt worden wäre. Die Formulierungen lassen dies aber vermuten, so dass das Gericht hier aller Wahrscheinlichkeit nach von einer Begrenzung auf maximal drei Monatsgehälter ausgegangen ist.

Beim dritten Urteil[980] wurde dies ausdrücklich festgehalten. Hier hatte sich der Benachteiligte auf drei Stellen bei demselben Arbeitgeber beworben. Er wurde dreimal benachteiligend nicht zum Bewerbungsgespräch eingeladen. Deswegen bekam er für die beiden unbefristeten Stellen jeweils ein volles Bruttomonatsgehalt Entschädigungszahlung, für eine auf wenige Tage befristete Stelle (01. bis 25.03.2008) ⅛ Bruttomonatsgehalt.

---

[975] BAG NZA 2009, 79.

[976] Zuletzt: BAG NZA 2009, 79, 84; Grundsatzurteil dazu: BAGE 119, 262, 274.

[977] Die Urteile werden chronologisch in umgekehrter Reihenfolge, also vom jüngsten zum ältesten vorgestellt.

[978] Urteile vom 28.08.2009, Az: 19/3 Sa 2136/08, 19/3 Sa 1636/08 und 19/3 Sa 1742/08 -juris-.

[979] Siehe oben unter E.III.1.a.

[980] LAG Hessen, Urteil vom 28.08.2009, Az.: 19/3 Sa 1742/08 -juris-.

b. Urteil des LAG Baden-Württemberg vom 20.03.2009, Az.: 9 Sa 5/09

Das LAG Baden-Württemberg hat in einem Urteil[981] einem aus Altersgründen benachteiligten Bewerber ein Monatsgehalt (3.000 €) zugesprochen. Dabei hat es ausdrücklich betont, dass es »nur« ein Monatsgehalt zuspreche, weil der Kläger diese Höhe nicht angegriffen hatte: »Die Höhe der festgesetzten Entschädigung von € 3.000,00 war von der Beklagten nicht angegriffen worden. Es gibt auch keinerlei Anlass, diese zu verringern. Im Gegenteil, es handelt sich um eine Entschädigung an der Untergrenze des vertretbaren Spektrums und die Beklagte kann sich glücklich schätzen, dass ihr das Arbeitsgericht noch einen ›Schweiz-Bonus‹ eingeräumt und die Entschädigung im Rahmen des § 15 Abs. 2 S. 2 in dem vorgegebenen Rahmen auf ›nur‹ ein Gehalt festgesetzt hat.« Es hielt also § 15 Abs. 2 Satz 2 AGG für einschlägig, hätte aber gerne wenigstens deutlich mehr als ein Monatsgehalt zugesprochen, was ihm prozessual verwehrt war.

c. Urteil des LAG Hamm vom 26.02.2009, Az.: 17 Sa 923/08

Das LAG Hamm[982] hat den Arbeitgeber zur Zahlung von sechs Monatsgehältern (10.800 €) verpflichtet, weil er altersdiskriminierend eine Arbeitnehmerin nicht in einem weiteren befristeten Arbeitsverhältnis weiterbeschäftigt hat. Ohne die Benachteiligung wäre die Arbeitnehmerin weiter beschäftigt worden. Es hat bei der Bestimmung der Höhe folgende Kriterien berücksichtigt: die Schwere des Verstoßes, die Folgen für den Arbeitnehmer, das Verschulden, die Frage nach einem Wiederholungsfall, die schwerere Gewichtung einer unmittelbaren Benachteiligung gegenüber einer mittelbaren Benachteiligung, die Eignung, den Arbeitgeber von künftigen Benachteiligungen abzuhalten und die wirtschaftlichen Verhältnisse des Arbeitgebers. Da der Arbeitgeber (ein Land) Strukturentscheidungen getroffen hat, die eine ganze Reihe von Arbeitnehmern gleichartig benachteiligt haben, hat das Gericht hier das Präventionsinteresse als äußerst erheblich angesehen und deswegen die Entschädigungshöhe »im deutlich oberen Bereich« festgesetzt.

---

981 LAG Baden-Württemberg, Urteil vom 20.03.2009, Az.: 9 Sa 5/09 -juris-.
982 LAG Hamm, Urteil vom 26.02.2009, Az.: 17 Sa 923/08 -juris- [nicht rechtskräftig].

d. Urteil des ArbG Berlin vom 11.02.2009, Az.: 55 Ca 16952/08

Das ArbG Berlin[983] hat einer Benachteiligten die Höchstsumme von drei Monatsgehältern (3.900 €) zugesprochen, die im Bewerbungsverfahren nicht berücksichtigt worden war. Sie hätte aber die Stelle auch ohne Benachteiligung nicht erhalten, so dass mehr als drei Monatsgehälter nicht möglich gewesen wären. Weiter Ausführungen, außer, dass dieser Betrag »angemessen« sei, macht das ArbG Berlin nicht.

e. Urteil des ArbG Wiesbaden vom 18.12.2008, Az.: 5 Ca 46/08

Das ArbG Wiesbaden[984] hat einer Mutter, die nach dem Mutterschutz keinen gleichwertigen Arbeitsplatz angeboten bekam, eine Entschädigung von drei Monatsgehältern (10.818 €) zugesprochen.

Dabei hat es folgende Gesichtspunkte berücksichtigt: die konkreten Umstände des Einzelfalles, die Schwere der Beeinträchtigung, der Anlass und Beweggrund des Handelns, die mögliche rechtsfeindliche Einstellung, Präventionsgesichtspunkte, sowie eine Erhöhung wegen Benachteiligung aus mehreren Gründen und wegen mehrfacher Benachteiligung aus einem Grund.[985]

Bei dem Urteil spielte § 15 Abs. 2 Satz 2 AGG keine Rolle, da es sich nicht um eine Nichteinstellungssituation handelte. Die Klägerin hatte auch eine Entschädigungszahlung von mindestens einem Jahresgehalt gefordert, was das Gericht aber selbst unter dem Gesichtspunkt der abschreckenden Wirkung als zu hoch empfand.

f. Urteil des LAG Berlin-Brandenburg vom 26.11.2008, Az.: 15 Sa 517/08

Das LAG Berlin-Brandenburg[986] hat einer benachteiligend nicht beförderten Arbeitnehmerin eine Entschädigung von 20.000 € zugesprochen, wobei es sich dabei ausdrücklich auf § 823 Abs. 1 BGB i.V.m. Art. 1, 2 GG stützte. Daher ist dieses Urteil für die Auslegung von § 15 Abs. 2 AGG wenig erhellend.

---

[983] ArbG Berlin, Urteil vom 11.02.2009, Az.: 55 Ca 16952/08 -juris- (Entscheidungsgründe nur dort).

[984] ArbG Wiesbaden, Urteile vom 30.10.2008 und 18.12.2008, Az.: 5 Ca 46/08 -juris-.

[985] ArbG Wiesbaden, Urteil vom 18.12.2008, Az.: 5 Ca 46/08 Rz. 193 -juris-.

[986] LAG Berlin-Brandenburg AuR 2009, 134.

**g. Urteil des LAG München vom 19.11.2008,
Az.: 5 Sa 556/08**

Das LAG München[987] hat einem benachteiligend nicht zu einem Vorstellungsgespräch eingeladenen Schwerbehinderten eine Entschädigung in Höhe von 1,5 Monatsgehältern (2.916,56 €) zugesprochen. Dabei hat es folgende Faktoren berücksichtigt: die Geeignetheit, den Arbeitgeber künftig zur ordnungsgemäßen Erfüllung seiner Pflichten nach dem AGG anzuhalten (spezialpräventive Funktion) und Dritte von ähnlichen Verstößen abzuhalten (generalpräventive Funktion), das Vorliegen von Verstößen in mehrfacher Hinsicht und von Verstößen gegen die Förderungspflicht von schwerbehinderten Menschen.

Dabei hatte es die Höchstgrenze nach § 15 Abs. 2 Satz 2 AGG zu beachten, da der Bewerber auch ohne Benachteiligung nicht eingestellt worden wäre.

**h. Urteil des LAG Niedersachsen vom 15.09.2008,
Az.: 14 Sa 1769/07**

Das LAG Niedersachsen[988] hat einer benachteiligend zunächst nicht eingestellten Bewerberin eine Entschädigung in Höhe von 1.000 € (bei 9,05 € Stundenlohn) zugesprochen. Der Sachverhalt unterscheidet sich insofern von anderen, als dass die Stelle auf fünf Tage (!) befristet war und die Bewerberin, die aus Altersgründen benachteiligt worden war, nach einem Tag doch noch die Stelle bekommen hat.

Als Faktoren für die Bemessung der Entschädigungshöhe wurden berücksichtigt: alle Umstände des Einzelfalles, die Art und Schwere der Benachteiligung, der Anlass und Beweggrund des Handelns und die abschreckende Wirkung.

Bemerkenswert ist hier, dass die Entschädigungssumme den über 110-fachen Stundenlohn beträgt, also mehr, als die Bewerberin in den fünf Tagen überhaupt verdienen konnte.

**i. Urteil des ArbG Mainz vom 02.09.2008,
Az.: 3 Ca 1133/08**

Das ArbG Mainz[989] hat einer benachteiligend nicht weiterbeschäftigten Schwangeren eine Entschädigung in Höhe von 1.888,80 € zugesprochen. Die Klägerin hatte Klage in dieser Höhe erhoben und ist damit etwas unter drei Monatsgehältern geblieben, welche bei »über 2.000 €« lagen.

---

987 LAG München, Urteil vom 19.11.2008, Az.: 5 Sa 556/08 -juris-.
988 LAG Niedersachsen NZA-RR 2009, 126.
989 ArbG Mainz, Urteil vom 02.09.2008, Az.: 3 Ca 1133/08 -juris-.

Dabei hat es berücksichtigt den Grad des Verschuldens, die Schwere und Art der Beeinträchtigung, die Nachhaltigkeit und Fortdauer der Interessen, der Anlass und die Beweggründe für das Handeln des Arbeitgebers, dass eine unmittelbare Diskriminierung schwerwiegender als mittelbare Diskriminierung wiege und ein vorsätzliches Vorgehen schwerwiegender als fahrlässiges oder gar schuldloses Handeln sei.

j. Urteil des LAG Hamm vom 07.08.2008, Az.: 11 Sa 284/08

Das LAG Hamm[990] hat einem benachteiligend nicht eingestellten Arbeitnehmer zwei Monatsgehälter Entschädigung (3.000 €) zugesprochen. Dabei hat es berücksichtigt: einen weiten Beurteilungsspielraum, dass im Vordergrund der Ersatz des immateriellen Schadens stehe, sowie daneben Aspekte zur Verhaltenslenkung, die Umstände des Einzelfalls, die Art und Schwere der Benachteiligung, ihre Dauer und Folgen, der Grad des Verschuldens, der Sanktionszweck der Norm und die abschreckende Wirkung.

Das Gericht hat betont, dass sich die Entschädigungshöhe im unteren Bereich des Angemessenen befindet. Dabei hatte es wohl die Grenze nach § 15 Abs. 2 Satz 2 AGG zu beachten.

k. Urteil des ArbG Cottbus vom 11.06.2008, Az.: 7 Ca 108/08

Das ArbG Cottbus[991] hat einem benachteiligend nicht zu einem Vorstellungsgespräch eingeladenen, schwerbehinderten Bewerber eine Entschädigung von zwei Monatsgehältern (3.224 €) zugesprochen. Dabei hat es die Umstände des Einzelfalls und die Interessen des Klägers berücksichtigt. Es hat betont, den »Rahmen« von § 15 Abs. 2 AGG zu 2/3 ausgeschöpft zu haben.

l. Urteil des ArbG Düsseldorf vom 10.06.2008, Az.: 11 Ca 754/08

Das ArbG Düsseldorf[992] hat einem geschlechtsbenachteiligend nicht eingestellten Bewerber eine Entschädigung in Höhe von 1,5 Monatsgehältern (2.396,16 €) zugesprochen. Dabei hat es folgende Kriterien angewandt: die Schwere und Art der Beeinträchtigung, das Ausmaß des Ver-

---

[990] LAG Hamm, LAGE § 15 AGG Nr. 6 [nicht rechtskräftig].
[991] ArbG Cottbus, Urteil vom 11.06.2008, Az.: 7 Ca 108/08 -juris-.
[992] ArbG Düsseldorf NZA-RR 2008, 511.

schuldens, die Nachhaltigkeit oder Wiederholung von Fehlverhalten und das Vorliegen eines oder mehrerer Diskriminierungsmerkmale.

Dabei hat es die Frage nach der Begrenzung durch § 15 Abs. 2 Satz 2 AGG ausdrücklich offen gelassen, da es jedenfalls mit 1,5 Monatsgehältern darunter geblieben ist.

m. Urteil des LAG Berlin-Brandenburg vom 19.09.2007, Az.: 15 Sa 1184/07

Das LAG Berlin-Brandenburg[993] wurde vom BAG in seinem Grundsatzurteil[994] dahingehend bestätigt, dass die Entschädigung in Höhe von 1.000 €[995] für eine benachteiligend in einen Personalüberhang verschobene Arbeitnehmerin nicht zu beanstanden ist.[996] Es hatte dabei folgende Kriterien angewandt: die Besonderheiten des Einzelfalles, das angemessene Verhältnis zum erlittenen Schaden, die Schwere des Verstoßes, das Ausmaß des Verschuldens, das Vorliegen eines Wiederholungsfalles, dass eine unmittelbare Benachteiligung schwerer als mittelbare wiege, eine verschuldete Benachteiligung schwerer als unverschuldete, ein Verhalten eines zuvor nicht geschulten (§ 12 AGG) Mitarbeiters oder Vorgesetzten schwerer als das eines ungeschulten Beschäftigten und ein Wiederholungsfall schwerer als Erstbegehung, sowie den Präventionszweck.

n. Urteil des ArbG Hamburg vom 04.12.2007, Az.: 20 Ca 105/07

Das ArbG Hamburg[997] hat einer benachteiligend nicht eingestellten Bewerberin eine Entschädigung in Höhe von drei Monatsgehältern (3.900 €) zugesprochen. Das LAG Hamburg[998] hat das Urteil aufgehoben, da es die Tatbestandsvoraussetzungen von § 15 Abs. 2 AGG nicht für gegeben erachtet hatte. Da die Maßstäbe für die Höhe der Entschädigung nicht überprüft und somit auch nicht verworfen wurden, werden sie der Vollständigkeit halber hier erwähnt: die konkreten Umstände des Einzelfalles, die Schwere der Beeinträchtigung, den Anlass und Beweggrund

---

[993] LAG Berlin-Brandenburg, Urteil vom 19.09.2007, Az.: 15 Sa 1184/07 -juris- (bestätigt durch BAG NZA 2009, 945).

[994] Siehe oben unter (BAG NZA 2009, 945).

[995] Höhe eines Monatsgehaltes im Urteil nicht genannt.

[996] Hierzu auch die Parallelsache LAG Berlin-Brandenburg, Urteil vom 05.12.2007, Az.: 24 Sa 1684/07 -juris- (bestätigt durch BAG, Urteil vom 22.01.2009, Az.: 8 AZR 906/07 -juris-).

[997] ArbG Hamburg AuR 2008, 109.

[998] LAG Hamburg AuR 2009, 97.

des Handelns, eine mögliche rechtsfeindliche Einstellung und Präventionsgesichtspunkte.

Dabei ist das Gericht davon ausgegangen, dass die Bewerberin gute Einstellungschancen gehabt hätte, wäre sie nicht benachteiligt worden, so dass es offensichtlich die Schranke des § 15 Abs. 2 Satz 2 AGG hier nicht für einschlägig hielt.

o. Urteil des ArbG Berlin vom 28.11.2007, Az.: 75 Ca 105/07

Das ArbG Berlin[999] hat einem benachteiligend nicht eingestellten Bewerber eine Entschädigung in Höhe von drei Monatsgehältern (5.100 €) zugesprochen. Es hat dabei im Wesentlichen die Umstände des Einzelfalles mitberücksichtigt. Die Einschlägigkeit der Grenze von § 15 Abs. 2 Satz 2 AGG hat es ausdrücklich offen gelassen, da Ansprüche von über drei Monatsgehältern nach Ansicht der Kammer nicht rechtzeitig geltend gemacht wurden und somit aus formalen Gründen nicht zusprechbar waren.

p. Urteil des ArbG Dortmund vom 19.10.2007, Az.: 1 Ca 1941/07

Das ArbG Dortmund[1000] hat einem Bewerber eine Entschädigung in Höhe von drei Monatsgehältern (4.200 €) zugesprochen. Das LAG Hamm hat das Urteil aufgehoben, da es sich seiner Meinung nach bei dem Bewerber um einen »AGG-Hopper« handelte, der sich subjektiv nicht ernsthaft beworben hatte und somit auch nicht die Voraussetzungen für eine Entschädigung erfüllte.[1001] Da die Maßstäbe für die Höhe der Entschädigung nicht überprüft und somit auch nicht verworfen wurden, werden sie der Vollständigkeit hier erwähnt: die Art und Schwere der Benachteiligung, es sei bei ungerechtfertigter Benachteiligung regelmäßig von einem immateriellen Schaden auszugehen und es werde ein immaterieller Schaden in Form einer Verletzung des allgemeinen Persönlichkeitsrechts widerlegbar vermutet. Die Obergrenze nach § 15 Abs. 2 Satz 2 AGG war hier anwendbar.

---

[999] ArbG Berlin, Urteil vom 28.11.2007, Az.: 75 Ca 12083/07 -juris-.

[1000] ArbG Dortmund, Urteil vom 19.10.2007, Az.: 1 Ca 1941/07 -juris- (Entscheidungsgründe nur dort).

[1001] LAG Hamm LAGE § 15 AGG Nr. 5.

q. Urteil des ArbG Stuttgart vom 05.09.2007, Az.: 29 Ca 2793/07

Das ArbG Stuttgart[1002] hat einer benachteiligend nicht eingestellten Bewerberin eine Entschädigung in Höhe von einem Monatsgehalt (1.890 €) zugesprochen. Berücksichtigt hat es bei der Bemessung der Höhe: die Art und Schwere der Benachteiligung, die Folgen für das physische und psychische Wohlbefinden und Leistungsvermögen des Benachteiligten, es sei eine rein symbolische Entschädigung nicht ausreichend und eine erhöhte Entschädigung sei zu zahlen, wenn der Beschäftigte aus mehreren Gründen unzulässig benachteiligt oder belästigt wird. Die Grenze des § 15 Abs. 2 Satz 2 AGG hielt das Gericht hier für einschlägig.

r. Urteil des ArbG Stuttgart vom 26.04.2007, Az.: 15 Ca 11133/06

Das ArbG Stuttgart[1003] hat einen benachteiligend nicht eingestellten Bewerber eine Entschädigung in Höhe von 1.500 € (ca. 1,9 Monatsgehälter) zugesprochen. Es hat die Umstände des Einzelfalles berücksichtigt (hier lediglich, dass die Stelle auf ca. 10 Monate befristet war). Dabei hielt es den Rahmen des § 15 Abs. 2 Satz 2 AGG für anwendbar.

[1002] ArbG Stuttgart, Urteil vom 05.09.2007, Az.: 29 Ca 2793/07 -juris- (Entscheidungsgründe nur dort).

[1003] ArbG Stuttgart, Urteil vom 26.04.2007, Az.: 15 Ca 11133/06 -juris- (Entscheidungsgründe nur dort).

4. Übersicht und Stellungnahme

Tabelle 1[1004]

Art				E	E	E	E	M	E	E	M	E	E	E	Ü	E	E	E	E	E
wie BAG				X																
Satz 2				+	+	-	+		+	-		+	+	o		-	o	+	+	+
Untergrenze				X				o												
Art	X	X	X						X	X	X		X					X	X	
Schwere	X	X	X			X		X	X	X	X		X	X	X			X	X	
Verschulden	X					X			X	X			X	X						
Wiederholung	X					X		X	X				X	X						
angemessen	X						X						X							
Einzelfall									X		X		X	X			X	X	X		X
Anlass und Beweggrund	X								X		X	X				X				
Rechtsfeindlichkeit									X							X				
Prävention								S/G	X	X	(X)			X	X					
Mehrere Gründe									X				X					X		
Abschreckung	X								X		(X)									
Dauer und Folgen	X	X	X			X			X	X	X							X		
unmittelbar / mittelbar										X			X							
Beurteilungsspielraum									X	X										
Ausgleichsfunktion									X	X										
Interessen des Klägers										X										
Schulung Mitarbeiter														X						
Vermutung für Schaden																		X		
über symbolische Entschädigung																			X	
Euro	Grundsatzurteil	Bestätigung	alte Rechtslage	2.446,65	3.000,00	10.800,00	3.900,00	10.818,00	2.916,56	**1.000,00**	**1.888,80**	3.000,00	3.224,16	2.396,16	**1.000,00**	3.900,00	5.100,00	4.200,00	1.890,00	**1.500,00**
Monatsgehälter				1	1	6	3	3	1,5	0,6	<3	2	2	1,5	?	3	3	3	1	1,9
	BAG NZA 2009, 945	BAG NZA 2009, 1087	BAG NZA 2009, 79	3x LAG HE	LAG BW	LAG HAM	ArbG B	ArbG WI	LAG M	LAG NS	ArbG MZ	LAG HAM	ArbG CB	ArbG D	LAG BE-BB	ArbG HH	ArbG B	ArbG DO	ArbG S	ArbG S

[1004] **Legende:** E = Einstellung; M = Mutter/Schwangerschaft; Ü = Verschiebung in Personalüberhang; + = anwendbar; - = nicht anwendbar; o = offen gelassen; Abkürzungen der Städte nach KFZ-Kennzeichen; Abkürzungen der Länder nach dem Statistischen Bundesamt; **Fettdruck** = Urteilsinhalt (die andere Zahl wurde berechnet oder stand informationshalber in den Gründen); hellgrün = § 15 Abs. 2 Satz 2 nicht anwendbar, da einzustellender Bewerber; blau = Satz 2 ohne Bedeutung für diesen Fall; gelb = offen gelassen; weiß = Satz 2 anwendbar; X = berücksichtigt; S/G = Spezial- und Generalprävention berücksichtigt; (X) = berücksichtigt, aber anders genannt.

Die Zusammenstellung der Urteile mag nur hinsichtlich der Auffindbarkeit in der Datenbank »juris« vollständig sein. Sicher gibt es noch mehr Urteile, die seit In-Kraft-Treten des AGG ergangen sind. Dennoch lässt sich sagen, dass in der Mehrzahl der Fälle 4-stellige Beträge im Bereich unter 5.000 € zugesprochen wurden. Sofern sich die Gerichte von einem Bruttomonatsgehalt als Bezugsgröße haben leiten lassen, gibt es gerade einmal ein veröffentlichtes Urteil, das es »gewagt« hat, sechs Monatsgehälter Entschädigung zuzusprechen. Im Übrigen wurde die Grenze des § 15 Abs. 2 Satz 2 AGG in Höhe von drei Monatsgehältern in sechs weiteren Urteilen nicht überschritten, obwohl dort die Grenze nicht einschlägig war oder das Gericht die Einschlägigkeit mit der Begründung offen gelassen hatte, dass die Summe jedenfalls auch innerhalb der drei Monatsgehälter angemessen war.

Die zur Bemessung der Entschädigungshöhe herangezogenen Kriterien wiederholen sich und sind nach den oben gemachten Ausführungen[1005] wenig überraschend. Natürlich zählt nicht jedes Gericht bei jedem Urteil alle theoretisch in Frage kommenden Gesichtspunkte auf, sondern nur jene, die in dem speziellen Fall erheblich waren. Immerhin verwunderlich ist jedoch, dass die abschreckende Wirkung der Entschädigung nur in den wenigsten Fällen konkret in den Urteilsgründen angesprochen wurde. Nachdem sowohl der deutsche Gesetzgeber als auch der EuGH sehr deutlich darauf hingewiesen haben, dass die Entschädigungszahlung diese Eigenschaft haben muss, wäre eine häufigere Betonung dieses Aspektes zu erwarten gewesen.

Viele Gerichte sind der Auffassung, dass die Begrenzung in § 15 Abs. 2 Satz 2 AGG einen »Rahmen« vorgibt. In der Zusammenschau mit der Aussage, dass nicht ersichtlich ist, weshalb Bewerber, die bei benachteiligungsfreier Auswahl eingestellt worden wären, einen höheren immateriellen[1006] Schadensersatz erhalten sollten, ergibt sich daraus eine fatale Konsequenz: der »Rahmen« wird implizit auch für die einzustellenden Bewerber benutzt. Dies war nicht gewollt und ist darüber hinaus auch unionsrechtswidrig.

Es sollte daher klargestellt werden, dass die Kappungsgrenze des § 15 Abs. 2 Satz 2 AGG nur für nicht-einzustellende Bewerber gilt und die Norm keinen generellen »Rahmen« vorgibt.[1007]

[1005] Siehe oben unter E.II.5. ff.
[1006] Schließlich werde der materielle Schaden durch Absatz 1 ausgeglichen, der freilich bei einzustellenden Bewerbern höher ausfalle; siehe hierzu oben unter E.II.9.
[1007] Im Einzelnen siehe dazu oben unter E.II.9.

Insgesamt ist damit in der Tendenz ersichtlich, dass die deutschen Gerichte davor zurückschrecken, hohe Entschädigungssummen (oder – in Monatsgehältern bemessen – eine hohe Anzahl von Monatsgehältern) zur Entschädigung benachteiligter Arbeitnehmer auszuurteilen. Im Gegenteil wird häufig – zumindest in Bezug auf die Monatsgehälter – der untere Bereich von einem Monatsgehalt gewählt. Zahlenmäßig hat, soweit ersichtlich, noch kein Gericht weniger als 1.000 € Entschädigung zugesprochen. Es bleibt jedoch fraglich, ob alleine aufgrund der Tatsache, dass der Betrag 4-stellig ist, für den Arbeitgeber hierdurch eine »erhebliche, spürbare und abschreckende finanzielle Belastung«[1008] entsteht. Freilich kann im Einzelfall eine Entschädigung von drei, zwei oder einem Monatsgehalt angemessen sein. In der Regel baut dies jedoch nicht die vom EuGH geforderte Drohkulisse auf.[1009]

[1008] EuGH (Urteil vom 22.04.1997 – Rs. C-180/95), Slg. 1997, I-2195, Rz. 26 – Draempaehl; vgl. auch Art. 6 RL 2002/73/EG.

[1009] Zu den Möglichkeiten, die Entschädigung weniger restriktiv auszulegen, siehe insbesondere oben bei E.II.7.b.bb.γ.

F. Zusammenfassung

In der Gesamtschau zeigt sich, dass sich hinter den Absätzen 1 und 2 des § 15 AGG mehr Probleme und Ungereimtheiten verbergen, als es der flüchtige Blick vermuten ließe. Um diese auszuräumen musste die Verbindung von § 15 AGG zum nationalen und europäischen Recht hergestellt werden. Dabei geht es darum, die Norm in einer Weise handhabbar zu machen, dass weder der EuGH noch nationalen Gerichte Anstoß an ihr nehmen müssten. Nur dort, wo der unzweideutige Wortlaut dem Rechtsanwender keine andere Wahl lässt, musste auch in dieser Arbeit eingestanden werden, dass Umsetzungsdefizite bestehen, die zur Unionsrechtswidrigkeit und damit zur Unanwendbarkeit der Normen führen.

Dies betrifft vor allem das Verschuldenserfordernis in Absatz 1 Satz 2 sowie Absatz 3. Der möglichen Unionsrechtswidrigkeit von Absatz 4 wurde mangels Konsequenzen für die Rechtsfolge der Absätze 1 und 2 nicht weiter nachgegangen. Für das hier behandelte Thema relevant war die Feststellung der Unionsrechtswidrigkeit von § 2 Abs. 4 AGG, der die Kündigungen aus dem Anwendungsbereich des AGG herausnimmt.

Im Übrigen können jedoch mit § 15 Abs. 1 und 2 AGG die unionsrechtlichen Vorgaben an eine Sanktion, die eine wirklich abschreckende Wirkung haben muss, erfüllt werden, soweit den aufgezeigten Interpretationsmöglichkeiten gefolgt wird. Dabei ist auch klar geworden, dass § 611a BGB und § 81 SGB IX zwar die Vorgängervorschriften zu § 15 Abs. 1 und 2 AGG sind, ihre Auslegung aber den unionsrechtlichen Anforderungen nicht genügte.

Für die Tatbestandsseite des § 15 Abs. 1 und 2 AGG konnte geklärt werden, dass alleine auf den Arbeitgeber als handelnde Person abzustellen ist, wobei die allgemeinen Zurechnungsregeln, wie etwa §§ 31, 278 BGB Anwendung finden.

Es wurde gezeigt, dass § 15 Abs. 1 AGG nach wie vor auch das negative Interesse erfasst, und zwar unabhängig davon, wer wieso und in welchem Zusammenhang benachteiligt wurde. Darüber hinaus wurde gezeigt, dass das positive Interesse für den einzustellenden Bewerber ersetzbar ist. Hier ist der hypothetische Verdienst grundsätzlich unbegrenzt zu ersetzen. Alle zusätzlichen Schranken, die in der Literatur vorgeschlagen werden, erreichen nicht das Ziel, unionsrechtskonform den »vollen« Schaden zu ersetzen. Eine Einschränkung der Unbegrenztheit besteht nur insoweit, als dass der Benachteiligte – wie immer im deutschen Recht – seiner Schadensminderungspflicht nachkommen muss. Der Stellenwert dieser Obliegenheit darf nicht unterschätzt werden.

Jedoch kann nicht jedwedes entgangene Entgelt in Anwendung des § 15 Abs. 1 AGG ersetzt werden. Gerade bei der benachteiligenden ungleichen Entlohnung verschiedener Arbeitnehmer ist die Entgeltdifferenz nach den allgemeinen Vorschriften der §§ 611 ff. BGB zu ersetzen. Für § 15 Abs. 1 AGG bleibt nur Raum, sofern darüber hinausgehende Schäden – insoweit das negative Interesse – eingetreten und zu ersetzen sind. Ähnlich ist die Folge bei benachteiligenden Kündigungen. Soweit das AGG auf diese anwendbar ist, fehlt es an der Anordnung der Unwirksamkeit der Kündigung. Es wird nur angeordnet, dass für den darüber hinausgehenden Schaden nach Absatz 1 Ersatz geschuldet wird.

Für die Tatbestandsseite von Absatz 2, der eine eigene Anspruchsgrundlage und nicht bloße Rechtsfolgenregelung zu Absatz 1 darstellt, konnte klargestellt werden, dass auch dann kein Vertretenmüssenserfordernis besteht, wenn mit der Gesetzgebung § 15 Abs. 1 Satz 2 AGG nicht als unionsrechtswidrig angesehen wird.

Mit dem Begriff »angemessene Entschädigung« hat der Gesetzgeber eine sehr ungewöhnliche Wahl getroffen. Dies konnte anhand einer ausführlichen Analyse quer durch das gesamte deutsche Recht deutlich gemacht werden. Da der Gesetzgeber keine weitere Begründung liefert, ergeben sich zwei Konsequenzen. Dies könnte schlicht ein handwerklicher Fehler sein. Diese Ungereimtheit eröffnet jedoch die Möglichkeit über den Begriff »angemessene Entschädigung« im Ergebnis zu einer unionsrechtsfreundlicheren Auslegung zu gelangen, als dies bei der Wahl des Begriffs der »billigen Entschädigung« möglich gewesen wäre. Denn eine »abschreckende Wirkung« geht von einer »billigen Entschädigung« regelmäßig nicht aus.

Mit dieser Arbeit sollte weiter das Ziel erreicht werden, die Bestimmung der Höhe der Entschädigung nach Absatz 2 greifbar und somit handhabbar zu machen. Während bislang lediglich einzelne Faktoren aufgezählt wurden, die die Entschädigungshöhe beeinflussen, konnte gezeigt werden, dass sich diese Faktoren drei oder vier Funktionen der Entschädigung zuordnen und sie sich damit kategorisieren lassen. Diese Kategorisierung mag es auch ermöglichen, neue Faktoren zu finden. Zudem kann auf diese Weise dem Einwand der Beliebigkeit entgegengetreten werden.

§ 15 Abs. 2 Satz 2 AGG enthält keinen Rahmen für die Entschädigungshöhe, sondern eine Kappungsgrenze, die nur bei Vorliegen der Voraussetzungen Anwendung findet. Daneben wurde auch festgestellt, dass die am häufigsten benutzte Bemessungsgrundlage, die Höhe eines Monatsgehaltes, nicht für alle Funktionen gleichermaßen geeignet ist.

Die Auswertung der bislang erschienenen Rechtsprechung zu § 15 AGG hat ergeben, dass der Spielraum, den die Gerichte bei der Festlegung der Entschädigungshöhe haben, nicht ausgenutzt wird. Vielmehr wird die Entschädigungshöhe noch immer zurückhaltend bemessen. Mit einem Exkurs zum Thema Strafschadensersatz wurde jedoch gezeigt, dass das deutsche Zivilrecht gerade in letzter Zeit wieder dazu tendiert, ungewünschte Verhaltensweisen zu »bestrafen«. Zwar mögen die US-amerikanischen punitive damages »in Reinform« nicht den deutschen ordre-public-Grundsätzen entsprechen. Von diesen äußersten Grenzen ist die arbeitsgerichtliche Rechtsprechung jedoch noch sehr weit entfernt. Insgesamt zeigt sich, dass die Gerichte bei der Bemessung der Entschädigung deutlich weiter gehen könnten, als sie es bislang tun. Nur so lässt sich im deutschen Recht mit § 15 Abs. 1 und 2 AGG das vom EuGH geforderte Abschreckungsgebot wirksam und effektiv durchsetzen

Dann behielte auch das eingangs zitierte Wort von Goethe seine Berechtigung. Wenn der Gesetzgeber Vorschriften erlässt, die Diskriminierung verbieten, dann haben sich die Rechtsbetroffenen daran zu halten. Folgen sie nicht, so müssen ihnen die Konsequenzen ihres Handelns deutlich gemacht werden, damit sie sich in Zukunft rechtskonform verhalten.

G. APPENDIX

I. Synopse zu § 611a BGB a.F., § 81 SGB IX a.F. und § 15 AGG

Seine Vorbilder hatte § 15 AGG in § 611a BGB 2002[1010], sowie in § 81 Abs. 2 SGB IX 2005[1011]:

§ 15 AGG 2006	§ 611a BGB 2002	§ 81 Abs. 2 SGB IX 2005
Abs. 1 Satz 1 Bei einem Verstoß gegen das Benachteiligungsverbot ist der Arbeitgeber verpflichtet, den hierdurch entstandenen Schaden zu ersetzen.	**Abs. 2 HS 2** Verstößt der Arbeitgeber gegen das in Absatz 1 geregelte Benachteiligungsverbot bei der Begründung eines Arbeitsverhältnisses, so kann der hierdurch benachteiligte Bewerber eine angemessene Entschädigung in Geld verlangen;	**Abs. 2 Satz 2 Nr. 2 HS 1** Wird gegen das in Nummer 1 geregelte Benachteiligungsverbot bei der Begründung eines Arbeits- oder sonstigen Beschäftigungsverhältnisses verstoßen, kann der hierdurch benachteiligte schwerbehinderte Bewerber eine angemessene Entschädigung in Geld verlangen;
Abs. 1 Satz 2 Dies gilt nicht, wenn der Arbeitgeber die Pflichtverletzung nicht zu vertreten hat.	**Abs. 1 Satz 3** Wenn im Streitfall der Arbeitnehmer Tatsachen glaubhaft macht, die eine Benachteiligung wegen des Geschlechts vermuten lassen, trägt der Arbeitgeber die Beweislast dafür, dass nicht auf das Geschlecht bezogene, sachliche Gründe eine unterschiedliche Behandlung rechtfertigen oder das Geschlecht unverzichtbare Voraussetzung für die auszuübende Tätigkeit ist.	**Abs. 2 Satz 2 Nr. 1 Satz 3** Macht im Streitfall der schwerbehinderte Beschäftigte Tatsachen glaubhaft, die eine Benachteiligung wegen der Behinderung vermuten lassen, trägt der Arbeitgeber die Beweislast dafür, dass nicht auf die Behinderung bezogene, sachliche Gründe eine unterschiedliche Behandlung rechtfertigen oder eine bestimmte körperliche Funktion, geistige Fähigkeit oder seelische Ge-

---

[1010] BGBl. 2002 I, Seite 42.
[1011] BGBl. 2004 I, Seite 606.

§ 15 AGG 2006	§ 611a BGB 2002	§ 81 Abs. 2 SGB IX 2005
		sundheit wesentliche und entscheidende berufliche Anforderung für diese Tätigkeit ist.
Abs. 2 Satz 1 Wegen eines Schadens, der nicht Vermögensschaden ist, kann der oder die Beschäftigte eine angemessene Entschädigung in Geld verlangen.	**Abs. 2 HS 2** Verstößt der Arbeitgeber gegen das in Absatz 1 geregelte Benachteiligungsverbot bei der Begründung eines Arbeitsverhältnisses, so kann der hierdurch benachteiligte Bewerber eine angemessene Entschädigung in Geld verlangen;	**Abs. 2 Satz 2 Nr. 2 HS 1** Wird gegen das in Nummer 1 geregelte Benachteiligungsverbot bei der Begründung eines Arbeits- oder sonstigen Beschäftigungsverhältnisses verstoßen, kann der hierdurch benachteiligte schwerbehinderte Bewerber eine angemessene Entschädigung in Geld verlangen;
Abs. 2 Satz 2 Die Entschädigung darf bei einer Nichteinstellung drei Monatsgehälter nicht übersteigen, wenn der oder die Beschäftigte auch bei benachteiligungsfreier Auswahl nicht eingestellt worden wäre.	**Abs. 3 Satz 1** Wäre der Bewerber auch bei benachteiligungsfreier Auswahl nicht eingestellt worden, so hat der Arbeitgeber eine angemessene Entschädigung in Höhe von höchstens drei Monatsverdiensten zu leisten.	**Abs. 2 Satz 2 Nr. 3 Satz 1** Wäre der schwerbehinderte Bewerber auch bei benachteiligungsfreier Auswahl nicht eingestellt worden, leistet der Arbeitgeber eine angemessene Entschädigung in Höhe von höchstens drei Monatsverdiensten.
Abs. 3 Der Arbeitgeber ist bei der Anwendung kollektivrechtlicher Vereinbarungen nur dann zur Entschädigung verpflichtet, wenn er vorsätzlich oder grob fahrlässig handelt.		
Abs. 4 Satz 1-2 ¹Ein Anspruch nach Absatz 1 oder 2 muss innerhalb einer Frist von zwei Monaten schriftlich geltend gemacht werden, es sei denn, die Tarifvertragsparteien haben etwas anderes vereinbart. ²Die Frist beginnt im Falle einer Bewerbung oder eines beruflichen Aufstiegs mit dem Zugang der Ablehnung und in den	**Abs. 4 Satz 1-3** ¹Ein Anspruch nach den Absätzen 2 und 3 muss innerhalb einer Frist, die mit Zugang der Ablehnung der Bewerbung beginnt, schriftlich geltend gemacht werden. ²Die Länge der Frist bemisst sich nach einer für die Geltendmachung von Schadenersatzansprüchen im angestrebten Arbeitsverhältnis vor-	**Abs. 2 Satz 2 Nr. 4** Ein Anspruch auf Entschädigung nach den Nummern 2 und 3 muss innerhalb von zwei Monaten nach Zugang der Ablehnung der Bewerbung schriftlich geltend gemacht werden.

§ 15 AGG 2006	§ 611a BGB 2002	§ 81 Abs. 2 SGB IX 2005
sonstigen Fällen einer Benachteiligung zu dem Zeitpunkt, in dem der oder die Beschäftigte von der Benachteiligung Kenntnis erlangt.	gesehenen Ausschlußfrist; sie beträgt mindestens zwei Monate. ³Ist eine solche Frist für das angestrebte Arbeitsverhältnis nicht bestimmt, so beträgt die Frist sechs Monate.	
Abs. 5 Im Übrigen bleiben Ansprüche gegen den Arbeitgeber, die sich aus anderen Rechtsvorschriften ergeben, unberührt.		
Abs. 6 Ein Verstoß des Arbeitgebers gegen das Benachteiligungsverbot des § 7 Abs. 1 begründet keinen Anspruch auf Begründung eines Beschäftigungsverhältnisses, Berufsausbildungsverhältnisses oder einen beruflichen Aufstieg, es sei denn, ein solcher ergibt sich aus einem anderen Rechtsgrund.	**Abs. 2 HS 2** ein Anspruch auf Begründung eines Arbeitsverhältnisses besteht nicht.	**Abs. 2 Satz 2 Nr. 2 HS 2** ein Anspruch auf Begründung eines Arbeits- oder sonstigen Beschäftigungsverhältnisses besteht nicht.

KONSTANZER SCHRIFTEN ZUR RECHTSWISSENSCHAFT

Band 235: Eberhard Rößler, **Das Kapitalanleger-Musterverfahrensgesetz (KapMuG) unter besonderer Berücksichtigung der rechtlichen Stellung der Beigeladenen.** ISBN 3-86628-191-9

Band 236: Virginia Demuro, **Die persönlichen Kreditsicherheiten im italienischen und deutschen Recht.** Eine rechtsvergleichende Untersuchung. ISBN 3-86628-192-7

Band 237: Reinhold Brandt, **Sicherheit durch nachträgliche Sicherungsverwahrung?** Zugleich ein Beitrag zur restriktiven Auslegung ihrer formellen Voraussetzungen. 2008. X, 270 Seiten; € 49,80. ISBN 3-86628-215-X; 978-3-86628-215-5

Band 238: Kornelia Trautmann, **Die Eventmarke.** Markenschutz von Sponsoring und Merchandising. 2008. XIV, 326 Seiten; € 49,80. ISBN 3-86628-223-0; 978-3-86628-223-0

Band 239: Sarah Maria Bischofberger, **Die Gefährdung des Kapitalanlagemarktes durch Fehlinformation.** Eine Analyse der Schutzmaßnahmen unter Beachtung des ultima-ratio-Prinzips. 2008. XXVIII, 362 Seiten; € 49,80. ISBN 3-86628-232-X; 978-3-86628-232-2

Band 240: Steffen Hattler, **Chancen und Risiken der Personengesellschaft im Internationalen Steuerrecht - unter besonderer Berücksichtigung der Doppelbesteuerungsabkommen mit der Schweiz und Österreich.** 2009. XVI, 352 , XL Seiten; € 49,80. ISBN 3-86628-241-9; 978-3-86628-241-4

Band 241: Anne Eggert, **Die rechtliche Stellung des Einzelunternehmers im Zivilgesetzbuch der Russischen Föderation: eine Untersuchung mit rechtsvergleichenden Bezügen zum deutschen Recht.** 2009. X, 198 Seiten; € 49,80. ISBN 3-86628-249-4; 978-3-86628-249-0

Band 242: Christian Oliver Maron, **Das 39. Strafrechtsänderungsgesetz.** - Die strafrechtliche Antwort auf Graffiti? -. 2009. XVI, 292, XL Seiten; € 49,80. ISBN 3-86628-259-41 978-3-86628-259-9

Band 243: Nico Scamuffa, **Öffentliche Übernahmeangebote.** Eine rechtsvergleichende Untersuchung des deutschen und italienischen Übernahmerechts vor dem Hintergrund der Europäischen Übernahmerichtlinie. 2009; XXIII, 396 Seiten. € 49,80. ISBN 978-3-86628-263-X, 3-86628-263-6

Band 244: Manuela Dietzel, **Der Tatbestand des § 328 Abs. 3 Nr. 1 StGB.** Eine Untersuchung zur Effektivität des Umweltstrafrechts in Bezug auf den Umgang mit radioaktiven Stoffen und mit Gefahrstoffen im Sinne des ChemG. 2010; VIII, 204 Seiten. € 49,80. ISBN 978-3-86628-307-7, 3-86628-307-5

Band 245: Michael Bartosch, **Kautelarjuristische Gestaltungsmöglichkeiten zur Eliminierung eines unerwünschten gesetzlichen Vertreters aus einer Personen/Kapitalgesellschaft.** - Ein Beitrag zur Regelung der Unternehmensnachfolge in der Familiengesellschaft - 2010; XXII, 244 Seiten. € 49,80. ISBN 978-3-86628-295-7, 3-86628-295-8

Band 246: Jan Techert, **Verhältnis des Kennzeichenschutzes des Handelsnamens zur Marke.** 1. Aufl. 2010; XXVI, 246 Seiten. € 49,80. ISBN 978-3-86628-340-4

Mehr Informationen im Internet unter http://www.Hartung-Gorre.de